佛教观念史与社会史研究丛书

Chinese Buddhism and Asian Material Civilization

Sheng Kai

汉传佛教与亚洲物质文明

圣凯 编

商务印书馆
SINCE 1897　The Commercial Press

图书在版编目（CIP）数据

汉传佛教与亚洲物质文明/圣凯编．—北京：商务印书馆，2021.8（2022.3重印）
（佛教观念史与社会史研究丛书）
ISBN 978-7-100-19721-2

Ⅰ.①汉…Ⅱ.①圣…Ⅲ.①汉传佛教—关系—物质文明—亚洲—文集Ⅳ.① B946-53

中国版本图书馆 CIP 数据核字（2021）第 049855 号

权利保留，侵权必究。

佛教观念史与社会史研究丛书
汉传佛教与亚洲物质文明
圣凯 编

商务印书馆出版
（北京王府井大街36号 邮政编码100710）
商务印书馆发行
江苏凤凰数码印务有限公司印刷
ISBN 978-7-100-19721-2

| 2021年8月第1版 | 开本 700×1000 1/16 |
| 2022年3月第2次印刷 | 印张 21¾ |

定价：129.00元

《佛教观念史与社会史研究丛书》编委会

学术委员会

Benjamin Brose　常建华　段玉明　Eugene Wang　龚隽
郝春文　洪修平　侯旭东　黄夏年　赖永海　李四龙　李向平
刘淑芬　楼宇烈　Marcus Bingenheimer　气贺泽保规
Stephen F. Teiser　万俊人　魏德东　严耀中　杨曾文
杨效俊　斋藤智宽　湛如　张文良　张志强

主　编

圣凯

副主编

陈金华　何蓉　孙英刚　杨维中

编辑委员会

安详　陈怀宇　陈继东　陈金华　崇戒　戴晓云　法净
范文丽　韩传强　何蓉　黄奎　李峰　李澜　李建欣
李静杰　刘懿凤　马德　能仁　邵佳德　圣凯　石小英
孙国柱　孙英刚　通然　王大伟　王洁　王启元　王祥伟
王兴　王友奎　吴疆　贤宗　杨剑霄　杨奇霖　杨维中
伊吹敦　张德伟　张佳　张雪松

本丛书由国家社科基金重大项目
"汉传佛教僧众社会生活史"
浙江香海慈善基金会
资助出版

发现佛教生活世界中的行动主体

——《佛教观念史与社会史研究丛书》总序

圣 凯

编辑《佛教观念史与社会史研究丛书》，源于国家社科基金重大项目"汉传佛教僧众社会生活史"的研究尝试。由于"社会生活史"方法的研究对象与主题庞杂繁复，取径言人人殊，所以如何从佛教悠久的历史、浩瀚的典籍中确定研究的材料、主题与取径的疑惑，促使我们不得不去反思与总结近百年佛学研究的已有成果，重新构建研究方法论。经过半年多的细致研讨与反复论证，"佛教观念史与社会史方法"逐渐清晰并已略具雏形，成为汉传佛教社会生活史研究的核心思路。这一方法的确立，与我们如何理解与看待佛教关系密切。

佛教不仅是一种宗教，更是一种文明，因此我们提倡从文明的层面理解佛教的悠久历史及其在现实中焕发的活力。从陆上、海上丝绸之路沿线国家，到繁华的纽约、古老的伦敦，从古至今、由东及西，佛教在文明交流史上始终扮演着重要角色，至今仍具有巨大的影响力。若不从文明交流史的视角考察佛教，就将无法了解佛教在流经不同的文化、地区之时，究竟经历了何种斟酌损益；又是如何面对"他者"的异文明挑战，始终保持着自身的主体性。佛教的传播与发展，是一条融合文化、信仰、生活的生生不已的道路；佛教的研究，必须要重视其跨时空、具有主体性、矛盾冲突与融汇发展共在的特点。

　　佛教作为一种宗教，其最显著的特质在于佛教对"宗教践履"的推崇与强调。所谓"中国佛教的特质在于禅"，正是在强调"禅的观念与实践是中国佛教的特质"。信仰者的"宗教践履"受到宗教教义的指导与影响，同时也在不断地诠释与转化宗教教义。由是，信仰者的生活情境、生命体验，与时代的社会生活、宗教教义的"当下性""机用性"融汇在一起，构成了一幅展现理想与现实、理念与行动互相影响、互相激荡、互相补充的信仰实践、宗教发展的画卷。因此，佛教"宗教践履"所涵括的信、解、行、证等四个方面内容，也即信仰观念与信仰活动、经典注释与弘法、修道观念与修道生活、解脱观念，都是理解"佛教整体"所必须直面的重要议题。

　　改革开放以后复兴的大陆佛教研究，从研究主题来看，主要涵盖经籍文献、历史发展、宗派义理、佛教哲学、寺院经济、寺院建筑、佛教文化艺术、地方佛教、高僧传记、佛教与中国传统文化的关系等领域。从研究方法来看，主要是哲学、史学的研究，近年来，宗教与文化的比较研究也成为主要的关注对象。在社会学领域，包括佛教在内的宗教研究不受重视；在宗教学领域，社会学理论和方法的运用也不多见。日本学术界在文献校勘、整理、注释方面的成就举世瞩目，在佛教史的微观研究方面素有成就。欧美学界则有一种方法论的自觉，尤其在佛教社会史方面的成就影响了世界佛学研究的趣向。而台湾地区的佛学研究，逐渐从日本式的佛学研究路径转向欧美式的宗教学、社会学研究，取得了一定的成就。

　　从相关具有代表性的成果来看，佛教研究的材料、主题与取径，逐渐从经典文本转到"无意识"的史料，从儒家、道家的显性影响转向宗法性宗教的隐性影响，从政治、社会等外在视角转向佛教自身演变的内在视角，从宏观研究转向微观研究，从整体的单一性论述转向不同区域的多样性论述，佛教戒律、仪轨、修持方法、生活制度、组织结构等内容逐渐引起重视。

然而，现有的佛教研究方法论虽然在材料使用、问题意识与研究取径上各有其优势，却始终未能从整体上刻画出佛教的文明属性与践履特质。这种缺陷集中体现在对宗教践履"主体"的忽视，以及对历史情境特殊性的刻画不足之上。哲学传统的思想史方法，历史学传统的文献学、佛教史方法，社会学传统的生活史方法，因各自特殊的研究偏好，在研究对象的选择上存在一种"割裂"，解构了原本完整的宗教践履"主体"，以笼而统之的"时代背景"模糊了时代中的"真问题"与时代风貌的复杂的建构过程，以"千人一面"的群像取代了特殊历史情境中、面对不同文明挑战的各个不同的"生命"所经历的真切的信仰焦虑与行动选择。

时代与历史不是主体的行动得以展开的基础与背景，恰恰相反，正是千千万万活生生的主体的选择与行动，最终形成了时代与历史。正是通过"做事"，"人"才得以被定义，生存性的关系——包括种族、贫富等规定，才得以从抽象的定义成为生命间真切的关联。"观念史与社会史方法"的核心主题，就是要从人作为一个主体而存在、作为一个行动者而存在的视角去审视、书写历史，通过关切"行动"，从"行动"中理解作为历史主体的人。

"行动"是"佛教观念史与社会史方法"最重要的关注点。"佛教徒"是由其在信仰选择上的"决断"所定义的，正是通过"选择"这一行动，其获得了主体意义；"佛教徒"的"践履"，使生活世界得以展开，这时"佛教徒"是复数意义上的，即多元主体；对于"佛教徒"生活的研究，依"文本—历史—观念—思想"的研究层次不断展开，四者之间亦具有互动意义。生活世界具有历史意义的时代性与真理意义的普遍性，"佛教观念史与社会史方法"的研究目的在于呈现佛教信仰者生活世界的情境、生命体验与时代生活，通过文本的解读，还原历史上的"生活"，揭示与发现宗教践履展开的"行动"规律，发现生活世界背后的观念，总结与诠释佛教作为世界性宗教的普遍真理意义。

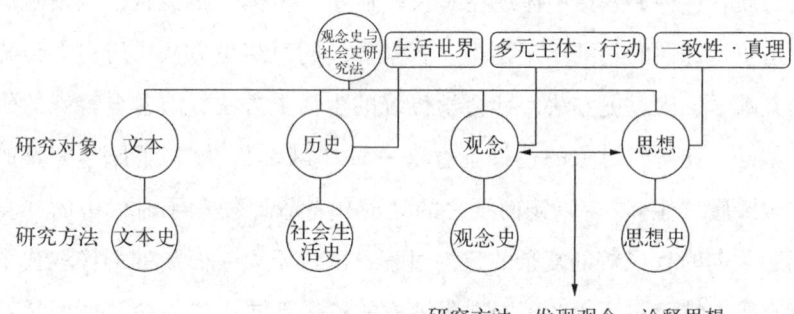

研究方法：发现观念，诠释思想

"佛教观念史与社会史方法"批判所谓"精英"和"大众"、"义理"与"实践"等二分对立的视角，强调历史中多元主体的互动，从"佛教整体"的视野理解个体信仰。生活的互动、人际的交往、观念的影响融汇于历史的情境中，这种历史情境可能是混沌的，但彰显了生活世界的真实。因此，作为我们了解过去之唯一凭据的文本，其"真实性"就变得非常重要，"文本"所经历的历史时空是考察文本真实性的重要依据，这正是"佛教观念史与社会史方法"首先强调"文本史"的原因所在。考证、辨伪等传统文献学方法，在"佛教观念史与社会史方法"中依然占有重要的一席之地。

但是，并非所有文本都能进入"佛教观念史与社会史方法"的视域。从"行动"的视角看，文本书写也是一种"行动"，既是生活世界的记录，亦是观念的展开。因此，"文本"既有可能是宗教践履主体"直接行动"的结果，也有可能是主体的行动"指导"。"佛教观念史与社会史方法"对"文本"的选择，着重关注的是其中具有行动意义的"宗教践履"者，非行动性的、不能指导践履的"文本"，基本不会被纳入考虑范围。

此外，"佛教观念史与社会史方法"在"文本"资源上不同于一般的社会生活史，留存至今的《大藏经》为佛教徒提供了稳定的观念资源，因此成为佛教徒最重要的"文本"；佛教相对稳定的观念与相续不断的生活，使当下与历史得以贯通，"当前"的佛教为观察历史上的"文本"提供了重要的参考与借鉴。佛教社会生活史中的这些特殊之处，是我们必须留意的。

佛教徒的宗教践履，既有个体生命的建立历程，也有时代的社会生活，也即我们所强调的社会生活史。一般的社会生活史研究聚焦于大量的"个案"研究，尽管其能在最大程度上还原史实，却未能与时代的观念思潮形成本质上的关联，无可避免地趋向碎片化。因此，"佛教观念史与社会史方法"从"行动"的视角对历史加以理解，以避免将历史刻画静态化、抽象化，而是尽力还原生活世界的具体情境；同时，还要强调"观念"的"在先"，以确保历史刻画在充分考虑具体情境、多元主体的同时，不会流于碎片化与"失焦"。佛教徒的宗教践履虽然具有个体性，但仍然与佛教的观念传统、时代的观念思潮保持着"观念意义"上的一致。同时，多元主体的宗教践履的"当下性"与"机用性"，亦会促进佛教观念的转化与演进。这时，教义诠释、宗教践履等皆是"行动"的呈现，而非一种静态的、逻辑的思想概念自我展开与演进。

所谓观念史，就是注重作为"文本"的经典世界与作为"历史"的生活世界之间的互动，这种互动就是观念的诠释、体验与变迁。"观念"是最贴近"行动"的思想，在行动中不断得到丰富，同时呈现出主体性、相续性与统一性。佛教作为制度性宗教，佛教的宗教践履是"观念"先行的，佛教徒的生活世界即是佛教教义观念的呈现；同时，由于中国佛教徒必须面对印度佛教与中国文化的观念冲突，通过生活世界的"行动"与宗教践履的超越性，观念冲突与观念调适成为佛教中国化的核心命题。如佛教素食传统的形成，不仅是生活史的"吃什么""怎么吃"，最关键的是"为什么吃素食"。因此，梁武帝提倡素食，涉及南北朝与印度佛教的生活传统、南朝佛教僧团的制度规范，更关涉大乘经典对"不杀生"的提倡，"不杀生戒"、修仙传统乃至梁武帝的信仰观念，是素食观念的来源；素食传统的形成，是社会生活与佛教观念互动的产物。

因此，观念不仅涉及佛教经典世界的"解"，亦关乎宗教践履的"行"，更涉及信仰心理的情感、意志等，同时亦成为主体世界所"证"的境界。同时，生活世界关涉宗教的经典世界，亦深受世俗世界的影响。在世界文明的长河之中，经济与政治虽然是极强大的力量，其所影响的观念却只与日常生活、制度规范有关。权力对隐性观念的影响有限，如信仰、幸福等是权力始终无法触及、无法规训的。经济只是实现生活的途径与工具；但是，作为观念的"经济"，如经济思想乃至财富观念，则是多元的、个体的、具有历史情境的。所以，政治、经济虽然在生活领域具有优先性，但进入"观念"领域的政治、经济与其他观念是平等的，这时信仰获得了与政治、经济等相抗衡的力量。于是，佛教徒的信仰生活、经济生活、文化生活、政治生活等主题，皆呈现出观念层面的"杂糅"与生活层面的"纠缠"。

最后，观念与思想的最大区别在于"行动"与"心理"。一般思想史方法通过文本解读，将历史刻画为静态概念的演进，忽视了具体行动者的生命践履。"历史"是由人的践履书写而成的，是一种动态的"层累"。思想与佛教的经典世界相关，佛陀的觉悟与"经典"是一种具有超历史性和普遍性的存在，成为统合多元主体、具体情境与特殊观念的一致性真理，成为佛教文明的内容与特质。但是，对于重视慧解脱的佛教而言，缘起、佛性等形而上思想仍然与佛教徒的宗教践履——"观"之间形成互动，这也说明了，统一性的思想与多元性的观念是不相违背的。如缘起既是存在的形而上"本体"根据，也是对生活世界的"观照"，更是日常生活中"随缘"观念的思想来源。所以，佛教观念史的研究是下贯社会生活史，上达思想史、哲学史的逻辑。只有从多元的差别中理解并开阐出一致的无差别，才能真正诠释出佛教的核心精神。

一切研究皆从"文本"开始，"作为文本的文本"需要扎实的考证，"作为历史的文本"需要时间、空间、生活等方面的理解，"作为观念的文本"需要经典世界的思想渗透与时代的历史性融合，"作为思想的文本"则需要呈现经典世界超时空的、普遍性的真理。如"佛性""心识"等形而上主题与"判教""末法"等观念主题，在文本的选择与诠释上有相当的区别。观念史视域中的"心识""佛性"则会转化成"修心""见性"等宗教践履主题。思想在于诠释，观念在于发现，二者有区别而又能互相转化。

一切皆从生活出发，最后无不还归生活；一切研究皆从文本出发，最后仍然要还归生活。所有的生活，皆是践履的行动；一切研究，无非是有关"他者"的生活体验。

2019 年 10 月 1 日深夜

目 录

绪论：佛教观念与物质生活的互动及其演变 …………… 陈　超（ 1 ）

从圣物盒看佛教在贵霜上层的发展 ……………………… 袁　炜（ 10 ）

从"工巧"看佛教视野中的技术
　　——以阿含类经及说一切有部阿毗达磨文献为中心
………………………………………………… 刘　畅（ 30 ）

于阗佛教背光化佛图像研究 ……………………………… 高海燕（ 48 ）

北朝时期敦煌石窟佛教服饰探析 ……………… 张婉莹　王子怡（ 95 ）

甘肃十六国时期石窟寺空间形制与洞窟图像布局研究
………………………………………………… 杨童舒（131）

青齐地区北朝晚期单体菩萨头冠研究 …………………… 杨晓慧（190）

试论"灵龛"
　　——隋唐至宋元时期的演变与发展 …………… 李　澜（226）

线香考 ……………………………………………………… 范　桢（255）

唐后期五代宋初敦煌寺众居家原因新探 ………………… 武绍卫（281）

敦煌石窟沙州回鹘供养人画像研究 ……………………… 刘人铭（298）

绪论：佛教观念与物质生活的互动及其演变

陈 超

（清华大学）

正如柯嘉豪在《佛教对中国物质文化的影响》一书中所指出的，物质文化和语言、思想以及仪式一样，都是宗教的组成部分。因此，除非能够详加探讨物质文化在佛教传播过程中的地位，否则我们对于佛教在东亚的发生、发展的理解，将始终是片面的、不完整的。在探讨随佛教一并出走的印度物质文化时，关注物质文化的发展、扩散、文化身份等问题，始终都是我们理解佛教对亚洲物质文化影响的关键所在。[①]

对于佛教研究乃至更为广泛的宗教研究而言，物质与精神的二元对立始终是宗教思想中的核心观念之一；对于某些宗教而言，这种对立甚至是基石性的原则。重精神而轻物质，是以往宗教研究中的常态与惯例，这一点在佛教研究中也不例外。然而，恰恰是这种看似从宗教原则出发以期深入理解宗教的做法，人为限定了宗教研究的对象，造成了对受宗教传播与发展影响而产生的物质文化材料的视而不见，导致宗教物质文化材料被人为"掩埋"。因此，重新审视物质文化对

---

① 柯嘉豪：《佛教对中国物质文化的影响》导言，赵悠等译，中西书局，2015年，第24页。

于佛教研究的价值与意义，在佛教研究中引入物质文化，恰如二重证据法中的"地下之新材料"，不仅可以证实或证伪"纸上之材料"，还将拓展我们对佛教研究的想象空间，以更加广阔与全面的视野透视佛教在发展进程中对传入地区生活、政治的实际影响力，发现那些曾经被忽略的重要细节。

受制于地理空间的阻隔，印度佛教思想并非同时分别到达中亚、中国西域以及中国中心地区，而是渐次传播到这些地区。这就决定了佛教在渐次东传的进程中，会不断经历文化形式与内涵的"层累"。通过对先后出土于1834年、1908年与2012年的三个圣物盒的研究，聚焦圣物盒图案中所反映的佛、王关系，袁炜梳理出贵霜王朝三代君王"礼佛"的真实情况：在迦腻色迦之前的嵌红宝石金圣物盒上看不出佛教与贵霜统治者之间的任何关系，就连供养人也是典型的印度造型，而非贵霜游牧造型。到了迦腻色迦乃至胡维色迦时期，贵霜君主与佛像同时出现在迦腻色迦青铜圣物盒上，此时贵霜君主与佛像的地位几近相同，佛像由帝释天、梵天和观世音护持，贵霜君主由琐罗亚斯德教光明神和月神护持。到波调时期，佛像的地位则明显高于贵霜君主波调，波调与其属下的城主替代了帝释天和梵天的位置，成为佛像的护持礼佛。虽然从钱币学等证据来看，波调并非仅信仰佛教，还兼信婆罗门教。但与其前代相比，尤其是与迦腻色迦相比，波调的奉持更甚于前代。然而，在《诸王流派》等佛教史籍中，迦腻色迦却是佛教徒眼中的三位护教法王之一，胡维色迦、波调却并未侧身其列。造成这一局面的原因在于，佛教徒在宣扬迦腻色迦崇信和推广佛教之时，将迦腻色迦、胡维色迦和波调三代贵霜君主百年间对佛教态度的变化归结于迦腻色迦一人。后世随着佛法的传播，迦腻色迦在佛教发展中的声望日益显著，而胡维色迦和真正崇信佛教的波调则湮没无闻。正是对钱币、金属圣物盒中留存的相关信息的破译与解读，才使我们了解到佛教在贵霜王朝时期传播与发展的真实状况，而不是如同古代居处"边地"的佛教信仰者怀着对"圣教"的完全信赖与美好憧憬，想象佛教在印度本土及周边地区的"炽盛"图景。

虽然在佛教的思想体系中，物质的重要性远不及精神，但这并不意味着佛教拒绝在任何意义上肯定物质世界的价值。以涉及物质生产的"工巧"观念为例，工巧作为世俗生活中的谋生手段，在阿含经典与阿毗达磨论典中已有论述。工巧是能给人们带来现世安乐的一种途径，但也被作为一种使人理解佛教思想的类比对象；同时，基于工巧，人们既可以通过修习舍心及布施从而带来后世的安乐，也可以由此而产生种种烦恼与苦恼；并且，对世俗工巧而言，五蕴既是工巧智的所依，也是工巧智的认知边界。刘畅的研究指出，从工巧的特性中，我们可以看到早期佛教以及说一切有部对世间与出世间的界限与联系的探讨：世间工巧智难以窥探出世间圣果的状态，而佛及其弟子则以工巧为例解读佛的思想。工巧作为人们所熟知的事物，成为人们了解圣者智慧这一未知事物的跳板。

同时，在讨论"佛教与亚洲物质文明"的议题时，简单说"佛教"，似乎暗示着传入中国的佛教，在其内部保持了连续、稳定的同质性。对此，罗伯特·沙夫与柯嘉豪已分别从思想传播与物质文化传播等两个方面指出了这种迷思的不当之处。事实上，佛教传入中国的过程，是与佛教内部不同教派间的对抗纠缠在一起的。这就导致佛教传入的地区因流派不同（这里主要指大小乘的区分），在思想倾向、经典依据以及艺术表现形式上，存在着明显的不同。同时，佛教所传入的不同文明体在思想、文化以及艺术表现形式上的独特之处，增加了所谓"佛教物质文化"成因的复杂性。正因如此，伴随佛教思想进入中国文化腹地的文物制度，已经不能简单以贴标签的方式进行归类，而是需要详细考察才能分辨，绝非三言两语可以道尽。佛教之"西来"，是一个印度佛教经历了内外部思想、文化不断冲突、融合，并在物质表达形式上经历了不断"层累"的过程。

例如，"舍卫城降伏外道"本是印度婆罗门教的正统思潮和沙门思潮对立时佛教与六师相抗争的产物，"舍卫城神变"造像曾在印度和阿富汗地区普遍流行，并随着佛教的传播来到于阗。高海燕对印度本土、犍陀罗地区与于阗地区对佛经中"舍卫城神变"这一母题下"水火双神变""千佛化现"两个主题的表现形式的对比研究表明，于阗工匠们根据来自秣菟罗、犍陀罗和笈多的艺术题材和造像样板，结合本土的历史与宗教特点，形成了具有地域特色的"于阗系背光化佛"，从某种角度而言，于阗的背光化佛图像已不仅仅是表现佛经中的"舍卫城神变"，而是受到"舍卫城神变"影响的于阗本地图像。三类"于阗系背光化佛"样式均不见于新疆其他地区和中原内地，恐为佛教文化传统和信仰的差异所致。虽然于阗长期大、小乘佛教并存，但实为西域大乘佛教中心，教派之间的争斗、将释迦无限神格化以及多佛崇拜造就了于阗背光化佛的盛行，这不同于西域小乘佛教中心龟兹，龟兹石窟中的背光化佛图像表达了不同的内涵，同时也可能与于阗背光化佛存在一定的联系。中土先后受到禅观、净土等思想的影响，"舍卫城降伏外道"题材并未流行，只是在晚唐至北宋初期的敦煌出现了以于阗化佛为粉本的于阗瑞像，兴盛一时。这样的图式也曾体现在于阗当地特有的《金光明经变》上，足见其在当时的流行程度。

诠释经典的途径不仅有语言与文字，图像也是一种重要的手段。佛教造像无疑具有实践、功德、教化等多方面的信仰价值与功能，但不应忽视一点，即经典内容在异域的图像化，本身就是一种对经典的新诠释。在佛教的发祥地印度，对于经典的图像诠释，因处于原生文化环境中，作为沙门思潮的一种，佛教与其他印度本土宗教共享着丰富的图像化表达的形式与"意象"，当地物质文化越发达，也就意着出现新诠释的空间越小。但在佛教东进的进程中，情况则大为不同。由于途经地区的文化传统与历史承负不尽相同，面对同样的印度佛教经典中的主题，不同地区的展现形式始终存在着差异，并在维护信仰的正统性（更确切地说，是原初样态）与维护本土文化传统之间形成张力。

如张婉莹所指出的，虽然敦煌本土的汉晋文化、十六国时期的五凉文化都为北朝时期的敦煌石窟佛教艺术奠定了重要基础；但从敦煌地区佛衣、僧衣形制自十六国至北朝时期的演进历程来看，敦煌由于特殊的地理位置，地处中原文明与印度、中亚文明的中间地带，故同时经受着来自印度、中亚一侧物质文化形态的影响，与中国文化腹地一侧孕育出的中原佛教物质文化形态向西回传的影响。僧衣、佛衣形态的演进，既非印度服饰单方面适应中国本土衣料、礼俗等客观条件以变革自身的单向度发展路径，也非刻意尽力保持佛教传入敦煌时的样态不变。事实上，因敦煌本身就是具有相对独立文明形态的区域，对来自东、西两个方向的文化影响，虽然在不同历史时期都曾予以接纳，但仍只停留在选择性吸收的层面，对原有的本土文化则有较强的保存和继承。在面对外来文化时，敦煌始终坚持本土文化的优先性，故导致佛衣、僧衣的汉化在不同历史时期呈现出可逆的现实状况。在一定条件下，对本土文化的维护甚至优先于信仰的正统性。

真正能够影响敦煌地区佛衣、僧衣形制的因素，是教义教理的兴替与传教重点的迁移。例如，敦煌石窟在北凉至西魏时期出现较多双领下垂式、覆头式等表现禅修意向的袈裟形制，反映了北朝佛教注重禅修的传统观念。北周时期这两种衣装类型几乎未见，而壁画中世俗人物形象则明显增多，加之一佛二弟子像组合形式的出现，表明此时佛教观念发生变化，石窟功能在对外表法、礼敬供养等方面的意味明显增强。杨童舒通过对十六国时期石窟寺空间形制与洞窟图像布局的研究，指出石窟寺开凿与设计的核心理念在于"禅观"，核心功能也在于"禅观"。杨晓慧对南北朝时期地处中国文化腹地的青齐地区出现的与南朝风格迥然不同的菩萨头冠形制的成因与来源的考察，再次揭示了作为信仰实践的造物运动内在具有的、强大的复归"原始"与"正统"的冲动：作为佛教传入中土的第一站，西部地区成为北朝东部地区寄托传统情愫的场域，并成为造物运动的取法对象。但事实上，西部地区的物质文化形态，明显是受到南朝佛教物质文化回传之影响的产物。

聚焦于物质文化，还能揭示出佛教运动在多大程度上影响了传入地的文化，了解到不同文化之间的关系。随着佛教思想的扎根与传播，诸如天堂、地狱的详细构想，新的神祇、轮回观念以及业的理论，最终都进入了中国人的日常生活。通过梳理传世文献、石刻文献，查阅近年来的考古调查和发现，并从中选取有代表性的文字和考古学材料，李澜梳理了"灵龛"概念在隋唐至宋元时期的发生和发展过程，以及"灵龛"实物在中国佛教物质文化史中的演变脉络，并指出："灵龛"作为一个在佛教信仰实践中不断展开与丰富的概念，经由在中古中国前后近五百年的实践，不断与中国固有文化传统、礼俗发生互动，最终由一个与丧葬相关无几的概念，演变为中国佛教的重要丧葬形式，并形成了与之相适应的实践传统，留下了数量可观的墓葬群落，构成了中国物质文明中极为特殊但又极其重要的组成部分。隋唐时期，尤其唐代，是佛教葬俗中国化的一个关键时期，宗派的划分、净土思想的流行，加上皇室和贵族对佛教的支持，无不推动了佛教世俗化的进程，而其中"六道轮回""往生极乐"的观念也为更多的僧人和信徒所推崇，这也加强了佛教的教义更深刻地渗入中国传统的丧葬礼仪之中，许多信徒选择通过带有佛教意义的丧葬方式来安葬自己（石窟瘗葬、祔葬寺院等）。反之，世俗的丧葬礼仪也在影响着佛教的丧葬流程，开始出现了模仿世俗丧葬用具的做法，"灵龛"一词从之前模糊的概念逐渐发展为具体指代佛教丧葬仪式中的用具。随着后世禅宗的影响和佛教戒律的加强，"灵龛"在元代以后最终演变成我们如今所熟知的形式。

经由引入新的圣物、符号、建筑、法器，以及其他各种大大小小的物品，乃至看待这些物品并与其互动的新方式，佛教还改变了中国人的物质世界。[①] 以焚香为例，这一习俗起源于近东，最早的香炉实例见于公元前6世纪的吕底亚王国，此后向东传入波斯阿契美尼德王朝和帕提亚王朝。在公元前1世纪传入犍陀罗地区，成为佛教徒行香礼佛的法具并沿用至公元6世纪。然而，受制于物质生产技术，香的形态决定了佛教信众通过焚香表达虔敬时的动作，而这些动作则是佛教仪轨的组成部分。受原材料与制作技术升级的影响，香的形制在宋代发生变化，线香的出现极大简化了焚香奉佛的复杂度，并使香在一定程度上摆脱了香炉的限制。物质形态的变化引发使用方式的变化，使"人—物"的交互模式发生转变。线香出现后，焚香奉佛的动作演变为"炷"。这些发生在信仰实践过程中的动作，无可避免地触发了仪轨的相应调整。然而，作为敬奉仪式之一部分的"焚香"，并未抛弃对香炉的使用。而香的生产、消费之转变与普及，引发了"相关产业"——香炉制作的变革，以适应香之形制向"线香"的转变。但特别值得注意的是，虽然香炉形制必然会以香的形制为依据进行设计与生产，但配合线香使用的主流香炉的形制——鼎形香炉——的产生，其根据却不是印度与佛教的物质传统，而是宋代兴起的文化复古风潮。香炉的形制取自完全没有受到佛教影响的上古时期。而主导这一复古

---

① 柯嘉豪：《佛教对中国物质文化的影响》导言，赵悠等译，中西书局，2015年，第1页。

风潮的是宋代的文人士大夫。文人士大夫对香炉形制变革的推动，其动因在于表达自身的文化修养与审美意趣，但其对于香炉的关注，恰恰说明了焚香已经成为文人士大夫的日用平常。这一源自佛教信仰实践的"活动"，完成了朝向中国人日常生活的融入，并自此与佛教拉开了一定距离，具备一定程度的独立性，成为一种独立的物质生活形式，而不仅仅作为奉佛的一个环节而存在。通过考察线香出现的物质与技术基础，以及线香出现后引起的"人—物"互动模式乃至信仰实践活动的调适，范桢展现了一个生动的"技术—物质—文化"在现实中的互动案例。尤其是与绝大多数中国人生活必需并无关涉的香的形态的转变，只是因为文人士大夫的审美与文化表达需要，就产生了强大到足以推动香炉形态发生整体转变的事实，再一次提示我们：佛教所传入的中国，是一个充满活力的社会，具备了极强的物质生产、消费能力乃至弃置能力。

物质生产、消费能力的重要性，不仅仅体现在对具体器物的影响之上。社会整体生产能力的兴衰、消长，对佛教的整体冲击更大，并且在事实上对佛教具有更强的形塑能力。虽然在世界范围内都罕见如同佛教这样体系严密的对物质世界进行批判的宗教，且不断强调精神生活重于物质生活；但当整个社会的生产力遭到破坏，尤其是寺院经济崩溃，无法供养人数众多的不事生产的僧团时，佛教信徒选择了一种与经教间存在罅隙的道路，形成了一种特殊的僧人生活方式：居家。武绍卫通过对吐蕃统治至归义军时期敦煌地区僧众居家问题的分析，指出寺院经济的凋敝与僧团组织上的涣散、僧团对僧人约束能力下降之间具有的正向关联：当寺院没有足够的资源支撑僧人的衣食住行时，僧人会选择回归世俗家庭以寻求庇护，甚至重新参与世俗生活、劳动。就敦煌僧众居家的影响来说，居家可能正是导致僧众养子、从事各种经济活动等背离佛律、世俗化行为渐渐出现的重要契机和推力，也是我们从整体上理解敦煌藏经洞文书的一个重要出发点。质言之,"居家过活"可能是主导敦煌佛教日益脱离强调清修的"寺院主义",而走向"世俗化"或"社会化"的一大动因。

作为文化印迹的佛教文物,还为我们了解某些业已消失或历史晦暗不明的时期与族群提供了可能。如刘人铭所指出的,供养人画像反映了供养人的社会身份、等级、民族等信息。通过对回鹘供养人画像的梳理,可以推知:在回鹘的统治之下,沙州地区的僧人、汉人构成较前期而言未发生较大变化,但是为巩固统治,对汉人男子实行了易服的民族政策。

器物不仅仅是我们追踪中心文化问题的线索,它们自身就是文化的重要组成部分,出现在各种行为和沟通的形式中。纵观上述研究的结论,不难发现,佛教对亚洲物质文明的影响,不仅涉及领域众多,更重要的是,并不存在一种单向度的"冲击"模式,而是在不同地区经历了极为复杂的相互交涉与融合。亚洲物质文明中所反映出的佛教因素,正是佛教信仰实现了生活融合、被异质文化所吸纳的明证。

从圣物盒看佛教在贵霜上层的发展

袁 炜

（贵州省博物馆）

一、从文献、碑铭和钱币看佛教与贵霜君主迦腻色迦

在佛教史上有三位护教法王，其中第三位护教法王即贵霜君主迦腻色迦。有关迦腻色迦作为贵霜君主崇信和推广佛教之事，成书于公元 12 世纪的克什米尔史书《诸王流派》（*Rājataraṅgiṇī*）和不少佛教典籍都有所记载，如《诸王流派》言：

> te turuṣkānvayodbhūtā api puṇyāśrayā nṛpāḥ |
> śuṣkaletrādideśeṣu maṭhacaityādi cakrire || RT 1.170||
> prājye rājyakṣaṇe teṣāṃ prāyaḥ kaśmīramaṇḍalam |
> bhojyam āste sma bauddhānāṃ pravrajyorjitatejasām ||171||
> tadā bhagavataḥ śākyasiṃhasya parinirvṛteḥ |
> asmin mahīlokadhātau sārdhaṃ varṣaśataṃ hy agāt ||172||

译文：这些国王（指 Huṣka、Juṣka 和 Kaniṣka 三位国王）热衷于虔诚的行为，虽然他们出身于 Turuṣka 族，在 Śuṣkaletra 及其他地方修建 Maṭha、支提和类似的建筑。在这些国王强力统治期

间，很大程度上，克什米尔被佛教所占据，佛教通过实践托钵这样的宗教律法，获得了巨大的名望。在那150年间，人间世界通过礼佛获得了圆满的极乐。

据学者考证，《诸王流派》所述Kaniṣka王即贵霜君主迦腻色迦，Huṣka王即贵霜君主胡维色迦，而Juṣka则很难与贵霜君主对应，有学者认为其为印塞王朝在当地的统治者。① 由此可见，在《诸王流派》的记叙中，贵霜君主迦腻色迦及其继任者胡维色迦均崇信佛教，佛教在克什米尔地区占据优势地位。

而佛教典籍的记载则以公元7世纪成书的《大唐西域记》最为详备，其文如下：

> 迦腻色迦王以如来涅槃之后第四百年，君临膺运，统赡部洲，不信罪福，轻毁佛法。田游草泽，遇见白兔，王亲奔逐，至此忽灭。见有牧牛小竖于林树间作小窣堵波。其高三尺。王曰："汝何所为？"牧竖对曰："昔释迦佛圣智悬记，当有国王于此胜地建窣堵波，吾身舍利多聚其内。大王圣德宿殖，名符昔记，神功胜福，允属斯辰，故我今者先相警发。"说此语已，忽然不现。王闻是说，嘉庆增怀。自负其名大圣先记，因发正信，深敬佛法。②

> 迦腻色迦王既死之后，讫利多种复自称王，斥逐僧徒，毁坏

---

① M. A. Stein, *Kalhaṇa's Rājataraṅgiṇī: A Chronicle of the Kings of Kaśmīr*, New Delhi: Shri Jainendra Press, 2009, pp. 30 – 31; Harry Falk, *Kushan Histories: Literary Soutces and Selected Papers from a Symposium at Berlin, December 5 to 7, 2013*, Bremen: Hempen Verlag, 2015, p. 139.

② 玄奘、辩机：《大唐西域记校注》，季羡林等校注，中华书局，1985年，第238、239页。

佛法。①

可见在《大唐西域记》的记叙中，迦腻色迦起初并不信奉佛法。20世纪90年代，随着阿富汗北部出土贵霜丘就却时期的佉卢文佛教文书，有学者结合《三国志》裴松之注引鱼豢《魏略·西戎传》言"昔汉哀帝元寿元年，博士弟子景卢受大月氏王使伊存口受《浮屠经》"②，论证迦腻色迦的曾祖父——贵霜君主丘就却就已经信奉佛教。③但此说并不妥当，一则《魏略》撰写于三国魏时，记叙内容止于魏明帝。④可见《魏略》的撰写时间至少在公元226年之后，相去汉哀帝元寿元年（前2）200多年，且大月氏王使伊存口受浮屠的内容不见于东汉早期成书的《汉书》，故这条曹魏初年追溯西汉末年佛教传播的史料的可信度尚待讨论。二则20世纪90年代阿富汗北部出土的这批贵霜丘就却时期佉卢文佛教文书并非科学考古出土，后经考证，其出土地点在兴都库什山以南的巴米扬（Bamiyan）附近，即位于广义的犍陀罗地区，而非巴克特里亚（Bactria）地区（大夏地区）。再加上这批出土文书历时5个世纪，早期文书很可能是在西北印度（包括今巴基斯坦的部分地区）撰写，后被佛教徒带往巴米扬。⑤故笔者并不认可从这两点论证推出丘就却信奉佛教。笔者认为还没有可靠的证据可以证明公元1世纪贵霜丘就却信仰佛教。

---

① 玄奘、辩机：《大唐西域记校注》，季羡林等校注，中华书局，1985年，第338页。
② 陈寿：《三国志》，中华书局，1959年，第859页。
③ 林梅村：《古代大夏所出丘就却时代犍陀罗语三藏写卷及其相关问题》，载氏著《汉唐西域与中国文明》，文物出版社，1998年，第122—127页。
④ 刘知几：《史通通释》，浦起龙释，上海古籍出版社，1978年，第348页。
⑤ Jens Braarvig, Fredrik Liland, *Traces of Gandhāran Buddhism-An Exhibition of Ancient Manuscripts in the Schøyen Collection*, Bangkok: Hermes Publishing, 2010, pp. xvii - xx.

近代以来，随着中亚、西北印度碑铭学和钱币学的发展，贵霜君主迦腻色迦崇信和推广佛教之事越来越受到碑铭学和钱币学的质疑。

从碑铭角度来看，阿富汗北部萨曼甘省出土的罗巴塔克碑记叙了迦腻色迦时期修建的王室神庙所供奉的神祇，其相关的巴克特里亚文铭文如下。

8. (α)βειναο βαΥολαγγο κιρδι σιδι β…αβο ριζδι αβο μα καδγε ραγα φαρειμοανο β-

9. (α)γ(ν)ο κιδι μαρο κιρδα(ε) ι μα…ο[φ]αρρο ομμα οοηλδι ια αμσα νανα οδο ια αμ-

10. σα ομμα αορομοζδο μοζδοο(α)νο σροφαρδο ναρασαο μιρο οτηια ονδοα-

11. νο πι(δο)γιρβο φρομαδο κιρδι ειμοανο βαγανο κιδι μασκα νιβιχτιγενδιοτ-①

译文：在迦西格平原建立的这个地方为这些神建造名为巴吉亚卜的庙宇，他们已由光荣的乌摩引领到这里，这些神（是）上述的娜娜和上述的乌摩、阿胡拉·马兹达、马兹达万、斯罗沙德——印度人称他为摩诃舍那或毗舍佉、纳拉萨（和）米希尔。而且他下令制作铭刻于此的诸神的肖像。

通过罗巴塔克碑可见，迦腻色迦下令修建的王室神庙中供奉的七位神祇（斯罗沙德/摩诃舍那/毗舍佉既是琐罗亚斯德教神祇，又是婆罗门教神祇），其中五位是琐罗亚斯德教神祇（娜娜、阿胡拉·马兹达、斯罗沙德、纳拉萨、米希尔），三位是婆罗门教神祇（乌摩、马兹达

---

① Mahmoud Jaafari‐Dehaghi, "The Bactrian Inscription of Rabatak", *Journal of Teaching Language Skills,* 2009, p. 3.

万、斯罗沙德/摩诃舍那/毗舍佉)①，而没有任何佛教色彩。

再如一个迦腻色迦十年（136）银盘上的巴克特里亚文铭文，其相关铭文如下：

1. ...[ναυα π]ιδο[ι ιωγα]χþονα αβο þαονανο þαο κανηþκι κοþ ανο...

5. ...νοβαρδγο αβο ι οηþο οαρειγο αδγαδο αβο ι βαγο νοβανδανο καλδι κανηþκι þαο αμο οηþο αγαδο...

译文：……在元年，（娜娜神）授王中之王，迦腻色迦，贵霜……（他）在湿婆神庙敬献（这个盘子），作为敬神的供品；迦腻色迦王把它带给湿婆神……②

由此铭文可见，迦腻色迦认为其王权由琐罗亚斯德教神祇娜娜授予，并在湿婆庙进献供品给婆罗门教神祇湿婆。

从钱币角度来看，迦腻色迦钱币上出现了13位神祇，包含11位琐罗亚斯德教神祇——娜娜（Nana）、光明神（Mirro）、月神（Mao）、战神（Orlagno）、火神（Athsho）、丰收女神（Ardoxsho）、智慧神（Manaobago）、财神（Pharro）、马神（Lrooaspo）、阿胡拉·玛兹达（Mozdooano）和风神（Oado），1位婆罗门教神祇——湿婆（Wesho），1位佛教神祇——佛陀，其中佛陀造型钱币仅占统计的迦腻色迦钱币总数的百分之一。

---

① 罗帅：《罗巴塔克碑铭译注与研究》，载朱玉麒主编：《西域文史》第六辑，科学出版社，2011年，第113—135页。

② Nicholas Sims‐Williams, "A new Bactrian inscription from the time of Kanishka", in Harry Falk (eds.), *Kushan Histories: Literary Soutces and Selected Papers from a Symposium at Berlin, December 5 to 7, 2013*, pp. 255‐264.

继迦腻色迦之后的胡维色迦，其钱币上则出现了 22 位神祇，其中包含 18 位琐罗亚斯德教神祇——丰收女神（Ardoxsho）、光明神（Mirro）、月神（Mao）、娜娜（Nana）、财神（Pharro）、大地神（Shaoreo）、火神（Athsho）、胜利神（Oanindo）、阿姆河河神（Oaxsho）、智慧神（Manaobago）、冥神塞拉庇斯（Sarapis）、正义女神（Rishti）、蒂耶罗（Teiro）、阿胡拉·玛兹达（Ahura Mazda）、火的守护神（Ashaixsho）、伊玛（Yamsho）和风神（Oado）等，3 位婆罗门教神祇——湿婆（Wesho）、战神（Karttikeya）、湿婆的妻子（Umma），以及希腊神话中的冥神（Heracles），而没有任何佛教神祇。[①]

由碑铭和钱币，学界普遍得出结论：贵霜君主迦腻色迦并未向佛教徒宣称的那样崇信和推广佛教，而是同时认可琐罗亚斯德教、婆罗门教和佛教，并以琐罗亚斯德教为主，婆罗门教次之，佛教最轻。其继任者胡维色迦在推崇琐罗亚斯德教和婆罗门教的时候，对佛教则更为淡漠。

二、从金属圣物盒看佛教与贵霜君主

对此，笔者认为，除了通过文献、碑铭和钱币视角研究佛教与贵霜君主迦腻色迦的关系外，中亚、西北印度出土的贵霜时期金属质圣

[①] Robert Bracey, "Policy, Patronage, and the Shrinking Pantheon of the Kushans", in Vidula Jayaswal (eds.), *Glory of the Kushans: Recent Discoveries and Interpretations*, New Delhi: Aryan Books, 2012, p. 203; Frantz Grenet, "Zoroastrianism among the Kushans", in Harry Falk (eds.), *Kushan Histories: Literary Soutces and Selected Papers from a Symposium at Berlin, December 5 to 7, 2013*, p. 218；林梅村：《贵霜帝国的万神殿》，载上海博物馆编：《丝绸之路古国钱币暨丝路文化国际学术研讨会论文集》，上海书画出版社，2011 年，第 22—25 页；杜维善：《贵霜帝国之钱币》，上海古籍出版社，2012 年，第 38—46 页；李铁生：《古中亚币》，北京出版社，2008 年，第 158—160 页。

物盒也是重要的资料，有必要结合对贵霜时期金属质圣物盒的研究来谈佛教与贵霜君主的关系。

自19世纪中叶起，先后在阿富汗和巴基斯坦发现三个具有佛像造型的金属质圣物盒；对于这三个盒子的功能，学界有多种意见，包括用作香炉、用来盛纳舍利等，故定名也莫衷一是。在此，笔者将其笼统地称为"圣物盒"。

三个圣物盒中，时代最早的是嵌红宝石金圣物盒，此圣物盒于1834年在阿富汗毕马兰第二佛塔发掘出土，现藏于大英博物馆。该盒高7厘米，出土时已无盖，盒底部中央为精美的绕一周八瓣莲花纹。盒外中部为8个人物浮雕造像，分别立于连拱门内（图1[①]）。其中有两尊为佛像（图2），佛头后有项光，头顶束发肉髻，睁眼，穿通肩大衣，圆领，右手在胸前施无畏印，左手在腰间握衣角。两尊佛像左右各有一胁侍，应分别为帝释天（Indra，图3）和梵天（Brahma，图4），佛与帝释天、梵天三个肖像共同表现"梵天劝请"这一佛教典故。[②] 此外还有两男性供养人造型（图5），身着印度式服装，呈正面作揖状，有学者推测其为菩萨。而每个连拱门之间，都有一个伸展翅膀形似大雁的桓娑鸟。[③] 由于嵌红宝石金圣物盒并无铭文，故只能根据其伴随出土铭文陶罐、钱币等大致判断其可能的埋藏时间，出土时嵌红宝石金圣物盒放于一带佉卢文铭文的滑石罐内，圣物盒内放有4枚阿泽斯身后的仿铸钱币。近几年学者根据伴随出土钱币、考古学关系和艺术风格等判断其时代在公元元

[①] 图1—图5引自Reginald Le May, "The Bimaran Casket", *The Burlington Magazine for Connoisseurs*, Vol. 82, No. 482, 1943, pp. 117–118。

[②] 宫治昭：《犍陀罗初期佛像》，贺小萍译，《敦煌学辑刊》2006年第4期。

[③] 孙英刚、何平：《犍陀罗文明史》，生活·读书·新知三联书店，2018年，第432页。

年之后、迦腻色迦元年（127）之前，即从印度—塞克时期到贵霜早期。①

图 1　嵌红宝石金圣物盒

---

①　Joe Cribb, "Dating the Bimaran Casket: Its Conflicted Role in the Chronology of Gandharan Art", *Gandhāran Studies*, Volume 10, pp. 57‑91. 有学者不认同此观点，以佛教徒在供奉时，如流行金、银币的话，必然会在圣物盒中供奉金、银币，而非低价值的铜币为由，再结合当时中亚，自印塞王朝后期银币逐步贬值为铜币，到贵霜帝国维玛·伽德菲赛斯时才开始铸行金币的货币发展史，认为嵌红宝石金圣物盒的时代在公元 15—50 年间。今按，此说不妥，如下文迦腻色迦青铜圣物盒出土时，内部即盛有迦腻色迦铜币，而非金币。故不能以供奉钱币材质的不同，判断圣物盒的时代。参见 Gérard Fussman, "Kushan power and the expansion of Buddhism beyond the Soleiman mountains", in Harry Falk (eds.), *Kushan Histories: Literary Soutces and Selected Papers from a Symposium at Berlin, December 5 to 7, 2013*, pp. 155‑56。

汉传佛教与亚洲物质文明

图 2　嵌红宝石金圣物盒上的佛像

图 3　嵌红宝石金圣物盒上的帝释天

图 4　嵌红宝石金圣物盒上的梵天

图 5　嵌红宝石金圣物盒上的供养人

时代稍迟的圣物盒是迦腻色迦青铜圣物盒,此圣物盒于1908年在今巴基斯坦白沙瓦附近的迦腻色迦大塔遗址发掘出土,同舍利室还出土有迦腻色迦一世铜币,此圣物盒现藏于白沙瓦博物馆(图6①)。该盒高19.5厘米,直径13厘米,鎏金青铜材质。盒顶为两周莲瓣纹,中央凸起高座,佛坐其上,呈结跏趺坐,头顶束发肉髻,双眉间有白毫相,睁眼,佛头后有项光,项光内有一圈莲瓣纹,穿通肩大衣,衣领下垂并在胸前形成U形纹饰,右手在胸前施无畏印,左手在腰间握衣角。佛左右分立帝释天和梵天(图7)。② 盒顶边缘装饰有一圈飞翔的桓娑鸟,其中一些嘴上衔着花环。③ 与嵌红宝石金圣物盒相同,迦腻色迦青铜圣物盒顶盖的佛像造型同样表现的是"梵天劝请"。

图6　迦腻色迦青铜圣物盒及其伴随出土物

盒身有一周人物装饰,其中七个裸体男性人物肩扛上下浮动的犍陀罗艺术造型的花环,④ 将盒身分为上下两部分,上部分有六个

---

① 图6—图10引自Elizabeth Errington, "Numismatic Evidence for Dating the 'Kaniska' Reliquary", *Silk Road Art and Archaeology*, Volume 8, Kamakura, 2002, pp. 116, 119–120.
② 何志国:《佛教偶像起源及其在贵霜朝的交流》,《敦煌研究》2010年第1期。
③ 孙英刚、何平:《犍陀罗文明史》,生活·读书·新知三联书店,2018年,第197页。
④ 孙英刚、何平:《犍陀罗文明史》,生活·读书·新知三联书店,2018年,第85—88页。

图7 迦腻色迦青铜圣物盒盒盖的梵天劝请

主体人物，均为神，表现的是天堂，下部有一贵霜君主立像，表现的是人间。七个主体人物可分为三组。其中一组中心人物为贵霜君主立像，面有胡须，头戴护耳帽，身着大衣，系腰带，长袖覆盖左手，两脚分立。贵霜君主左右分别有琐罗亚斯德教光明神（Mirro）和月神（Mao）护持（图8）。有学者根据圣物盒上光明神和月神的形象更接近于胡维色迦钱币上的光明之神和月神的形象，进而推断其年代下限可能在胡维色迦时期。第二组中心人物是一坐佛，呈结跏趺坐，头顶束发肉髻，睁眼，佛头后有项光，穿通肩大衣，衣纹褶皱，衣摆在双腿间，呈竖条纹，双手在腹部施禅定印。佛左右分立帝释天和梵天（图9）。第三组中心人物与第二组中心人物极为相似，可能是阿弥陀佛的坐佛，坐佛右侧有一胁侍（图10），胁侍左肩披着带褶皱的长袍，右手臂赤裸，右手腕戴一手镯，大耳，头顶有发髻，此胁侍可能是观世音菩萨。有学者根据迦腻色迦青铜圣物盒盒盖和盒身的佛教形象，认定其表现的佛教思想为大乘佛教。[1]

---

[1] Elizabeth Errington, "Numismatic Evidence for Dating the 'Kaniska' Reliquary", *Silk Road Art and Archaeology*, Volume 8, Kamakura, 2002, pp. 101–20.

图8　迦腻色迦青铜圣物盒盒身的贵霜君主及琐罗亚斯德教光明神和月神

图9　迦腻色迦青铜圣物盒盒身的梵天劝请

图10　迦腻色迦青铜圣物盒盒身的阿弥陀佛与观世音像

此圣物盒上有佉卢文铭文：

2. Kaniṣ[kapu]re ṇagare [a]yaṃ gaṃdha[ka]raṃḍe + t. (*mahara)-jasa Kaṇi-

4. ṣkasa vihare Mahasenasa Saṃgharakṣitasa agiśalanavakarmiana

3. deyadharme sarvasatvana hitasuhartha bhavatu

1. acaryana Sarvastivatina pratigrahe①

译文：在收容说一切有部法师之际，大王迦腻……在迦腻色迦普尔城，这个香盒是神圣的供物，为保佑一切生灵繁荣和幸福。此供物属于□□色迦寺院负责火塘的侍卫僧摩诃色那。②

在此铭文中，(*mahara)jasa Kaṇi 当为 maharajasa Kaṇiṣka（迦腻色迦大王），可见迦腻色迦青铜圣物盒制作于迦腻色迦统治时期，如以公元 127 年迦腻色迦即位计算③，那么此圣物盒的时代在公元 127—150 年左右，即公元 2 世纪中叶稍早一些。而 ṣkasa vihare 当为 Kaṇiṣkasa vihare（迦腻色迦寺），此寺院和佛塔在很多文献中都有所记载，现以《大唐西域记》和粟特文书为例。《大唐西域记》称其为迦腻色迦迦蓝，当译自梵文 Kaniskasa samghārama，而 vihare 和 samghārama 均意

---

① Stefan Baums, "Catalog and Revised Texts and Translations of Gandharan Reliquary Inscriptions", in David Jongeward, Elizabeth Errington, Richard Salomon and Stefan Baums (eds.), Gandharan Buddhist Reliquaries, *Gandhāran Studies*, Volume 1, pp. 200–51.

② 中文释读部分参见林梅村：《古代大夏所出丘就却时代犍陀罗语三藏写卷及其相关问题》，载氏著《汉唐西域与中国文明》，文物出版社，1998 年，第 120 页。

③ 关于贵霜年代学中迦腻色迦即位年代这一问题，学界长期有争议，近年来逐步统一为迦腻色迦即位于公元 127/128 年。近年来相关学界推论年表参见：David Jongeward and Job Cribb with Peter Donovan, *Kushan, Kushano–Sasanian, and Kidarite Coins: A Catalogue of Coins From the American Numismatic Society*, New York: The American Numismatic Society, 2014, P. 4; Hans Loeschner, "Kanishka in Context with the Historical Buddha and Kushan Chronology", in Vidula Jayasval (ed.), *Glory of the Kushans – Recent Discoveries and Interpretations*, New Delhi: Aryan Books International, 2012, pp. 137–194; Osmund Bopearachchi, "Some Observations on the Chronology of the Early Kushans", *Res Orientales*, vol. XVII, 2007, P. 50。

为"寺庙",且地理位置相同,均在白沙瓦附近,故勘同。而出土迦腻色迦青铜圣物盒的大塔,也可比定为玄奘所记叙的迦腻色迦王大窣堵波。① 而粟特文书中其相关内容如下:

namāču ɓarām awēn butānak šarīr farn
namāču ɓarām awēn akanišk astūpa ɓarxar farn
namāču ɓarām awēn jētaɓand ɓarxār awēn nau ɓarxār farn

译文:我们向佛教圣物的威严致敬,我们向迦腻色迦窣堵波和伽蓝的威严致敬,我们向逝多林伽蓝和纳缚僧伽蓝的威严致敬。②

在此粟特文书中出现了 akanišk astūpa ɓarxar(迦腻色迦 窣堵波 寺庙),也可佐证埋藏迦腻色迦青铜圣物盒的大塔即迦腻色迦王大窣堵波(粟特文书 akanišk astūpa),迦腻色迦青铜圣物盒上佉卢文铭文所述的迦腻色迦寺(Kaṇiṣkasa vihare)即粟特文书中的 akanišk ɓarxar。迦腻色迦青铜圣物盒铭文中的迦腻色迦普尔城(Kaniṣkapure),据《诸王流派》言:

athābhvan svanāmānkapuratrayavidhāyinaḥ |
huṣka-juṣka-kaniṣkākhyās trayas tatraiva pārthivāh|| RT 1.168 ||

---

① 玄奘、辩机:《大唐西域记校注》,季羡林等校注,中华书局,1985年,第237—250页。

② Hans Loeschner, "The Stūpa of the Kushan Emperor Kanoshka the Great, with Comments on the Azes Era and Kushan Chronology", in Victor H. Mair (eds.), *Sino-Platonic Papers*, No. 227, 2012, P. 9. jētaɓand ɓarxār 和 nau ɓarxār 依《大唐西域记》,分别释读为"逝多林伽蓝"和"纳缚僧伽蓝",参见玄奘、辩机:《大唐西域记校注》,季羡林等校注,中华书局,1985年,第117、118、488—490页。

那时在这片土地上有三个国王，叫 Huṣka、Juṣka 和 Kaniṣka，他们修建了以他们名字命名的三个城（Huṣkapura、Juṣkapura、Kaniṣkapura）。①

即迦腻色迦普尔城也是迦腻色迦所筑。由此可见，与迦腻色迦青铜圣物盒相关联的迦腻色迦寺、迦腻色迦塔和迦腻色迦普尔城均为迦腻色迦所修筑。

时代最迟的圣物盒是波调银圣物盒，最迟在 2012 年出现在巴基斯坦。该盒高 6.4 厘米，宽 10.6 厘米，盖已缺。外周有六个人物立像，分为两组，每组中间为坐佛，坐佛左右各一供养人，两组一佛二供养人间有提梁基座，而提梁已缺。每个人像间用希腊式石柱隔开，相邻希腊式石柱顶部用连拱门相连，连拱门在人像之上，连拱门上有巴克特里亚文铭文对人像进行说明。

其中一个坐佛（图 11②），佛头、佛身后有背光，头顶束发肉髻，眉间有白毫，长耳，穿通肩大衣，衣纹褶皱，双手在腹部施禅定印，呈结跏趺坐。此坐佛左侧供养人面朝坐佛（图 12），头戴王冠，王冠上有贵霜王室的徽记，身着背有飘带的贵霜式长袍，左手腰间持剑，右手似乎持一花骨朵，身后有一新月造型，连拱门上有巴克特里亚文铭文 ναρκασο καραλραγγο（ναρκασο，城主）。此坐佛右侧供养人面朝坐佛（图 13），身着长袍，头戴贵霜王冠，冠后有飘带，一手持腰

---

① M. A. Stein, *Kalhaṇa's Rājataraṅgiṇī: A Chronicle of the Kings of Kaśmīr*. P. 30; Harry Falk, *Kushan Histories: Literary Soutces and Selected Papers from a Symposium at Berlin, December 5 to 7, 2013*, P. 139.

② 图 11—图 16 引自 Harry Falk, Nicholas Sims‑Williams, "A Decorated Silver Pyxis from the Time of Vāsudeva", in Herausgegeben von einem Team „Turfanforschung"(eds.), *Zur lichten Heimat Studien zu Manichäsmus, Iranistik und Zentralasienkunde im Gedenken an Werner Sundermann*, Wiesbaden: Harrassowitz Verlag, 2017, pp. 125‑30。

一手持香炉，身后有一太阳造型，连拱门上有巴克特里亚文铭文 þαονανοþαο βοζδηο κοþανο（王中之王 波调 贵霜）。

图 11　波调银圣物盒上的佛像

图 12　波调银圣物盒上的贵霜城主 ναρκασο

图 13　波调银圣物盒上的贵霜君主波调

在此，贵霜王波调手中所持的香炉和贵霜城主 ναρκασο 手中持的花值得注意。其中焚香的习俗起源于近东，最早的香炉实例见于公元前6世纪的吕底亚王国，此后向东传入波斯阿契美尼德王朝和帕提亚王朝。在公元前1世纪传入犍陀罗地区，成为佛教徒行香礼佛的法具并沿用至公元6世纪。① 而行香与散花组合起来成为礼佛的仪式，如公元400年夏历四月初一，法显在于阗国所见佛教行像仪式："（佛）像去门百步，（于阗）王脱天冠，易着新衣，徒跣持华香，翼从出城迎像，头面礼足，散华烧香。像入城时，门楼上夫人、采女遥散众华，纷纷而下。"② 故由行香与散花，可见贵霜王波调的佛教信仰。

另一坐佛样式与前一坐佛相似（图14）。此坐佛左侧供养人面朝坐佛（图15），头戴短檐帽，帽檐稍上翘，鹰钩鼻，身着束腰长袍，左手腰间持剑，右手似乎持三个花骨朵，连拱门上有巴克特里亚文铭文 ραμο ι ωστειγο。此坐佛右侧供养人面朝坐佛，身着束腰长袍、长

图14　波调银圣物盒上的佛像

---

① 林梅村、郝春阳：《鹊尾炉源流考——从犍陀罗到黄河、长江》，《文物》2017年第10期。
② 章巽校注：《法显传校注》，上海古籍出版社，1985年，第14页。

裤和腰带，短发无头饰，双手合十，连拱门上有巴克特里亚文铭文 oμοιογοαγαδο（图16）。①

图 15 波调银圣物盒上的供养人 ραμο ι ωστειγο

图 16 波调银圣物盒上的供养人 oμοιογοαγαδο

波调银圣物盒上出现贵霜君主波调。《三国志》言，魏明帝太和

① Harry Falk, Nicholas Sims‑Williams, "A Decorated Silver Pyxis from the Time of Vāsudeva", in Herausgegeben von einem Team „Turfanforschung"(eds.), *Zur lichten Heimat Studien zu Manichäsmus, Iranistik und Zentralasienkunde im Gedenken an Werner Sundermann*, pp. 121–38.

三年（229），"大月氏王波调遣使奉献，以调为亲魏大月氏王"①。可见波调银圣物盒的时代在公元3世纪上半叶。

通过以上对三个圣物盒的研究，可以看到，在迦腻色迦之前的嵌红宝石金圣物盒上看不出佛教与贵霜统治者之间的任何关系；就连供养人也是典型的印度造型，而非贵霜游牧造型。而到了迦腻色迦乃至胡维色迦时期，贵霜君主与佛像同时出现在迦腻色迦青铜圣物盒上，此时贵霜君主与佛像的地位几近相同，佛像由帝释天、梵天和观世音护持，贵霜君主由琐罗亚斯德教光明神和月神护持。最后到波调时期，佛像的地位明显高于贵霜君主波调，波调与其属下的城主替代了帝释天和梵天的位置，成为佛像的护持礼佛。在此，需要指出的是，从钱币学等证据来看，波调并非仅信仰佛教，还兼信婆罗门教：一则，波调钱币一改迦腻色迦、胡维色迦钱币上有众多的神祇，而只有婆罗门教神祇湿婆；二则，波调的佉卢文名字是 Vāsudeva，意为"黑天"，乃婆罗门教主神毗湿奴的化身之一。②

将文献、碑铭和钱币对佛教与贵霜君主迦腻色迦关系的研究成果与关于圣物盒的研究结果相结合，可以看到，在迦腻色迦统治贵霜之前，确如《大唐西域记》和嵌红宝石金圣物盒所示，贵霜君主并不信奉佛教；在迦腻色迦统治贵霜之时，贵霜君主开始接受佛教，修建迦腻色迦寺，但更崇信琐罗亚斯德教；只有到波调时期，贵霜君主波调崇信佛教，波调银圣物盒将其视作佛陀的供养者。《大唐西域记》言迦腻色迦崇信佛教，死后讫利多种复自称王，斥逐僧徒，毁坏佛法。此段记录与当前学界对贵霜年代学和迦腻色迦的研究不符，反倒是与

---

① 陈寿：《三国志》卷三《魏书·明帝纪》，中华书局，1959年，第97页。
② Frantz Grenet, "Zoroastrianism among the Kushans", in Harry Falk (eds.), *Kushan Histories: Literary Soutces and Selected Papers from a Symposium at Berlin, December 5 to 7, 2013*, P. 221-22.

贵霜君主波调崇信佛教，其统治后期萨珊东侵贵霜，占巴克特里亚等地，奉行琐罗亚斯德教，建立贵霜—萨珊王朝的史实契合。故笔者认为，佛教徒在宣扬迦腻色迦崇信和推广佛教之时，将迦腻色迦、胡维色迦和波调三代贵霜君主百年间对佛教态度的变化归结于迦腻色迦一人。后世随着佛法的传播，迦腻色迦在佛教发展中的声望日益显著，而胡维色迦和真正崇信佛教的波调则湮没无闻。

三、结论

综上所述，在迦腻色迦统治贵霜之前，贵霜君主并不信奉佛教；在迦腻色迦和胡维色迦统治贵霜之时，贵霜君主开始接受佛教；在波调统治贵霜之时，贵霜君主崇信佛教。佛教徒为了宣传，将迦腻色迦、胡维色迦和波调三代贵霜统治者对佛教态度的变化，归结于迦腻色迦一人。

从"工巧"看佛教视野中的技术
——以阿含类经及说一切有部阿毗达磨文献为中心

刘 畅

(日本国际佛教学大学院大学)

在佛典中,工巧既是我们所熟知的"五明"中的一个分支,也是对社会里种种技能的一种泛称,如《大唐西域记》就将工巧明描述为"伎术机关,阴阳历数"①。佛典对工巧的进一步解读,则反映出了佛教各个思想流派是如何看待世间的技艺乃至种种创造活动的。在印度佛典中,阿含类经与有部阿毗达磨文献围绕工巧所展现的观念具有内在关联性。阿含类经对工巧的描述侧重于如何获得及看待财富,着重强调了出家者因离欲而不以之谋生;阿毗达磨文献侧重于对诸法的分类与诠释,对于工巧则主要分析它的性质及其对有情所产生的影响等等。本文亦将从这两个角度分析佛典中与工巧相关的文化与观念。

---

① 《大唐西域记》卷二,《大正藏》第51册,第876页下。此处的"阴阳历数"指天文历法等,而"机关"在佛典中常指某种能够运动的木质人形或外形像动物的一种机械,例如:《舍利弗阿毗昙论》卷十五(《大正藏》第28册,第628页中):"巧匠巧匠弟子,刻作木人,动作机关,能令去来坐卧。"《道行般若经》卷八(《大正藏》第8册,第466页下):"工匠黠师克作机关木人,若作杂畜木人,不能自起居因对而摇,木人不作是念言:'我当动摇屈伸低仰,令观者欢欣。'何以故?木人本无念故。"

一、阿含类经中的"工巧"

工巧（梵语 śilpa，巴利语 sippa）在阿含类经典中具体可以指代驾车、御马、射箭、理发、制陶、计算等世间的种种技能，也是佛典中常见的谋生手段之一。在汉译阿含经及巴利语经藏中，工巧所呈现的角色多以在世间获取财富为主，而与之形成鲜明对比的，是放弃以工巧谋生的出家者的生存方式。

在《杂阿含经》第九十一经中，应婆罗门郁阇迦（Ujjaya）的询问，佛陀为居家者各举出了四种能带来现世安乐及后世安乐的法："方便具足、守护具足、善知识具足、正命具足"①与"信具足、戒具足、施具足、慧具足"②。这里提及的"方便具足"就是指种种工巧事业：

> 何等为方便具足？谓善男子种种工巧业处以自营生，谓种田、商贾，或以王事，或以书、疏、算、画，于彼彼工巧业处精勤修行，是名方便具足。何等为守护具足？谓善男子所有钱谷，方便所得，自手执作，如法而得，能极守护……何等为善知识具足？若有善男子不落度、不放逸、不虚妄、不凶险，如是知识能善安慰，未生忧苦能令不生，已生忧苦能令开觉，未生喜乐能令速生，已生喜乐护令不失……云何为正命具足？谓善男子所有钱财出内称量，周圆掌护，不令多入少出也、多出少入也……③

---

① 巴利语：uṭṭhānasampadā、ārakkhasampadā、kalyāṇamittatā、samajīvitā，见此经的平行文本《增支部》AN, VIII. 55 Ujjayasuttaṃ, 参见 CBETA, N23, no. 7, p. 183, a6—187, a4 // PTS. A. 4. 285—289。
② 巴利语：saddhāsampadā、sīlasampadā、cāgasampadā、paññāsampadā。
③ 《杂阿含经》卷四，《大正藏》第 2 册，第 23 页上。

简单而言，这四个方面包括：勤修个人的技能以谋生，守护所得的财富，结交善友，对财富量入为出。其中，工巧业处所指的是用以谋生的种种技术或技能，包括耕田、经商、行政、书写、计算、绘画等。关于工巧业处所包含的具体类别，该经在《增支部》中的平行文本与此处的汉译《杂阿含经》是有差别的。① 《增支部》仅提及了"耕田、经商、牧牛、弓术、行政，或某一种工巧"。② 然而就"方便具足"的核心意涵而言，《增支部》中所用的术语 uṭṭhānasampadā 以及该经异译本《别译杂阿含经》卷五中的译法③都指向了对于所作工巧事业的勤奋或精进，这与此处《杂阿含经》的内容整体上也是一致的。

　　阿含类经中还提出了另一个重要的观念：居家者在精勤的基础上应当对所获财富具有能舍之念、惠施之行，将钱财布施给父母、妻子乃至沙门、婆罗门等等，以此带来现世及后世的安乐，而非成为贪得无厌的"守财奴"。这既与上文的"施具足"相呼应④，亦如《增一阿含经》卷九中所说：

---

① 巴利语为："idha, brāhmaṇa, kulaputto yena kammaṭṭhānena jīvikaṃ kappeti-yadi kasiyā, yadi vaṇijjāya, yadi gorakkhena, yadi issatthena, yadi rājaporisena, yadi sippaññatarena", PTS. A. 4. 286，意即"婆罗门！在此处，善男子依靠业处来维生，若以耕作，若以贸易，若以牧牛，若以弓术，若以王事，若以任一种工巧"。

② 与此汉译《杂阿含经》中的相类似的内容可参见《瑜伽师地论》卷三十八（《大正藏》第 30 册，第 502 页中）："诸有一类于现法中，依止随一工巧业处起士夫用，所谓农作、商贾、事王、书画、算数、占卜等事，由此成办诸稼穑等财利等果是名士用果。"关于阿含类经中所举出的工巧业处的具体种类，还可参见《长部》中《梵网经》及《沙门果经》的内容，本文暂不一一列举，参见段晴等译：《汉译巴利三藏·经藏·长部》，中西书局，2012 年，第 6—11、44—50 页。

③ 《别译杂阿含经》卷五（《大正藏》第 2 册，第 404 页下）："何谓为四？一能精勤，二能守护诸根，三得善知识，四正理养命。云何精勤？随所作业，家计资生，或为王臣，或为农夫，或复治生，或复牧人，随其所作，不惮勤劳，寒暑风雨，饥渴饱满，蚊虻蝇蜂，虽有勤苦，不舍作业，为成业故，终不休废，是名精勤。"

④ 《杂阿含经》卷四（《大正藏》第 2 册，第 23 页下）："云何施具足？谓善男子离悭垢心，在于居家，行解脱施，常自手与，乐修行舍，等心行施，是名善男子施具足。"

> 有族姓子学诸技术，或习田作，或习书疏，或习计算，或习天文，或习地理，或习卜相，或学远使，或作王佐……彼作是功力而获财物，彼人不能食啖，亦不与妻子，亦不与奴婢，亲亲之属，皆悉不与……是谓，比丘！得财藏举者也……云何得财分布？有族姓子学诸伎术……而获财物，彼人惠施众生，给与父母、奴婢、妻子，亦复广及沙门、婆罗门，造诸功德，种天上之福。是谓，比丘！得而惠施……如前一人得财物而举者，当念舍离；第二人得而广布，当学此业。①

这段内容里，佛在为比丘们解说世间有两种无有厌足的人——其一是"守财奴"式的将财物据为己有者，其二是不恋财的布施者。需要指出的是，此处的"施"不仅是对于布施行为的描述，更是意在强调精神层面的"舍"，亦即"施具足"（cāgasampadā）中 cāga 一词的内涵所在。

除此以外，工巧的另一重要特点还在于它在现世就能产生果报，例如《长部·沙门果经》中阿阇世王就曾提及工巧的果报（sippaphala）为"现世应验"（diṭṭheva dhamme sandiṭṭhikaṃ），并以此问佛是否有同样在今生今世就能见得到的沙门果：

> 尊者，正如艺者众多，例如骑象师、骑马师……及其他诸如此类的众多技师，他们都依靠现世应验的技艺的果报（sippaphala）而活，借此使自己安乐和欢喜，使父母安乐和欢喜，使妻儿安乐和欢喜，使朋友和同事安乐欢喜，给沙门、婆罗门提供上妙供养，从而通向天堂，带来乐报，转生天界。尊者，你能

---

① 《增一阿含经》卷九，《大正藏》第 2 册，第 587 页中、下。

指出同样现世应验的沙门果吗?①

　　这一问题是阿阇世王首次拜访佛时提出的。佛则回答了阿阇世王比丘与具足戒德、守护诸根、具足正念正知、获得禅定、获得神通、认知四谛相关的种种修行状态与成果，其中最为殊胜的沙门果则是阿罗汉果。②

　　在这段内容中，现世应验不仅对于在世间以种种工巧谋生的人十分重要，而且对于阿阇世王理解甚至认同佛的教导也十分重要。值得注意的是，这部经中，佛常以世间的种种工巧以及人们日常的体验为例，来为阿阇世王解说修行过程中的种种境界与经验，使世间种种工巧的果报与出家的种种沙门果构成了鲜明的对比，也使工巧成了阿阇世王理解佛教沙门果的一种直观的媒介和跳板。③ 同时，这也间接反映出了阿阇世王所认为的工巧者的"理想状态"：依靠自身的精勤与种种工巧在现世获得财富，并将其布施给亲朋，或将其供养给沙门等人，从而获得现世以及后世的安乐。

　　这种"理想状态"当然只是对居家者来说的，而在追求解脱诸苦的出家者看来，求财与守财的欲望都会带来苦的过患，如《中阿含经·苦阴经》所说：

　　　　世尊告曰："……摩诃男！若汝灭此一法者，汝必不住在家，必至信、舍家、无家、学道……有五欲……谓眼知色、耳知声、

---

①　段晴等译：《汉译巴利三藏·经藏·长部》，中西书局，2012年，第38—39页，另可参考CBETA, N06, no. 4, p. 59, a2—8 // PTS. D. 1. 51。
②　段晴等译：《汉译巴利三藏·经藏·长部》，中西书局，2012年，第44—58页。
③　在《弥兰王问经》中"涅槃为绝对乐"这一问题中，尊者龙军也曾以工巧之乐不夹杂苦为例，来说明涅槃是不夹杂苦的，见巴宙译：《南传弥兰王经》，圆明出版社，2000年，第398—400页。

鼻知香、舌知味、身知触,由此令王及王眷属得安乐欢喜……极是欲味无复过是,所患甚多。云何欲患?摩诃男!族姓子者随其技术以自存活,或作田业,或行治生,或以学书,或明算术,或知工数,或巧刻印……或奉事王,彼寒时则寒,热时则热,饥渴疲劳、蚊虻所蜇,作如是业,求图钱财。摩诃男!此族姓子如是方便作如是行,作如是求,若不得钱财者,便生忧苦、愁戚、懊恼,心则生痴,作如是说:唐作唐苦,所求无果。摩诃男!彼族姓子……若得钱财者,彼便爱惜、守护、密藏……若使王夺、贼劫、火烧、腐坏、亡失,彼便生忧苦、愁戚、懊恼,心则生痴,作如是说:若有长夜所可爱念者,彼则亡失。摩诃男!如是现法苦阴,因欲、缘欲,以欲为本。"①

参照此经平行本《中部·苦蕴小经》及汉译的行文,此处涉及工巧的"欲患"有三方面:(1)谋生时所经受的寒热、饥渴、劳碌等来自身体之苦;(2)求财不得所生的烦恼及怨念等来自精神上的苦;(3)丢失财物所生忧苦与沮丧等来自精神上的苦。②虽然此处经中举出的苦患并不止于此,但足以表明获得现世安乐也并非那么轻易:虽然有前面提及的四种具足可以带来现世安乐,但不具足时的某些境遇下的内心反应,与求财、惜财的欲望间总是存在张力的。

此外,这段经中佛陀的对话者是为了断除烦恼而拜访佛陀的,佛

---

① 《中阿含经》卷二十五,《大正藏》第1册,第586页中、下。这里提及的工巧处种类,包括耕作、商业、算术、工数、刻印、作文章、造手笔、晓经书、作勇将、奉事王等。此处平行本的后半部分与上文提及的《增支部》内容一致:"idha, mahānāma, kulaputto yena sippaṭṭhānena jīvikaṃ kappeti –yadi muddāya yadi gaṇanāya yadi saṅkhānena yadi kasiyā yadi vaṇijjāya yadi gorakkhena yadi issatthena yadi rājaporisena yadi sippaññatarena",CBETA, N09, no. 5, p. 119, a2—3 // PTS. M. 1. 92。

② CBETA, N09, no. 5, p. 119, a2—14 // PTS. M. 1. 92.

则指出了断除五欲与出家学道的关联：与居家之希冀现世乃至后世安乐不同，出家这一观念的产生与断除五欲所生的苦患有密切关联，而实际上这也侧面反映出居家之安乐与五欲间的关联。① 在这里，居家与出家间由于对所谓"安乐"的理解与追求不同而产生了生活方式及生活观念间的差异。

阿含类经中佛没有否认居家者可将工巧等事业作为谋生乃至使生活安乐的途径。但对出家比丘而言，佛陀不赞许推崇工巧的倾向，如《小部》经典中《自说经·难陀品》第九经中，诸比丘正在争论什么是最厉害的技艺才能，而佛则回应了什么是比丘应关心的问题：

"汝等法友！谁知技艺？谁学技艺？何人为技艺中第一者？"于此处某者如是云："御象术为技艺中第一者。"……"御马术为技艺中第一者。"……尔时，于彼比丘等所起话题未终了……世尊知此已，彼时唱此优陀那："不依技艺而生存，轻欲利事制诸根，当于诸事得解脱，为无家者而行脚，无我所见亦无欲，杀恶魔而独行者，如是出家之行者，乃为真正之比丘。"②

这部经中强调的是，与居家者以财物作为谋生的经济来源不同，出家的沙门应以调伏诸根、谋求解脱为要务，以从事工巧等事来谋生则属

---

① So ca hi te, mahānāma, dhammo ajjhattaṃ pahīno abhavissa, na tvaṃ agāraṃ ajjhāvaseyyāsi, na kāme paribhuñjeyyāsi. Yasmā ca kho te, mahānāma, so eva dhammo ajjhattaṃ appahīno tasmā tvaṃ agāraṃ ajjhāvasasi, kāme paribhuñjasi. PTS. M. 1. 92.

② "ko nu kho, āvuso, sippaṃ jānāti? Ko kiṃ sippaṃ sikkhi? Kataraṃ sippaṃ sippānaṃ agga" nti?……Atha kho bhagavā etamatthaṃ viditvā tāyaṃ velāyaṃ imaṃ udānaṃ udānesi – "Asippajīvī lahu atthakāmo, Yatindriyo sabbadhi vippamutto; Anokasārī amamo nirāso, Hitvā mānaṃ ekacaro sa bhikkhū " ti. CBETA, N26, no. 10, p. 92, a9-p. 93, a9 // PTS. Ud. 31 - PTS. Ud. 32.

于"邪命",乃至对于世俗技艺的过分关心也是失之偏颇的。与之类似,《长部·梵网经·诵品》也曾提及世人赞叹如来远离这些技艺。① 但是,这两种生活方式也仍然存在一致性,即上文提及的"现世应验",换言之,它们都立足于今生今世如何获得某种成果这一态度。甚至可以说,沙门思潮中的佛教得以初立于人间,"能在现世得果"也是很重要的一个因素,正如同工巧之于居家者一样。

阿含类经中除了讨论工巧与财富问题之外,还涉及了工巧等事的智力能否认知圣贤法的相关问题,如《相应部·无记说相应》中,波斯匿拘萨罗王与谶摩(Khema)长老尼就以工巧智类比,讨论了应如何回应"如来死后是否存在"等疑问。

这一个问题属于佛教中众所周知的"十四无记"或"十无记"之一。在此经中,谶摩长老尼道出了佛陀这样做的原因。为了表明长老尼所说无误,这部经还补充说波斯匿拘萨罗王在那之后也向佛询问了同样的问题,并且从佛那里也得到了一致的回答,即:如来就像大海一样甚深,不可以世俗之智测量,就像无法用世俗的计算能力算出海中的水或沙的数量一样,因为如来已经断除了色、受、想、行、识,而且这些在未来也不会再生起,因此对如来而言"死后存在与否"之

---

① "比丘们!凡夫赞叹如来时,或者会说:'有些沙门、婆罗门享用信施之食后,靠着傍生术之邪命过活,例如:(预测)"将下雨。""将不下雨。""将有丰收。""将有饥荒。""将有平安。""将有危险。""将有瘟疫。""将康复。"(从事)印、算、数、诗、顺世论。而沙门乔达摩拒绝这些傍生术。'"见段晴等译:《汉译巴利三藏·经藏·长部》,中西书局,2012年,第10页。巴利语:"Yathā vā paneke bhonto samaṇabrāhmaṇā saddhādeyyāni bhojanāni bhuñjitvā te evarūpāya tiracchānavijjāya micchājīvena jīvitaṃ kappenti, seyyathidaṃ – suvuṭṭhikā bhavissati, dubbuṭṭhikā bhavissati, subhikkhaṃ bhavissati, dubbhikkhaṃ bhavissati, khemaṃ bhavissati, bhayaṃ bhavissati, rogo bhavissati, ārogyaṃ bhavissati, muddā, gaṇanā, saṅkhānaṃ, kāveyyaṃ, lokāyataṃ iti vā iti evarūpāya tiracchānavijjāya micchājīvā paṭivirato samaṇo gotamo' ti – iti vā hi, bhikkhave, puthujjano tathāgatassa vaṇṇaṃ vadamāno vadeyya." PTS. D. 1. 11.

类的问题并不适用:

"大王! 汝对此以作如何思惟? 于汝以谁之计算者, 或说印者, 或说数者, 有能计算恒河之沙: 沙有几何数量或沙有几百数量, 或沙有几百千数量耶? ……有能计算大海之水: 水有几何计量, 或水有几百斗量, 或水有几百千斗量耶?" "大姊! 否, 此为不能。" "此何故耶?" "大姊! 海量大而甚深, 不可测, 难计量。" "是于此同理, 大王! 无论以如何之色示如来, 如来对此色已舍弃……非为存在者, 是未来之不生者。大王! 如来譬如大海, 脱离色之测量, 甚深、不可测、难计量。故不适言如来死后是存在; 亦不适言如来死后不存在; 亦不适言如来死后, 存在又不存在; 亦不适言如来死后, 不存在又非不存在。" 无论以如何之受……想……行……识示如来, 如来对此受……想……行……识已予舍弃……①

此处"计算者, 或说印者, 或说数者"的巴利语为"gaṇako vā muddiko vā saṅkhāyako vā"。这三者在上文的《苦蕴小经》中也曾出

---

① "Taṃ kiṃ maññasi, mahārāja, atthi te koci gaṇako vā muddiko vā saṅkhāyako vā yo pahoti gaṅgāya vālukaṃ gaṇetuṃ – ettakā vālukā iti vā, ettakāni vālukasatāni iti vā, ettakāni vālukasahassāni iti vā, ettakāni vālukasatasahassāni iti vā "ti? " No hetaṃ, ayye " . "Atthi pana te koci gaṇako vā muddiko vā saṅkhāyako vā yo pahoti mahāsamudde udakaṃ gaṇetuṃ – ettakāni udakāḷhakāni iti vā, ettakāni udakāḷhakasatāni iti vā, ettakāni udakāḷhakasahassāni iti vā, ettakāni udakāḷhakasatasahassāni iti vā " ti? "No hetaṃ, ayye ". "Taṃ kissa hetu "? " Mahāyye, samuddo gambhīro appameyyo duppariyogāho"ti."Evameva kho, mahārāja, yena rūpe tathāgataṃ paññāpayamāno paññāpeyya taṃ rūpaṃ tathāgatassa pahīnaṃ ucchinnamūlaṃ tālāvatthukataṃ anabhāvaṅkataṃ āyatiṃ anuppādadhammaṃ.Rūpasaṅkhāyavimutto kho, mahārāja, tathāgato gambhīro appameyyo duppariyogāho – seyyathāpi mahāsamuddo…CBETA, N17, no. 6, p. 84, a3-p. 85, a1-3 // PTS. S. 4. 376-377.

现。关于 muddā、gaṇanā、saṅkhāna 的具体所指，佛典中并未做出明确区分，但据上下文可以看到，这三者均与计算相关。muddā 本身有"印"的含义，或与上文《中阿含经》的"巧刻印"相对应，在这里应可理解为指算；① gaṇanā 则可能用来指代与会计或天文等相关的计算能力；② saṅkhāna 可能用于指代推算谷物收获量的技术，即目算。③

就内容而言，这段经清晰地表明了世俗工巧的认知能力是有限的，也展现了世俗与出世间的界限。对于超出世俗工巧智认知范围（例如色、受、想、行、识等）的情况，人们无法以一般研究世俗工巧的方式去测量或表述，就像不能以"死后是否存在"之类的问题去评判、认知如来。因此，在这里，世俗与出世的差异也更深了一层，而不局限于在家与出家等生活方式的不同：从对五欲等安乐的理解不同延展

---

① 其他的译法还有暗算、印算、符号术，或把指节当作印的计算技术，详见林隆夫：《インドの数学：ゼロの発明》，日本中央公论社，1993 年，第 102 页。早期佛典的语境中这三个词经常同时出现，而很少明确区分三者的细微差别，可以确定的是三者均与计算相关，详见下文谶摩长老尼的故事。

② 参见林隆夫：《叙事詩マハーバーラタと算術》，载东北大学印度学讲座六十五周年记念集刊行会编：《インド思想における人間観：东北大学印度学讲座六十五周年记念论集》，日本平乐寺书店，1991 年，第 13—17 页。

③ 见林隆夫：《インドの数学：ゼロの発明》，日本中央公论社，1993 年，第 102 页。另如《大毗婆沙论》卷一百二十六（《大正藏》第 27 册，第 660 页中、下）说："数名何法？答：如理转变意业及此所依诸巧便智。此中数者非谓所数稻、麻等物百千等数，但是所有能数之法……佛弟子中尊者庆喜善解数法余所不过，曾于一时为乞食故，执持衣钵趣广严城。时城门前有一外道，遥见庆喜窃作念言，承此沙门解数第一，吾今当试为实尔耶。时城门边有一大树，枝叶繁茂名诺瞿陀，外道趋前指树而问，汝今知此叶数几何？尊者仰顾寻答之曰，今此树叶若干百千。言已入城，于后外道作是思惟：何理验知彼言虚实，便取少叶而藏匿之。庆喜出城外道重问，仁向所数为定几何？庆喜报言，吾前已说。外道复曰，请重陈之。尊者看树寻复答曰，先有尔所今少若干。外道欣然谢而叹曰，知数第一信唯其人。又如波罗衍拏，才见佛领，便言此决定有妙齿四十。如斯解数其类实多。"在《分别功德论》卷一（《大正藏》第 25 册，第 31 页中、下）中，阿难这种智被形容为"世俗智"，即旧译"等智"："迦叶劝阿难曰：'汝今年在盛时，加复有闻智等智，总持强记，佛每说经常嘱累汝，以是故汝当宣布经法。'何以知阿难有等智？昔舍卫城东有尼拘类大树，荫五百乘车。城中有梵志，明于算术，于九十五种中最为第一……以是知阿难有等智。"

到了是否断除色、受、想、行、识等法。①

综上，阿含类经围绕世间工巧所展现的观念可归纳为五点：（1）工巧可以作为居家者的收入来源，精进工巧是居家者获得现世安乐的途径之一；（2）通过工巧可以获得财物，但贪求财物的欲望则会产生身体与精神上的苦患；（3）对通过工巧所得的钱财，应有舍心，修习布施；（4）出家者不以工巧技艺为生，而以谋求解脱为业；（5）工巧智等世俗智具有认知边界。

二、有部阿毗达磨文献中的"工巧"

阿毗达磨文献重视对法的系统说明，同时也注重通过对诸法性质的简择、判断来生起种种智慧，借此来断除烦恼，证得菩提。就工巧而言，有部阿毗达磨文献的讨论主要体现在以下几个方面：（1）在世俗社会中，从事工巧者既可以基于优越的技艺受到世人的尊敬，也可能投生于贫贱的工巧家，但两者都有可能依工巧优劣的比较而生起种种骄慢；（2）能造工巧的心以五蕴、六识为基础，所造工巧处属于如理转变的身、语、意业，以色、声、香、味、触等五处及五蕴为体；（3）能造工巧的心属于无覆无记，不障碍解脱，不被记别为善恶，同时也会伴随着善、不善、无记等性质的内心活动。

在世俗社会中，精湛的技艺会得到他人的赞叹，如《集异门足论·三法品》中举出了三种"上座"，即年长的"生年上座"、与世俗事务相关的"世俗上座"、已证得阿罗汉果的"法性上座"。其中的

---

① 参见《杂阿含经》卷三（《大正藏》第2册，第19页下—20页上）所说："世尊告诸比丘：当断色欲贪，欲贪断已，则色断；色断已，得断知；得断知已，则根本断，如截多罗树头，未来不复更生。如是受、想、行、识欲贪断，乃至未来世不复更生。"

"世俗上座"中便提及了工巧——世俗社会中若有人在工巧方面优于他人,则会被大众推举为"上座":

> 云何世俗上座?答:如有知法富贵长者共立制言:诸有知法、大财大位、大族大力、大眷属大徒众胜我等者,我等皆应推为上座,供养恭敬尊重赞叹。由此因缘,虽年二十或二十五,若能知法、得大财位、大族大力、有大眷属大徒众者,皆应和合推为上座,供养恭敬尊重赞叹。如诸国土城邑王都,其有多闻、妙解、算数、辩才、书印或随一一工巧业处胜余人者,皆共和合推为上座,供养恭敬尊重赞叹……①

虽然在当时的印度,从事工巧也可以成为受人尊敬的"上座",但更普遍的情况可能是处于贫贱的状态。如《集异门足论·四法品》中列举的轮回中的四种补特伽罗:从暗到暗、从暗到明、从明到暗、从明到明。"暗"指生于贫贱家,"明"指生于富贵家,而来世进一步转生的明暗则分别指基于善业与恶业投生于天道或堕入地狱:

> 如世尊说:"苾刍当知,世有一类补特伽罗生贫贱家,谓旃荼罗家、补羯娑家、工巧家、妓乐家,及余随一种姓秽恶、贫穷困苦、衣食乏少、下贱家生,形色丑陋、人所轻贱、众共策使,是名为暗……世有一类补特伽罗生富贵家,谓刹帝利大族姓家,或婆罗门……或诸长者……或诸居士……或余随一大族姓家。其家多有种种珍宝、衣服饮食、奴婢作使、象马牛羊、库藏财谷,及余资具无不充满。生是家已,形相端严、言词威肃、众所敬爱,

---

① 《大正藏》第 26 册,第 380 页下。

> 是名为明……造身恶行、造语恶行、造意恶行，由如是恶行因缘，身坏命终堕险恶趣生地狱中……造身妙行、造语妙行、造意妙行，彼由如是妙行因缘超升善趣生于天中。"①

在佛教的视角中，工巧属于世俗社会中的元素，而世俗又是处于轮回中的，因此也有了补特伽罗的明暗之分。当然，在当时的印度社会观念中，工巧家并不如刹帝利等种姓一样享有天然的社会优势；但就佛教思想角度而言，这还是意在说明身、语、意业的善恶对生死流转的影响，换言之，有部认为有情在世俗中的属性与状态是取决于身心行为的。

此外，与这四种补特伽罗相关的还有"慢"这类烦恼——由于认为自己的种姓、相貌、工巧、财产、地位等比他人优越，或与他人不相上下，或不如人等等而产生的种种傲慢或蔑视。② 不论是工巧优越的世俗社会的上座，还是生于贫贱家的工巧者，都有可能依自身的境况而产生种种"慢心"。

除此之外，进一步以佛教理论体系解析工巧性质的内容则多见于《发智论》及《大毗婆沙论》等有部论书。《发智论》将工巧的实质解读为身、语、意业及"巧便智"，而《大毗婆沙论》进一步将其归纳为"以四蕴或五蕴为依"，如《大毗婆沙论》卷一百二十

---

① 《大正藏》第26册，第405页。
② 《集异门足论》卷五（《大正藏》第26册，第384页下）："三慢类者：一、我胜慢类；二、我等慢类；三、我劣慢类。我胜慢类云何？答：如有一类作是念言：'我之种族形色、作业工巧、财位寿量力等，或总或别皆胜于彼，由此起慢、已慢、当慢，心高举、心恃蔑，是谓我胜慢类。'我等慢类云何？答：'如有一类作是念言：我之种族形色、作业工巧、财位寿量力等，或总或别皆等于彼，由别因缘而起于慢、已慢、当慢，心高举、心恃蔑，是谓我等慢类。'我劣慢类云何？答：'如有一类作是念言：我之种族形色、作业工巧、财位寿量力等，或总或别皆劣于彼，由别因缘而起于慢、已慢、当慢，心高举、心恃蔑，是谓我劣慢类。'"

六说：

> 书名何法？答："谓如理转变身业及此所依诸巧便智。此中书者非所造字，但是所有能造字法……如理转变身业者，显所起果，即是色蕴所依。巧便智者，显能起因，即是四蕴，如是五蕴为书自性。"数名何法？答："如理转变意业及此所依诸巧便智……此能数法故说为数……如理转变意业者，显所起果。所依巧便智者，显能起因。如是四蕴为数自性……"世间种种工巧业处名何法……欲以略文摄多义……以略言类摄彼故而作斯论……答："谓慧为先，造作彼彼工巧业处及此所依诸巧便智。此中不辩所造作事，但为显示能造作法。造作彼彼工巧业处者，显所起果，身、语、意业随其所应。所依巧便智者，显能起因。如是或以五蕴或以四蕴为其自性。"①

有部以能造与所造两种角度对工巧的自性进行了定义：所造作的种种成果属于身、语或意业，能造的则是巧便智，而这两方面均属于五蕴的范畴。《大毗婆沙论》将涉及物质创造以及言语创造的皆归为以五蕴为依，而将计算能力等只涉及精神领域的则归为以色蕴外的四蕴为依。同时，他们还指出所有工巧均以慧为先导，即在有部中属于世俗智范畴的"巧便智"。由此看来，佛典中的工巧涵盖了身体与精神创造两方面的技艺，而不只局限于物质层面。

此外，有部还同时以六识与六处来解析产生工巧的过程：所造作的种种工巧处以色、声、香、味、触五处为体，能作工巧之心以意处、法处为体，而眼等五识为加行，意识则既是加行又是能造作工巧者，

---

① 《大正藏》第27册，第660页中—661页上。

如《大毗婆沙论》卷一百二十六所说：

> 处处说工巧处及起工巧处。工巧处者，谓色、声、香、味、触五处为体。起工巧处者，谓能起彼意、法二处为体。眼等五识是工巧处加行，非起工巧处。意识是工巧处加行，亦起工巧处。①

能起工巧的意识也被称为工巧处心或工巧处识。有部认为，这种工巧处心仅限于欲界，在色界乃至无色界是不存在的。这是因为色界乃至无色界不存在工巧，如《俱舍论》卷七所说色界并无工巧处心："色无覆心分为三种，除工巧处，上界都无造作种种工巧事故。"②

就解脱轮回而言，工巧处心的属性是无覆无记性。首先，在有部对诸法的判别中，存在这样几个属性，并以下列优劣次序排列，如《集异门足论》卷十一所说：

> 云何施设劣行、胜行？答："观待施设劣行、胜行。"复如何等？答："……若观待不善行，则有覆无记行名胜……若观待有覆无记行，则无覆无记行名胜……若观待无覆无记行，则有漏善行名胜……若观待有漏善行，则无漏善行名胜……若观待欲界行，则色界行名胜……若观待色界行，则无色界行名胜……若观待无色界行，则不系行名胜。"③

---

① 《大毗婆沙论》卷一百二十六，《大正藏》第27册，第661页上。
② 《俱舍论》卷七，《大正藏》第29册，第39页上。梵语原文为: rūpadhātau tridhā bhidyate, śailpasthānikaṃ varjayitvā.tatra śilpābhāvāt.见Pradhan,P.(ed.) *Abhidharmakośabhāṣya of Vasubandhu*. Patna: K.P. Jayaswal Research Institute, 1967, p.10610。
③ 《集异门足论》卷十一，《大正藏》第26册，第414页上。

这里有两种次序：（1）不善行，有覆无记行，无覆无记，有漏善行，无漏善行；（2）欲界行，色界行，无色界行，不系行。第一种基于善、恶、无记、有覆无覆、有漏无漏的维度，第二种基于三界以及解脱的维度。其中，有覆无覆的范畴指是否障碍圣道，而有记无记的范畴则是指善、恶、非善非恶。有覆之中也包含不善，无覆之中也包含善，有覆无覆则用以进一步划分无记法是否障碍圣道。① 无覆无记则是指非善非恶，又不对解脱构成障碍的属性。

一方面，将工巧处心判别为无覆无记性②，这表明有部认为工巧处心对解脱而言并不是一种烦恼式的障碍。另一方面，工巧处心自身虽然为无覆无记，但这并不意味着工巧处心不会涉及烦恼或善业、恶业的问题，如《大毗婆沙论》卷一百一十七说：

> 问："若工巧处心作能转，即彼心作随转者，如画师画作佛时起善眼识，画女人时起染眼识，如是岂非善、染随转发彼业耶？"尊者世友作如是说："觉慧速疾起增上慢，谓于画时起此眼识，而实画时善心、染心不现在前，若善心、染心现在前时便止不画。此善心、染心，但如伴者不名等起。复有说者，工巧处心发起业时，善心、染心相助发起，是故工巧处心为能转时，其随转心容

---

① 如《品类足论》卷二（《大正藏》第26册，第696页下）所说："此十二处，几有记，几无记？答：八无记，四应分别，谓色处，或有记，或无记。云何有记？谓善、不善色处。云何无记？谓除善、不善色处诸余色处。声、意、法处亦尔。此十二处，几有覆，几无覆？答：八无覆，四应分别，谓色处，或有覆，或无覆。云何有覆？谓不善、有覆无记色处。云何无覆？谓善、无覆无记色处。声、意、法处亦尔。"另外见《顺正理论》卷四十四（《大正藏》第29册，第595页下）："善无漏法亦名为妙，胜染、无记及有漏法故，唯此法独受妙名。诸染污法亦名有罪，是诸智者所诃厌故，亦名有覆，以能覆障解脱道故，亦名为劣，极鄙秽故，应弃舍故。"

② 《大毗婆沙论》卷九十五（《大正藏》第27册，第490页中）："无覆无记者，谓异熟生、威仪路、工巧处……"

有三种，谓善、染、无记。"①

伴随工巧处心的其他心的属性当然是不可回避的问题。《大毗婆沙论》举出了两种情形，其一是画佛像时所产生的善眼识，其二是画女子时画者所产生的不善眼识。该论在此给出了两种观点：（1）世友尊者认为，工巧处心与善心或染心虽然相关联，但其因体性不同不会同时出现，而是接连出现；（2）有人认为工巧处心可以有善、不善、无记三种随转心存在，因为善心或染心等会共同促发工巧处心产生种种身、语、意业。也就是说，工巧处心必然会涉及其他的善心、染心或无记心，但对于它们是否同时存在，诸论师间是有分歧的。

三、结语

通过上述分析，我们可以看到，工巧作为世俗生活中的谋生手段，既是能给人们带来现世安乐的一种途径，也被作为一种使人理解佛教思想的类比对象；同时，基于工巧，人们既可以通过修习舍心及布施从而为自己与他人带来现世和后世的安乐，也可能由此而产生种种烦恼与忧苦；并且，对与五欲相关的世俗工巧而言，五蕴既是工巧智的所依，也是工巧智的认知边界。

从工巧的特性中，我们可以看到佛教思想中世间与出世间的界限与联系：世间工巧智难以揣测出世的状态，佛及其弟子则可以工巧为媒介解读佛教的思想与经验。这两点在上文谶摩长老尼的故事、阿阇世王问现世应验果报等叙述中都展现得尤为明显。工巧作为人们所熟知的事物，成为人们了解佛教智慧这一未知事物时的跳板。最后，关

---

① 《大毗婆沙论》卷一百一十七，《大正藏》第 27 册，第 610 页中。

于阿含类经乃至说一切有部对于工巧的观念与态度，我们可以尝试总结出如下特点：

（1）工巧是居家者获取资财的合理方式之一，是能在现世应验的法；于工巧处精勤，能够为人们带来现世的安乐；在此基础上，人们通过修习布施与舍心，也能够借此为亲朋等带来安乐，乃至通过向沙门、婆罗门布施而带来后世的安乐；同时，具备精湛的工巧技艺的人会得到世人的敬重而被推举为"上座"，一些工巧事业也会使人生起善的心。

（2）虽然通过工巧人们可以获得钱财，但这不意味着求财与守财的欲望也会带来现世的安乐，相反，求财与恋财之心会产生种种苦的过患；另外，有情还有可能因为工巧的优劣而产生种种傲慢，或因种种不善业而生于贫贱的工巧家，或因于工巧处工作时产生种种不善心。

（3）工巧的创造仅存在于欲界，并且可被统摄于十二处、五蕴等佛教的理论体系中。就工巧的属性而言，工巧是无覆无记法，并不障碍解脱，但这只是单纯地就工巧创作这一内心活动而言。其他与工巧心相伴随的，或促发工巧心的，或工巧创作中所产生的种种心，则仍是有善、不善、无记等区别的。

（4）工巧心是属于世俗性质的智，具有认知边界。工巧心仅能以五蕴世间作为认知领域，而对于已经断除五蕴的圣者则难以揣测。然而，工巧作为人们所熟知的事物，可以作为一种类比，从而使有情更好地理解及认知佛教的思想与境界这一对有情而言较为陌生的领域。此外，正像此处世俗与出世存在界限一样，作为出家者的沙门也与居家者的生活方式、生活观念有所区别：出家者不以工巧为生，而专注于证得解脱。尽管出家者也有精于某种工巧的情况，但这并不是获取资财的生计，而是成了一种度化有情的能力。

于阗佛教背光化佛图像研究*

高海燕

（西南大学）

新疆和田地区古称于阗，玄奘《大唐西域记》中称"瞿萨旦那"，位于塔克拉玛干沙漠南部边缘，是丝绸之路南道上的佛教重地。公元5—8世纪，于阗成为大乘佛教的一大中心，佛教东传的重要中转站。凡传入中国之大乘经典，大抵皆流行于于阗。[①] 19世纪末，众多西方探险家来到和田进行考察和发掘，发现了一批佛教遗迹并出土大量文物，其中尤以斯坦因（Aurel Stein）为著，他在1900年至1930年之间，四次踏足中国新疆和河西地区进行考察。在和田地区的考古调查期间，斯坦因发掘了热瓦克佛寺、丹丹乌里克、阿克铁热克、喀达里克等众多佛教遗迹，之后出版了详细的考古报告《古代和田——中国新疆考古发掘的详细报告》（以下简称《古代和田》）和《西域考古图记》，附有大量图片和平面示意图，为相关研究提供了第一手资料。1949年以后，有关部门对和田地区的多处遗址进行了抢救性发掘，重要者如洛浦县买力克阿瓦提遗址、策勒县达玛沟佛寺遗址以及先后四

---

* 本文原载《敦煌吐鲁番研究》2017年第17卷。
① 羽溪了谛：《西域之佛教》，贺昌群译，商务印书馆，1956年，第255页。

次深入丹丹乌里克遗址①，亦收获一大批珍贵文物。

在上述遗址出土的佛教文物中，佛像背光中出现化佛是颇值得注意的现象，从一些大型塑像、大量的小型贴塑以及壁画残块中可以看出，背光满塑（绘）化佛是于阗地区常见的佛教艺术题材，且时间跨度大，呈现继承性和延续性。关于这一现象，学界大多认为其与"舍卫城神变"有关②。我们在肯定这一观点的同时还应注意，源自印度的"舍卫城神变"造像对中亚、中国西域以及中原地区产生的影响是深远且复杂的。除于阗地区外，丝绸之路中道的龟兹石窟中也有背光化佛图像，但地域的不同和宗教传统的差异形成了不同的表现形式和佛教内涵。中原地区受"舍卫城神变"造像影响的例证更加广泛和多样，已有学者对此进行了系统深入的研究③，此处不赘。本文仅就于阗

---

① 参见陈粟裕：《于阗佛教图像的发现与研究》，《美术文献》2014年第1期。

② 斯坦因在介绍从敦煌莫高窟藏经洞劫获的绢画Ch. xxii.0023中的一身瑞像时说，这幅画的所有细节，都与他1901年在和田热瓦克佛寺遗址的南墙角发现的两个大泥浮雕像完全相同，他同意富歇的看法，认为它们以及犍陀罗浮雕中小得多的类似雕像表现的都是释迦牟尼于舍卫国降伏外道（斯坦因：《西域考古图记》第2卷，中国社会科学院考古研究所主持翻译，广西师范大学出版社，1998年，第490页）；张小刚也认同背光中密布千佛的造像样式可能与舍卫国存在一定关系（张小刚：《敦煌佛教感通画研究》，甘肃教育出版社，2015年，第144页）；陈粟裕分析和田达玛沟托普鲁克墩1号佛寺东壁北侧残存的背光绘有千佛的白衣立佛像是过去佛——拘留孙佛，和热瓦克佛寺遗址泥塑佛像以及前述绢画Ch. xxii.0023中的瑞像图相似，都与经中描述的"舍卫城神变"较为接近（陈粟裕：《新疆和田达玛沟托普鲁克墩1号佛寺图像研究》，《世界宗教文化》2015年第4期）。关于这类图像也有不同的看法，如宫治昭指出热瓦克佛立像背光中密布呈放射状的化佛，是"大光明神变"的表现（宫治昭：《犍陀罗美术寻踪》，李萍译，人民美术出版社，2006年，第180—181页）；《新疆和田地区策勒县达玛沟佛寺遗址发掘报告》中则认为托普鲁克墩1号佛寺东壁北侧的主佛和身旁两尊菩萨表现的可能是"西方三圣"，中间大立佛着白色袈裟，可能和阿弥陀佛的光明胜过一切佛有关（中国社会科学院考古研究所新疆队：《新疆和田地区策勒县达玛沟佛寺遗址发掘报告》，《考古学报》2007年第4期）。

③ 关于"舍卫城神变"造像的来源、演变及对中国佛教美术的影响，张同标先生已有非常详尽的论述，并先后发表多篇论文，相关研究成果基本汇总于《中印佛教造像源流与传播》一书（张同标：《中印佛教造像源流与传播》，东南大学出版社，2013年，第251—343页）。

地区的背光化佛图像进行分析探讨，认为其不是对"舍卫城神变"造像的简单承袭，而是在特殊的历史背景条件下，结合本土宗教、经典的流行，形成了独具特色的"于阗系背光化佛"。挂一漏万，不当之处，敬请方家指正。

一、"舍卫城神变"与相关图像

"舍卫城神变"是一则源于印度的譬喻故事，主要讲述佛陀在舍卫城与六师外道斗法时施展神通，最终降服外道，使信众钦叹诚服。一般认为，完整的"舍卫城大神变"主要由三个情节构成：1. 芒果树奇迹；2. 水火双神变；3. 千佛化现。这三个情节在大多数情况下都是独立表现的，"芒果树奇迹"记于巴利文《本生经》（Jātaka no. 483）中，主要讲述佛陀显神通使芒果树瞬间成长，属于南传佛教系统，其造像在中国新疆和内地均未发现遗存，早期的巴尔胡特和桑奇1号大塔有所表现，后来就非常罕见了。后两种神变则属于北传佛教系统，在《天譬喻经》（Divyāvadāna）[①] 和不少汉译经典中都有记载，如《根本说一切有部毗奈耶杂事》卷二十六《第六门第四子摄颂之余佛现大神通事》、《贤愚经·降六师品》、《四分律》、《佛本行经》、《佛所行赞》等。这些记载繁简不一，有些佛经只是寥寥数语一笔带过，缺少细节描写。为说明问题，现将叙述最详细、最有代表性的《天譬喻经》、《根本说一切有部毗奈耶杂事》（以下简称《杂事》）和《贤愚经》的相关内容做一比较，列表如下（表1）：

---

① "舍卫城神变"载于第十二篇，原题"Pratiharya‐sutra"（The miracles at Sravasti）。该经原无汉语译本，张同标先生等将其全文译出，见张同标：《中印佛教造像探源》，东南大学出版社，2011年，第258—324页。

表1 记载"舍卫城神变"的主要经典相关内容对比表

经典 情节	《天譬喻经》	《根本说一切有部毗奈耶杂事》	《贤愚经》
水火双神变	这时，世尊集中心力，从自己的座位上消失，在东方的天空中出现，显"行住坐卧"四威仪，有的入三昧定，也有的入火界定。从火界定的佛世尊身体上放出青黄赤白黄、深红、水晶色等种种光线，展现了许多神变。下半身燃起了火，上半身流淌出冷水。同东方一样，在南方也是如此，像这样的情形，在四方施展神变结束，收摄神变力，还座。坐定，世尊对憍萨罗国王波斯匿王说："大王，这是与一切声闻共通的如来神变。"	尔时世尊便入如是胜三摩地，便于座上隐而不现，即于东方虚空中出，现四威仪行立坐卧，入火光定出种种光，所谓青黄赤白及以红色。身下出火，身上出水，身上出火，身下出水，如于东方南西北方亦复如是现其神变。既现变已即还收摄，于师子座依旧而坐。佛告王言：此是诸佛及声闻众共有神通。	天魔波旬，……即下化作六师之形，于一人前，现五人术，飞行空中，身出水火，分身散体，百种现变。后辟支佛数返取油。感其恩力，于油师前，现神足力，飞升虚空，身出水火，分合身体，种种现变。
千佛化现	龙王难陀和邬波难陀制作了千叶花瓣，几与车轮大小，全部由黄金造作的，又带有宝石梗茎的莲花，奉献给世尊。于是，世尊坐莲台，结跏趺坐，像柱子似的挺直背脊，面朝前方，镇定心念，在	尔时世尊便以上妙轮相万字吉祥网鞔，其指谓从无量百福所生相好庄严，施无畏手以摩其地，……时彼龙王知佛意已，……即便持花大如车轮数满千叶，以宝为茎，金刚为须，从地踊出。世尊见已，	又第八日受帝释请，为佛作师子座，如来升座，帝释侍左，梵王侍右，众会一切，静然坐定。佛徐申臂，以手接座，欻有大声，如象鸣吼。应时即有五大神鬼，摧灭挽拽。六师高座，金刚密迹，捉金刚杵。杵头出火，举拟六师，六师惊怖奔突而走，惭此重辱，投河而死。六师徒类，九亿人众，皆来归佛，求为弟子。佛言善来比丘，须发自落，法衣

51

续表

经典\情节	《天譬喻经》	《根本说一切有部毗奈耶杂事》	《贤愚经》
	莲花之上作莲花，其上也有世尊结跏趺而坐。同样的，前面、后面、两侧也都是如此。像这样，世尊化作为佛的集团，最终直至色究竟天，都是化作的诸佛诸世尊的众会。有的化佛们行走，有的住，有的坐，有的卧。又，世尊也入火界定，起光热雨电神变。	即于花上安隐而坐。于上右边及以背后，各有无量妙宝莲花，形状同此，自然踊出，于彼花上一一皆有化佛安坐，各于彼莲花右边及以背后，皆有如是莲花踊出化佛安坐，重重展转上出，乃至色究竟天。莲花相次，或时彼佛身出火光，或时降雨，或放光明，或时授记，或时问答，或复行立坐卧现四威仪。	在身皆成沙门。佛为说法，示其法要，漏尽结解，悉得罗汉。于是如来从八万毛孔皆放光明，遍满虚空，一一光头有大莲花，一一华上皆有化佛与诸大众围绕说法。……第十三日屯真陀罗王，次复请佛，施设供养。佛于是日，身升高座，放于脐光，分作两奇，离身七刃，头各有花，上有化佛，如佛无异。化佛脐中，复出光明，亦分两奇，离身七刃，头有莲花，上有化佛。如是转遍大千国土，一切瞻睹，愕然惊喜。

由上表可以看出，《天譬喻经》和《杂事》的情节相似，系来自同一个故事框架，后者应是前者对应的汉译。佛陀先是深入三昧，于自己的座中消失，以各种姿态现身在虚空中；继而入火光定放大光明，身上、身下交替出现火与水，依次示现于东南西北的四方天空中，是为"水火双神变"，这种神变是释迦的所有弟子都共有的。接着，世尊坐在二位龙王奉献的莲花宝座上现无上神通，在其周围生出无数莲花，枝蔓相连，重重辗转直至色究竟天，每朵莲花上都有化佛呈现不同姿态，世尊随即入火界定，身出火光，这是只有佛陀才能施展的"千佛化现"神变。神通之后，佛陀归座对众说法，闻法信众钦叹不已。与之相比，《贤愚经》的相关描述则详细得多，在该经中，释迦受舍卫国波斯匿王之请求，为降服六师展现了长达十四日的各种神通，而"飞升虚空，身出水火"的神变只出现在故事的开始和结尾，分别

由魔王波旬和辟支佛完成。在笔者看来，将上述佛经中与神变有关的内容定名为"舍卫城降伏六师外道"似更为准确。

古印度的舍卫城神变造像很可能在公元3世纪时出现①。其中表现"水火双神变"的造像在犍陀罗雕刻中不多见，加尔各答印度博物馆藏一件"双神变"浮雕，中央是释迦立像，右手施无畏印，两侧有世俗人物及佛弟子，或是众神及外道等，佛陀头部有一圈类似头光的火焰，脚下涌出流水。②其他"双神变"作品主要集中在阿富汗迦毕试地区，时代似略早于犍陀罗③，佛陀有立姿和坐姿，立佛一般右手施无畏印，左手下垂挽衣边，两肩燃起火焰，脚下涌出流水（图1）；坐佛为跏趺坐，结禅定印，只在双肩燃烧火焰（图2）。表现"千佛化现"的造像则广泛分布于犍陀罗地区，笈多朝以后的萨尔纳特、阿旃陀等作品中尤为多见，通常展现主尊莲花座下蔓生无数莲茎，莲茎上又生莲花，莲花中有化佛展现不同姿势和各种结印（图3）。这些图像所表达的内容基本都与《天譬喻经》和《杂事》的记载相符合。

上述结跏趺坐的焰肩佛是否均表现水火双神变，有待商榷，图2中坐佛腿后生出两枝莲茎，形成莲台，莲台上分别雕"燃灯佛授记"和"阿育王施土"故事，这种形式应受"千佛化现"的影响，来自其最简化的一种表达手法。但类似造像如喀布尔博物馆藏石造焰肩佛坐像（图4），则很有可能是表现"帝释窟禅定"。《长阿含经》云："一时，佛在摩竭国庵婆罗村北，毗陀山因陀娑罗窟中，尔时，释提桓因

---

① 参见图18，拉合尔（Lahore）博物馆藏穆罕默德那利（Mohmamed Nari）浮雕，公元3—4世纪［日本东京博物馆编：《パキスタン・ガグーラ彫刻展》（《巴基斯坦犍陀罗雕刻展》），2002年，图版14］。

② 宫治昭：《犍陀罗美术寻踪》，李萍译，人民美术出版社，2006年，第187页图 V-6。

③ 如巴黎吉美博物馆藏双神变造像，约公元2—3世纪，参见村田靖子：《佛像的系谱：从犍陀罗到日本——相貌表现与华丽的悬裳座的历史》，金申译，上海辞书出版社，2002年，第65页图7。

汉传佛教与亚洲物质文明

图 1　柏林印度艺术博物馆藏水火双神变造像①

图 2　加尔各答印度博物馆藏舍卫城神变造像

---

① 采自赫尔穆特·吴黎熙:《佛像解说》,李雪涛译,社会科学文献出版社,2003年,第121页图版17。

图 3　萨尔纳特"千佛化现"造像碑①

发微妙善心,欲来见佛。诸忉利天和执乐神般遮翼同行。般遮翼持琉璃琴,于帝释前忉利天众中鼓琴供养。尔时,世尊入火焰三昧,彼毗陀山同一火色。"②《中阿含经》也有记载:"一时,佛游摩竭陀国,在王舍城东,奈林村北,鞞陀提山因陀罗石室。五结乐子挟琉璃琴,和三十三天从天王释行,共去见佛。尔时,鞞陀提山光耀极照。明如火焰。"③ 显然,这类图像中的释迦与禅定有着密切关系,从造像来看,

---

①　采自宫治昭:《犍陀罗美术寻踪》,李萍译,人民美术出版社,2006年,第178页图Ⅴ-3。
②　佛陀耶舍、竺佛念译:《长阿含经》卷十,《大正藏》第1册,第62页下。
③　瞿昙僧伽提婆译:《中阿含经》卷三十三,《大正藏》第1册,第632页下—633页上。

均为结跏趺坐，禅定印，头部或肩部有火焰冒出，并无流水表现。犍陀罗地区罗里延·唐盖（Loriyan Tangai）出土、现藏加尔各答印度博物馆的"帝释窟禅定"浮雕①，以拱形龛内结禅定印闭目入火焰三昧的佛陀为主体，周围是各式人物、动物和植物，展示释迦于窟中禅定，表现出比故事情节本身更丰富的内容；细节部分，在拱形龛边缘浮雕一圈火焰，代表佛陀入禅定时发出的火焰，这与喀布尔博物馆藏石造焰肩佛坐像圆形背光外缘的一圈火焰是一致的。另一尊来自日本私人

图4 喀布尔博物馆藏石造焰肩佛坐像②

---

① 宫治昭：《犍陀罗美术寻踪》，李萍译，人民美术出版社，2006年，第183页图V-5。

② 村田靖子：《佛像的系谱：从犍陀罗到日本——相貌表现与华丽的悬裳座的历史》，金申译，上海辞书出版社，2002年，第67页图9。

收藏的"帝释窟禅定"犍陀罗浮雕①，窟内释迦双肩处升起火焰，亦证明并非所有的焰肩佛都表现水火双神变。

随着佛教东传，身出水火图像也影响了中国佛教艺术。如新疆地区吐峪沟第20窟（《中国美术全集》编号谷西区第4窟）正壁右下角绘一禅僧形象，只残存部分躯干，有头光，分析其应为结跏趺坐，禅定印，可以看到人物的两侧肩部有火焰升起，腿部绘有流水，在该窟右壁，同样可见这样的表现形式②。据宫治昭先生的分析，这些内容源于须摩提女因缘故事或表现深入禅定三昧的僧人，关系到禅定实践与其结果的飞翔神变③。身体不同部位交替出现火焰和流水的佛像和禅僧像还大量见于克孜尔石窟中，它们与吐峪沟石窟的图像含义存在密切的联系，宫治昭先生认为克孜尔石窟发出火与水的禅定僧图像可以说是对佛陀禅定的模仿，表现禅定的僧人通过预流、一来、不还，达到阿罗汉果位④。在克孜尔第17窟、123窟中，出现了背光满布化佛的图像，有学者通过研究指出，这些背光中的小化佛体现了"法身不灭""法身常在"的小乘佛教思想⑤，或主要来源于古印度犍陀罗地区佛放光明幻现化佛的浮雕场景⑥。

中国内地早期著名的十六国金铜佛坐像，现藏于美国福格美术馆，

---

① 宫治昭：《涅槃和弥勒的图像学》，李萍、张清涛译，文物出版社，2009年，第371页图255。

② 宫治昭：《吐峪沟石窟壁画与禅观》，贺小萍译，上海古籍出版社，2009年，第34页图30；第50页图45、46。

③ 宫治昭：《吐峪沟石窟壁画与禅观》，贺小萍译，上海古籍出版社，2009年，第53页。

④ 宫治昭：《涅槃和弥勒的图像学》，李萍、张清涛译，文物出版社，2009年，第366页。

⑤ 李瑞哲：《克孜尔石窟第17、123窟中出现的化佛现象——兼谈小乘佛教的法身问题》，《敦煌研究》2009年第2期。

⑥ 金建荣：《中国南北朝时期佛教造像背光研究》，南京艺术学院博士论文，2015年，第111页。

佛结跏趺坐，禅定印，着通肩大衣，头发呈波浪状由中间向两边分开，两肩部各有四道鳍状火焰（图5）。此像虽传出自河北石家庄地区，但其样貌、衣纹、佛座等细节均与典型的中原地区十六国时期金铜坐佛像有差异，在佛像的头顶肉髻处有一方形孔洞，这极有可能是僧传中记载放置舍利的地方。《高僧传》卷五《释道安传》载："有一外国铜像，形制古异，时众不甚恭重。安曰：'像形相致佳，但髻形未称。'令弟子炉冶其髻，既而光焰焕炳，耀满一堂。详视髻中，见一舍利，众咸愧服。"[①] 故事当发生在4世纪中期前后。5世纪初，凉州沙门僧表途经于阗时，见到了赞摩寺宝胜像，于是王命工匠依样造一丈高之金箔像，以真舍利置于顶上。此像后经凉州辗转入蜀，供养在龙华寺。[②] 这尊金铜焰肩佛的面部特征与大谷探险队在和田约特干所得佛头像（图6，笔者按：至少公元4世纪之后）非常相似，结合相关文献，推断其应当原铸造于于阗，后通过僧侣或信众等传入内地。该焰肩佛造像中分的发型、容貌特征以及衣纹手印，又与前文所举日本私人收藏"帝释窟禅定"浮雕如出一辙，可说此像继承了犍陀罗和迦毕试焰肩佛的要素，表现的应是佛陀入火焰三昧深入禅定的状态。中土的佛教造像中确有装饰火焰的佛像存在，《释氏要览》在言及造像"火焰"条时唯记："《长阿含经》云：佛在摩竭国毗陀山中，入火焰三昧。又，昔在舍卫婆罗舍，入火焰三昧。今则象之。"[③] 显然这也是表现"帝释窟禅定"的造像，其火焰具体如何已不得而知，根据现存造像推断，其为焰肩佛的可能性很大。中土的焰肩佛基本不表现神变内容，更多是为了迎合禅观的需要。在十六国至南北朝时期的内地石窟中和小型佛教造像上，肩部出火图像非常兴盛，从敦煌莫高窟、炳

---

① 释慧皎：《高僧传》，汤用彤校注，中华书局，1992年，第180页。
② 宝唱：《名僧传抄》，《大正藏》第77册，第358页。
③ 释道诚：《释氏要览校注》，富世平校注，中华书局，2014年，第357页。

灵寺石窟、麦积山石窟，再至云冈石窟、龙门石窟等，焰肩可谓这一时期佛像背光中的主要装饰图案。[①] 其实此时的焰肩已失去独立的表现形式，只是用于填充头光与背光之间、佛像肩部的一块三角形空隙。之后随着头光的扩大，佛像肩部多为头光所遮盖，火焰肩遂逐渐消失不见。对于"千佛化现"图像对中国内地的影响，张同标先生已有详述，主要针对主尊释迦的大莲花座上分出许多枝蔓相连的莲花，莲花上又各自有化佛这一图式，得出净土变造像、阿弥陀佛三尊五十菩萨像、青州背屏三尊像与倒龙口衔莲花以及千佛图像均源于大神变造像或受其影响[②]。

图5　美国福格美术馆藏十六国金铜焰肩佛坐像

[①] 孙机：《佛像的火焰肩和火焰背光》，载中国历史博物馆考古部编：《中国历史博物馆考古部纪念文集》，科学出版社，2000年，第215页。

[②] 参见前揭《中印佛教造像源流与传播》一书。

图 6　大谷探险队在和田约特干所得佛头像

以上大致梳理了"舍卫城神变"中的"水火双神变"和"千佛化现"图像的源流、传播及对中国佛教艺术的影响。在东传的过程中，这些来自印度的图像基本是作为样板，为中国的工匠提供了创作模式，其内涵和图式随着地域的不同和佛教状况的差异而发生改变，与"舍卫城神变"并非始终保持必然的关联，更多情况下融入了中国本土特色，为当时当地的佛教义理宣传服务。所以这些图像的佛经依据不能简单地以《天譬喻经》和《杂事》等为准，事实上很多汉译经典中都有对佛陀"身下出火，身上出水；身上出火，身下出水"以及对"化佛"的描述，前者往往关联释迦入火三昧时所现神通，后者也有不同分类（后文将述），具体情况具体分析，不可以一言概之曰"与舍卫城神变有关"。于阗地区的背光化佛类型多样，基本以展现释迦降伏外道时的神变为主，但表达的佛教内涵各有偏重，有时会将"水火双神变"中的焰肩佛和"千佛化现"图像组织在一起。

二、于阗地区背光化佛图像分析

从出土文物来看，于阗地区最早的背光化佛图像应来自洛浦县热瓦克佛寺，斯坦因对其进行了描述且附有图片，均载于《古代和田》一书。关于热瓦克佛寺的历史沿革及兴废时间，史无记载。斯坦因估计在东汉至南北朝之间，国内有学者考订在公元4世纪中叶至7世纪中叶之间。从出土遗物看，似不会晚到7世纪，置于魏晋南北朝时期是较为稳妥的。[①] 根据斯坦因的记录，这里出土了许多大型泥塑佛像，以及大量模制的装饰性小贴塑佛像、菩萨像，这些小贴塑都应来自大佛像的头光或背光。属唐代遗址的策勒县达玛沟托普鲁克墩1号佛寺、喀拉墩1号佛寺以及丹丹乌里克等遗址中，也有类似实物出土。通过对现存遗物分析比较，笔者将和田地区的背光化佛大致归类如下：

A型：以热瓦克佛寺泥雕为例，大佛像立姿，脚部、腿部以上残缺，着类似笈多风格的长袍，长袍上刻细密的波浪形衣褶，身后有巨大的圆形背光，背光外缘有卷云纹装饰，由外向内分为三层，最内一层残缺不明，外部两层均上下排列一圈化佛。现有图片无法看清小佛像的细节，唯可见结跏趺坐的小佛端坐在莲花中，结禅定印，莲花花瓣呈圆形在背光后展开（图7）。这样的佛像在热瓦克佛寺不是孤例，斯坦因描述它们"每一个身光都有一条由卷云纹构成的边，边内有一条宽带，带上雕有小坐佛或菩萨饰板，饰板两侧是十分优美的珠饰花环。后者每隔一定距离即合成一束，上面置一朵百合花。在装饰边和

[①] 李吟屏：《佛国于阗》，新疆人民出版社，1991年，第93页。《西域通史》也将热瓦克寺院及其浮雕的建造和塑制时间定于公元5、6世纪之交，而止于公元7世纪（余太山主编：《西域通史》，中州古籍出版社，1996年，第230页）。

垂衣衣边之间的空处，似乎还有第二条由小坐佛构成的宽带"①。类似浮雕贴塑佛像还见于策勒县喀达里克遗址。②

图7　热瓦克佛寺A型背光化佛③

根据斯坦因的介绍，热瓦克佛寺遗址编号R.ii的小佛像"右臂下垂，表示不是'与愿印'，就是'触地印'姿势，这尊塑像的双手已残失；头发卷曲，明显仿照犍陀罗的样式。头后面浮雕装饰构成的椭圆形光轮完整无损。两侧椭圆形曲线镶以卷云纹边。两朵卷云纹顶部于一尊小贴塑佛像之下相交，佛像坐于一莲花瓣光轮之中。此贴塑佛像的上方和侧面雕有一束束火焰。卷云纹的顶部下面是一百合花形装饰。光轮内两侧有两尊与前者十分相似的更小的坐佛像，其间是代表金刚杵的一朵双百合花形装饰"④。这尊佛像的图片没有展示出来，根据描述，其头光内容应与热瓦克佛寺遗存的一尊影塑菩萨像的桃形头

---

① 奥雷尔·斯坦因：《古代和田》第1卷，巫新华等译，山东人民出版社，2009年，第546页。
② 斯坦因：《西域考古图记》第4卷，中国社会科学院考古研究所主持翻译，广西师范大学出版社，1998年，第15页图版XV。
③ 奥雷尔·斯坦因：《古代和田》第2卷，巫新华等译，山东人民出版社，2009年，第18页图版XVIII。
④ 奥雷尔·斯坦因：《古代和田》第1卷，巫新华等译，山东人民出版社，2009年，第537页。

光类似①，热瓦克佛寺还有不少具有这种头光的佛像②。斯坦因展示了同一类型的编号R.ii.2贴塑交脚坐佛像，该像并没有火焰表现，唯身光中有呈放射状的直线（图8），佛像下有"金刚杵"图案。根据描述可看出，这一类化佛的特征和排列方式很可能与A型坐佛相似，且同样坐在莲花瓣之中，笔者将其归为A-a型。

图8　热瓦克佛寺A-a型背光化佛③

B型：可惜这类图像的主尊佛没有遗存，唯见头光（或身光）中

---

① 霍旭初、祁小山编著：《丝绸之路新疆佛教艺术》，新疆大学出版社，2006年，第151页图4。
② 奥雷尔·斯坦因：《古代和田》第1卷，巫新华等译，山东人民出版社，2009年，第557页插图69。
③ 奥雷尔·斯坦因：《古代和田》第2卷，巫新华等译，山东人民出版社，2009年，第83页图版LXXXIII。

的化佛。笔者将斯坦因编号丹丹乌里克 D.Ⅱ佛寺遗址①出土的 D.Ⅱ.34、D.Ⅱ.74 和 D.Ⅱ.55 浮雕装饰残片拼凑整合，可以看出这类化佛的大致形式：小佛像为立姿，着土红色袈裟，跣足站在小莲台上，均有头光，右手在胸前施无畏印，左手下垂于腿侧握住袈裟的一角。这些化佛以垂直方式上下错开排列，中间点缀着小莲花，头光（或身光）边缘有相互连接的筒形莲花瓣图案，最外层装饰火焰（图9）。相似的小佛像在和田县买力克阿瓦提遗址②以及策勒县喀达里克遗址也

图9　丹丹乌里克佛寺遗址 B 型背光化佛③

---

① 斯坦因据所获资料研究指出丹丹乌里克遗址寺院的始建年代可能为公元4—5世纪，学界一般认为其应为唐代存，参见刘国瑞、屈涛、张玉忠：《新疆丹丹乌里克遗址新发现的佛寺壁画》，《西域研究》2005年第4期；陈粟裕：《于阗佛教图像的发现与研究》，《美术文献》2014年第1期。

② 据国家文物保护科学技术研究所碳十四实验室对这次试掘中所获两块木炭样品的测定结果，试掘点时代距今约1500—1600年（公元4—5世纪）。根据历次出土文物综合分析，买力克阿瓦提遗址的时代上限在汉或汉以前，下限似定在唐代为妥（李吟屏：《佛国于阗》，新疆人民出版社，1991年，第231页）。

③ 奥雷尔·斯坦因：《古代和田》第2卷，巫新华等译，山东人民出版社，2009年，第54页图版 LIV。

有出土，着袒右肩袈裟，呈犍陀罗风格[1]。

和田出土的小型影塑佛像数量很多，这些佛像都应来自大佛像的背光，我们无法得知其原来的排列方式，但一些细部特征需要重视。墨玉县喀拉萨依和恰勒马喀遗址（约公元5—6世纪）出土的两身用模具压制的泥浮雕立佛像（现藏英国大不列颠博物馆，斯坦因也认为可能来自装饰性背光），造型基本相同。佛像跣足立于小莲座上，右手上举施无畏印，左手自然下垂握住袈裟，双肩的火焰纹似戳刺而成。其中一身佛像背光边缘装饰筒形莲瓣纹以及火焰纹，筒形莲瓣的样式和Ⅱ型化佛的背光装饰几无二致（图10）。这两尊佛像的体形和袈裟样式深受印度笈多艺术的影响，与Ⅱ型立佛相似，笔者将其归为B-a型。

C型：依然以热瓦克佛寺泥雕为例，大佛像立姿，跣足，着犍陀罗风格的长袍，腿部以上残缺，身后是巨大的圆形背光，背光边缘有斜线菱格纹装饰，其中以高浮雕形式满布化佛。小佛像为立姿，除了脚部外基本雕刻出全身，也有仅露出胸部和头部者，呈放射状排列整齐，均有圆形头光（图11）。这种类型的佛像在热瓦克佛寺数量可观，从细节看，化佛面带微笑，发髻偏小，头发呈波浪状，为典型的犍陀罗样式，一手施无畏印。在达玛沟托普鲁克墩1号佛寺东壁北侧的壁画中，立佛身着白色长袍，长袍下端有下摆，胸部以上残缺，左手自然下垂，跣足立于长方形须弥台上。佛像身后有圆形大背光，背光内满绘穿白衣的小化佛，化佛亦呈放射状排列，有头光，仅露胸部以上或头部，有的可见置于胸前施无畏印的右手，

---

[1] 李遇春：《新疆和田县买力克阿瓦提遗址的调查和试掘》，《文物》1981年第1期；斯坦因：《西域考古图记》第4卷，中国社会科学院考古研究所主持翻译，广西师范大学出版社，1998年，第15页图版XV。

图10　喀拉萨依和恰勒马喀遗址 B-a 型背光化佛①

背光最外一圈装饰斜线菱格纹（图12）。佛像左右两侧各有一尊胁侍菩萨，考古报告认为分别为观自在菩萨和大势至菩萨②。托普鲁克墩1号佛寺的这铺佛像，可谓与热瓦克佛寺大佛像如出一辙，其承继关系显而易见。

综上所述，和田地区的背光化佛按其排列方式和表现形态大致可分为三类，在其中，根据一些化佛双肩（或身体周围）雕绘出火

---

① 斯坦因：《西域考古图记》第4卷，中国社会科学院考古研究所主持翻译，广西师范大学出版社，1998年，第10页图版 X。
② 中国社会科学院考古研究所新疆队：《新疆和田地区策勒县达玛沟佛寺遗址发掘报告》，《考古学报》2007年第4期。

图11 热瓦克佛寺C型背光化佛①

图12 托普鲁克墩1号佛寺C型背光化佛②

焰，又分出两小类。为方便比较分析，将上述化佛的大致情况列表如下（表2）：

---

① 奥雷尔·斯坦因：《古代和田》第1卷，巫新华等译，山东人民出版社，2009年，第535页插图64。
② 巫新华：《新疆和田达玛沟佛寺考古新发现与研究》，《文物》2009年第8期，第60页图9。

表2 和田地区背光化佛类型一览表

	A型	B型	C型	A-a型	B-a型
姿态	跏趺坐	立姿	立姿	跏趺坐或交脚坐	立姿
手印	禅定印	无畏印	无畏印	禅定印	无畏印
排列方式	背光分层，在每层上下相连	以垂直方式上下错开排列	放射状排列，布满背光	不明	不明
其他	坐于圆形莲花瓣中	站在小莲台上，无焰肩	着白衣，无焰肩	坐于圆形莲花中，有焰肩或火焰表现	有焰肩
图例					

化佛，即佛陀施展神通变现之佛。检索相关经典，可将化佛大致分为三种：1. 以莲枝和莲花为媒介，重重辗转，遍布天际，化佛呈现坐卧行立各种姿态。主要用于表现佛法之无上神通，以此降伏外道和教化众生。《天譬喻经》和《杂事》中的舍卫城神变"千佛化现"即属于此种。2. 佛陀放光化现诸佛，这些光来自释迦的头顶、毛孔、舌中或脐部等处。如《佛说观普贤菩萨行法经》曰："见释迦牟尼佛举身毛孔放金色光，一一光中有百亿化佛。诸分身佛，放眉间白毫大人相光，其光流入释迦牟尼佛顶。见此相时，分身诸佛一切毛孔，出金色光，一一光中，复有恒河沙微尘数化佛。"① 又《摩诃般若波罗蜜经》云："（世尊）从其舌根放无量千万亿光，是一一光化成千叶金色

---

① 昙无蜜多译：《佛说观普贤菩萨行法经》，《大正藏》第9册，第391页中。

宝花，是诸花上皆有化佛，结跏趺坐说六波罗蜜。"① 这种化佛最为多见，一般关联大乘佛教观想法，观者进福增善，得成佛道。《贤愚经·降六师品》中的化佛亦属此类，此处用来驯服外道，震慑信众。3. 佛陀呈现三身佛之变化身，体现法身常住思想，多表现为毗卢遮那（卢舍那）佛。《大方广佛华严经》卷三《卢舍那佛品》记："卢舍那佛妙音声，具足演说本所行。一切佛刹微尘数，大光明网照十方，一一光中有诸佛，以无上道化众生。"②《梵网经》也载："我今卢舍那，方坐莲花台，周匝千花上，复现千释迦；一花百亿国，一国一释迦，各坐菩提树，一时成佛道。"③ 今见于阗地区背光化佛除 A 型和 A-a 型外，皆为立姿，且所存主尊都是立佛，所以应与禅观无联系，而是反映释迦神通变化、降伏外道的产物，具体情况需从经典依据和图像来源逐一进行分析。

图 13　克孜尔第 123 窟主室右壁立佛背光④

---

① 鸠摩罗什译：《摩诃般若波罗蜜经》卷一，《大正藏》第 8 册，第 217 页下。
② 佛驮跋陀罗译：《大方广佛华严经》卷三，《大正藏》第 9 册，第 408 页中。
③ 鸠摩罗什译：《梵网经》，《大正藏》第 24 册，第 1003 页上。
④ 新疆龟兹石窟研究院、新疆维吾尔自治区博物馆编：《中国新疆壁画艺术》三，新疆美术摄影出版社，2015 年，第 78 页图 67。

1. B型和B-a型化佛均立于小莲台上，由于损毁，莲台下是否有莲茎不得而知。龟兹地区的佛像背光中有立姿化佛，被火焰纹包围（图13），但未见站于此种莲台之上。内地的佛像背光中也鲜见立于莲台上、竖直规律排列的化佛。在印度，犍陀罗和秣菟罗的佛像项光大多素面无纹，或有简单的纹样装饰；笈多时期的佛像项光纹饰开始多样而繁缛，但类似于B型和B-a型化佛的图像在古印度的佛像项光中非常罕见。犍陀罗的穆罕默德那利浮雕和白沙瓦博物馆藏三件浮雕上可见坐佛身后立在莲台上的立佛，但他们的姿势各异，且根据排列方式推断应为Ⅲ型化佛的图像来源（详后文）。《天譬喻经》和《杂事》中，莲花上的化佛现行立坐卧四威仪，事实上行和卧的姿态不见有表现。萨尔纳特出土的"千佛化现"造像碑（参看图3）和源自"千佛化现"的三尊造像①中，可见类似的莲台上的立佛；另一尊笈多风格的秣菟罗佛像，只残存下半部分，佛足直接站立在莲花座上，两枝莲花梗茎从莲花座下部伸出，支撑着两朵较小的莲花（图14），小莲花上很可能原有胁侍菩萨，这尊造像来源于"千佛化现"的特征明显，主尊脚下的莲台与B型和B-a型化佛所立莲台如出一辙。在迦毕试出土的一尊大神变造像上，我们看到佛陀两侧的胁侍菩萨和主尊一样，右手施无畏印，左手挽住衣角。② 根据各个时期的出土文物以及中、晚唐大量出现在敦煌的于阗瑞像可见，这种很可能来源于犍陀罗艺术，并在公元2—3世纪中亚地区的舍卫城神变造像上经常出现的"手把袈裟"立佛样式，在相当长的时期内在于阗本土非常流行。上述图像皆与大神变相关，因此B型和B-a型化佛应表现《天譬喻经》和《杂事》中的"千佛化现"神变，推测小莲台之下很可能有莲茎与

---

① 张同标：《中印佛教造像探源》，东南大学出版社，2011年，第307页图3.10。
② 赵玲：《印度秣菟罗早期佛教造像研究》，上海三联书店，2012年，第164页图3-1-26。

主尊相连。《杂事》到唐代才译出,因此考虑于阗图像的经典依据为梵文原本或其他译本。

图 14 笈多风格秣菟罗大神变残像①

B-a 型化佛的焰肩所表达的内涵,考虑有两种可能:其一,在形容"千佛化现"时,《天譬喻经》曰"世尊也入火界定,起光热雨电神变",《杂事》则记"或时彼佛身出火光,或时降雨,或放光明,或时授记,或时问答,或复行立坐卧现四威仪",后者明言化佛身出火光。由于主尊缺失,是否有焰肩不得而知,但工匠很可能将这一理解带入化佛造像中,使其身具焰肩。其二,对"水火双神变"的一种暗示,受到主尊神通力的影响,化佛仿佛也具有了这种超自然的力量,双肩升起火焰,迦毕试的雕像上是有如此表现的(参看图1),只不过佛陀两侧的化佛为结跏趺坐佛。这可理解为将"舍卫城大神变"的两个主要情节结合起来表现。

2. 在《天譬喻经》和《杂事》中,为了施展"千佛化现",需要有龙王奉上的七宝莲花为媒介,A 型、A-a 型和 C 型化佛均不见"带有宝石梗茎的莲花"和"以宝为茎,金刚为须"的莲花枝蔓相连的情

---

① 张同标:《中印佛教造像探源》,东南大学出版社,2011 年,第 305 页图 3.08。

景。热瓦克佛寺出现了至少两种截然不同的背光化佛样式，这不是广义的描述放光化现诸佛的经典所能解释，而是具有实质性的内容。笔者认为，在降伏外道主题的统摄下，A型和C型化佛应分别表现。《贤愚经·降六师品》中，释迦在舍卫国于第八日和第十三日施展神通：

> 第八日受帝释请，为佛作师子座，如来升座，帝释侍左，梵王侍右，众会一切，静然坐定。佛徐申臂，以手接座，欻有大声，如象鸣吼。应时即有五大神鬼，摧灭挽拽。六师高座，金刚密迹，捉金刚杵。杵头出火，举拟六师，六师惊怖奔突而走，惭此重辱，投河而死。六师徒类，九亿人众，皆来归佛，求为弟子。佛言善来比丘，须发自落，法衣在身皆成沙门。佛为说法，示其法要，漏尽结解，悉得罗汉。于是如来从八万毛孔皆放光明，遍满虚空，一一光头有大莲花，一一华上皆有化佛与诸大众围绕说法。①

A型化佛正是如来毛孔放光形成的一一莲花中的坐佛，A-a型化佛周围装饰很可能是代表金刚杵的双百合花图案，推测表现佛经里佛教护法手中象征着坚不可摧、牢不可破的金刚杵，渲染释迦摧枯拉朽的无边神通，在与六师的较量中势如破竹。

化佛坐于圆形莲花瓣中的图像不见于西域、内地等其他地区的佛教美术中，成为于阗独有的一种化佛样式，这种图式应直接源自印度。莲花作为佛教的象征物之一，在印度有着古老的根源，著名的巴尔胡特大塔、桑奇三塔上，莲花装饰几乎无处不在，其中就有这种正面绽开的圆形莲花瓣图案（图15），类似图案也出现在犍陀罗佛像上，但

---

① 慧觉等译：《贤愚经》卷二，《大正藏》第4册，第363页上。

亦作为装饰（图16）。笔者所见早期印度和中亚的佛教实物中没有圆形莲花瓣中的坐佛，但在秣菟罗出土的公元1—2世纪的耆那教奉纳板上看到了类似图像：饰板中心的耆那像位于莲瓣中央，结跏趺坐，施禅定印（图17）。赵玲说："耆那教从饰板祖师像开始，对佛像的出现起到了刺激的作用。从饰板上的浮雕像的最初表现，到独立饰板的单尊偶像的供奉，对同时期的佛教产生了极大的影响和促进的作用。"①在秣菟罗地区的早期造像中，耆那教和佛教的表现往往非常相似，秣菟罗佛像从贵霜样式转变到笈多样式并向域外传播，这在佛教艺术史上具有重要意义，沿着丝绸之路传入我国的，除作为主流的犍陀罗样式外，也包括这种笈多风格的佛像。上述可为于阗地区特有的圆形莲花化佛形象的渊源提供思路。

a 巴尔胡特大塔栏楯浮雕　　b 桑奇大塔东门右柱外侧浮雕

图15　印度佛教建筑上的莲花装饰②

---

① 赵玲：《印度秣菟罗早期佛教造像研究》，上海三联书店，2012年，第229页。
② 扬之水：《桑奇大塔浮雕的装饰纹样》，《敦煌研究》2012年第4期，第6页图16、第7页图22。

图 16　美国洛杉矶艺术博物馆藏释迦牟尼像及底座①

图 17　秣菟罗出土耆那教奉纳板②

《贤愚经·降六师品》载：第十三日，佛"身升高座，放于脐光，分作两奇，离身七仞，头各有花，上有化佛，如佛无异。化佛脐中，复出光明，亦分两奇，离身七仞，头有莲花，上有化佛"③。主尊脐光

---

① 《印度的世界——美国洛杉矶郡艺术博物馆藏印度文物精品》，文物出版社，2014年，第113页。

② 赵玲：《印度秣菟罗早期佛教造像研究》，上海三联书店，2012年，第222页图4-2-36。

③ 慧觉等译：《贤愚经》卷二，《大正藏》第4册，第363页中。

中有化佛，化佛脐光又生化佛，光光相连，呈现主尊身侧放射状布满"如佛无异"的化佛图像。这种样式见于犍陀罗，著名的拉合尔博物馆藏穆罕默德那利浮雕（福歇定为"舍卫城大神变"①，宫治昭命名为"大光明神变"②），着力雕出释迦与其他各式神灵、菩萨、佛陀的信众以及闻法者（图18），浮雕左、右上角有两身跏趺坐禅定印的佛像，身体两侧共有八身立佛呈放射状排列，每尊立佛的手印均不相同。此外白沙瓦博物馆藏三件作品也有类似表现（图19）。不同之处在于，犍陀罗雕像主尊为结跏趺坐的禅定佛，意在表现释迦深入禅定三昧放光，又从光中幻化出化佛，呈放射状的化佛在视觉上使人感受到佛陀的光明；于阗地区的绘塑作品主尊为立佛，根据《贤愚经·降六师

图18　拉合尔博物馆藏穆罕默德那利浮雕③

---

①　阿·福歇：《佛教艺术的早期阶段》，甘肃人民出版社，2008年，第141页。
②　宫治昭：《犍陀罗美术寻踪》，李萍译，人民美术出版社，2006年，第174页。
③　日本东京博物馆编：《パキスタン・ガグーラ彫刻展》（《巴基斯坦犍陀罗雕刻展》），2002年，图版14。

品》的描述，着重展现佛陀施展神通时的化现，化佛施无畏印，显示战胜外道、除暴安良的无边神力，使观者无所畏怖，内心安定。

图 19　白沙瓦博物馆藏三尊坐佛像及放射状化佛①

---

① 分别采自宫治昭：《犍陀罗美术寻踪》，李萍译，人民美术出版社，2006 年，第 180 页图 V-4；金建荣：《中国南北朝时期佛教造像背光研究》，第 117 页图 3.1.17b、3.1.17c。

3. 和田地区的背光化佛有两种特例，需要单独考察。

（1）热瓦克佛寺出土泥塑佛坐像一身，佛结跏趺坐，双手相叠，呈禅定姿势，着犍陀罗风格通肩大衣，下垂于两腿间袈裟上的褶襞呈"U"形，有头光，右肩残存翼状火焰（图20）。斯坦因记录为头光中的贴塑浮雕，按其尺寸（总高7英寸）不排除来自背光。周菁葆先生描述的模制带翼状焰肩的佛坐像，佛像的衣褶和肩部有犍陀罗风格[①]，应指此像。其风格和特征与前述喀布尔博物馆藏石制焰肩佛坐像（参看图4），以及十六国金铜焰肩佛坐像一致，因此可考虑其与入火焰三昧有关。

图20 热瓦克佛寺焰肩佛坐像[②]

[①] 周菁葆：《丝绸之路佛教文化研究》，新疆人民出版社，2009年，第186页。
[②] 奥雷尔·斯坦因：《古代和田》第1卷，巫新华等译，山东人民出版社，2009年，第539页。

（2）德国人特灵克勒（Trinkler）曾在策勒县巴拉瓦斯特寺院遗址（约7世纪前后）发现一幅壁画残片，整理者格罗普（G. Gropp）将由斯坦因带走的现藏新德里印度国立博物馆的一幅摩酰首罗天壁画残片和这幅壁画进行拼接，描绘出线图《金光明经变》。图的中上部残存一立佛的下半身，佛足立于莲花上，背光中层叠布满化佛，均露出上半身，面向前方，具头光，右手施无畏印（图21）。这幅线图没有绘出化佛的焰肩，在威廉姆斯（Williams）夫人展示的更为清晰的原图中，我们看到化佛肩部有三角形火焰[①]。在相距不远的达玛沟喀拉

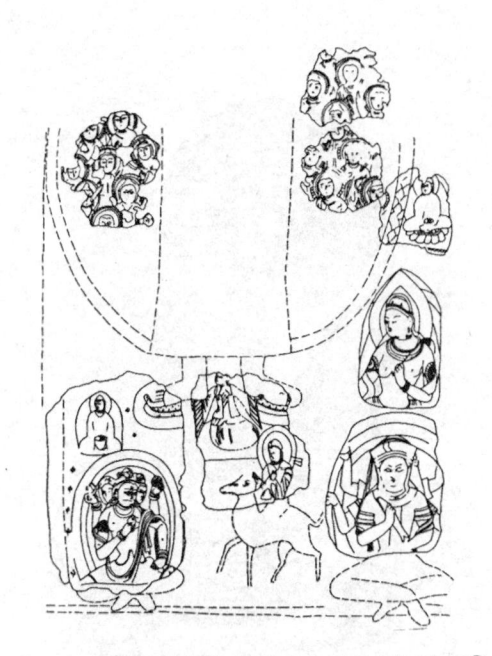

图21 巴拉瓦斯特佛寺《金光明经变》线图[②]

[①] Williams 夫人认为这是大日如来的一种表现（J. Williams, "The Iconography of Khotanese Painting", *East and West*, vol. 23, no. 1/2, March—June1973, p. 123）。

[②] 贾应逸：《新疆佛教壁画的历史学研究》，中国人民大学出版社，2010年，第101页。

墩1号佛寺遗址①出土一块壁画残片，唯见两身不完整的化佛，有头光，面部分别朝着不同的方向，上方佛像露出上半身，左手置于胸前，似手握袈裟。值得注意的是，该像肩部的三角形火焰和《金光明经变》中的化佛焰肩惊人地相似②，但由于图像信息量过小，暂不能确定其内容。

《金光明经》曾在包括于阗在内的大乘佛教地区广受推崇，这幅经变画中能够确定身份的是坚牢地神、摩醯首罗天和尼连禅河神③，释迦背光中满布化佛，其他地区同类题材作品中未见，其内涵可从《金光明经》的主轴思想加以理解。《金光明经疏》云："金光明经者，……论其宗极表三种三法：一表三身佛果，二表涅槃三德，三表三种佛性。表三身者，金体真实譬法身佛，光用能照譬应身佛，明能遍益犹如化身。"④ 在《忏悔品》中，信相菩萨夜梦金鼓，"其状姝大，其明普照，喻如日光。复于光中得见十方无量无边诸佛世尊"⑤。吉藏释："金鼓喻法身，姝之言妙，妙出生死名相之外；大者遍含万德，故名为大。依此法身成应身，应身遍照，故言如日光也。其明者此即是光，非是光中之明，故犹应身，非是喻化身也。复于光中下明见化佛，

---

① 考古报告认为喀拉墩1号佛寺的始建年代为公元7世纪（中国社会科学院考古研究所新疆队：《新疆和田地区策勒县达玛沟佛寺遗址发掘报告》，《考古学报》2007年第4期）；姚崇新先生倾向于该佛寺的始建年代不应早于8世纪（姚崇新：《和田达玛沟佛寺遗址出土千手千眼观音壁画的初步考察——兼与敦煌的比较》，载《艺术史研究》第17辑，中山大学出版社，2015年，第269页）。

② 中国社会科学院考古研究所新疆队：《新疆和田地区策勒县达玛沟佛寺遗址发掘报告》，《考古学报》2007年第4期，图版15、图1。

③ 贾应逸：《新疆佛教壁画的历史学研究》，中国人民大学出版社，2010年，第103—104页；陈粟裕：《从于阗到敦煌——以唐宋时期图像的东传为中心》，方志出版社，2014年，第79—84页。

④ 吉藏：《金光明经疏》，《大正藏》第39册，第160页中。

⑤ 昙无谶译：《金光明经》卷一，《大正藏》第16册，第336页中。

即是光中之明。"① 可知该经观照佛法身、应身和化身，经题"金光明"三字，实为崇拜光明遍照、光中明见化佛之世尊，"若入是经，即入法性，如深法性，安住其中。即于是典，金光明中，而得见我，释迦牟尼"②。"金"比喻诸佛法身、诸法法性，"光明"比喻因法身所起的不可思议之力量，包括光中化现诸佛，这些力量具有无上威德，因而得到诸天拥护。这幅独特的《金光明经变》中，背光化佛传达以上佛教内涵，化佛借肩部的火焰传达放大光明思想。

三、于阗地区背光化佛图像的形成及其影响

于阗的背光化佛图像与佛陀现神变降伏外道有直接联系，神变题材的图像在西域其他地区甚至是中原内地都非常罕见，其在于阗的出现和流行具有特定的宗教和历史背景，笔者试图从两方面对此进行还原。

（一）佛教经典的形成

作为图像的来源，佛教经典的重要性不言而喻。东西方僧人往来于阗者众多，不少汉译佛经都在此地成书或结集，这里需要注意两部经典。

见于记载的第一个到达于阗（公元260年后不久）的中土僧人是朱士行，他在此地得到了梵文正本九十章六十余万言《道行经》，也就是后世的《放光般若经》。该经中就有关于释迦放光化佛的描述："尔时世尊出广长舌，遍三千大千国土。遍已，从其舌根复放无央数亿

---

① 吉藏：《金光明经疏》，《大正藏》第39册，第162页下。
② 昙无谶译：《金光明经》卷三，《大正藏》第16册，第349页中。

百千光明，一一光明化为千叶宝华，其色如金，一一华者上皆有坐佛，一一诸佛皆说六度无极。"① 由此推断，于阗背光化佛的经典依据至少可以追溯到公元3世纪，尽管之后发现的实物以表现降伏外道为主，但化佛图像是具有较深的渊源的。

僧祐《出三藏记集》详细记载了《贤愚经》的成书过程："河西沙门释昙学、威德等凡有八僧，结志游方，远寻经典。于于阗大寺遇般遮于瑟之会。……还至高昌，乃集为一部。既而逾越流沙，赍到凉州。于时沙门释慧朗，……故因事改名，号曰贤愚焉。元嘉二十二年，岁在乙酉，始集此经。"② 《贤愚经》成书于高昌，但其中的内容却是在于阗获得。唐智昇《开元释教录》卷六云："沙门释慧觉，一云昙觉，佑云昙觉凉州人。……于于阗国得经梵本，以太武皇帝太平真君六年乙酉，从于阗还到高昌国，共沙门威德译《贤愚经》一部。"③ 元嘉二十二年和太平真君六年都为公元445年，这是《贤愚经》在高昌辑成的时间，其内容在于阗流行的时间还要更早一些。有学者认为，热瓦克佛寺的佛塔建筑比塑像完成时代要早些，始筑于公元3世纪，而其中的雕塑也不是同一个时期的作品。④ 如计入修建耗时，热瓦克佛寺以《贤愚经》为依据完成的这部分塑像的年代，应在5世纪中。

（二）教派斗争

汉唐之际，于阗佛教以大乘为主，但小乘佛教的影响不容忽视。朱士行在于阗得到大乘经典《放光般若经》时，小乘佛教在于阗尚占

---

① 无罗叉译：《放光般若经》卷一，《大正藏》第8册，第1页中。
② 释僧祐：《出三藏记集》，苏晋仁、萧鍊子点校，中华书局，1995年，第351页。
③ 智昇：《开元释教录》卷六，《大正藏》第55册，第539页下。
④ 贾应逸：《新疆佛教壁画的历史学研究》，中国人民大学出版社，2010年，第93页。

统治地位，对大乘势力非常排斥，于是劝说国王禁止携带大乘经典的朱士行离开于阗："汉地沙门欲以婆罗门书，惑乱正典。王为地主，若不禁之，将断大法，聋盲汉地，王之咎也。"① 4世纪末5世纪初法显来到于阗时，大乘教派已颇占优势，此后玄奘明确记载于阗"多习学大乘法教"②。这期间依然有小乘经典被译出，玄奘在于阗时还曾住在小乘萨婆多寺③。几百年间于阗佛教大、小乘同时存在，它们之间的争斗从未彻底停歇。

小乘佛教视释迦牟尼为教主、导师，一个达到彻底觉悟、智行圆满的完人，且主张佛不并出；而大乘佛教则把释迦塑造为具有无上神通力、全智全能的佛，将其无限神格化，并认为除释迦牟尼佛外，三世、十方均有无量诸佛。从这个角度来看，于阗地区的背光化佛图像应属大乘佛教范畴，另一方面，《杂事》和《贤愚经》却为小乘经典。笔者认为，这正是于阗大、小乘教派并存的一种反映。有学者指出，《贤愚经》结集的时期，正值于阗小乘与大乘佛教并行时期，该经的中心思想虽以小乘为主，然大乘思想的根苗亦蕴藏其中。④ 长期以来，于阗大乘佛教徒始终在激烈的教派斗争中求生存，而这一历史时期与背光化佛图像产生并发展的时代是相符合的。为了应对宗教发展危机，佛教徒需要扩大影响，抬高释迦牟尼的地位，将所有不信奉、不敬重本派的势力视为外道并将其降伏，"舍卫城神变"这类故事正符合宣传教义的要求。《贤愚经》的内容以故事为主，少有义理论证，这与《杂事》中故事性的内容一样，更加易于接受和理解，何况只要有益

---

① 释慧皎：《高僧传》，汤用彤校注，中华书局，1992年，第145页。
② 玄奘、辩机：《大唐西域记校注》，季羡林等校注，中华书局，1985年，第1002页。
③ 慧立、彦悰：《大唐慈恩寺三藏法师传》，中华书局，1983年，第121页。
④ 梁丽玲：《〈贤愚经〉研究》，法鼓文化事业股份有限公司，2002年，第104页。

于教派立足和发展，利用小乘经典宣扬大乘教义，此亦不是孤例。于是，在主题上突出世尊施展无上神通、降伏六师外道的背光化佛图像，成为于阗地区流行的佛教艺术题材。

和田地区的三类背光化佛样式，不见于西域其他地区和中原内地，而呈现区域特征，其图像均来自印度。秣菟罗出土的公元1—2世纪耆那教奉纳板，将印度古老的莲花装饰和结跏趺坐像相结合，刺激了该类佛像的形成。虽然暂时未发现更多实物，但推测犍陀罗等地在2世纪前后产生了这种正面绽放莲花坐佛，并流行一时。随着此种特殊的笈多样式沿西域丝路传入中国，5世纪中开始，A型和A-a型化佛随经典的形成在于阗兴盛。这种图像在于阗应流行了较长一段时间，在可能始建于公元7—8世纪①的达玛沟托普鲁克墩2号佛寺遗址出土的千佛壁画残块中，我们看到简化的莲花瓣围绕着结禅定印的结跏趺坐佛（图22），之后不复见。B型、B-a型以及C型的"手把袈裟"化

图22 托普鲁克墩2号佛寺出土千佛壁画残块②

---

① 中国社会科学院考古研究所新疆队：《新疆和田地区策勒县达玛沟佛寺遗址发掘报告》，《考古学报》2007年第4期。
② 上海博物馆编：《丝路梵相——新疆和田达玛沟佛教遗址出土壁画艺术》，上海书画出版社，2014年，第69页。

佛样式，曾在公元2—3世纪的犍陀罗雕像和毕迦试的舍卫城神变造像上频繁出现，根据现存造像，这种样式很可能就来源于犍陀罗。B型和B-a型化佛应是印度传统舍卫城神变中"千佛化现"图像的演变和简化，其出现时间可能早至公元4世纪（早于汉译相关经典），但流行时间并不长，公元6世纪之后不再出现。约与A型、A-a型化佛同时期出现的C型化佛情况则大不同，这种背光满布放射状化佛的图像不仅在于阗非常盛行，之后更影响到唐代敦煌的于阗瑞像。

需要指出的是，新疆龟兹地区石窟中也有背光化佛图像存在，亦分立姿和坐姿两类。如前述克孜尔第123窟[①]和台台尔第16窟[②]中，身光中的立佛手势和身姿各异，有的被火焰纹包围，排列方式有向外倾斜和竖直状。在克孜尔第17窟主室左甬道内外侧壁，我们看到立佛身光分内外两圈，每圈中都绘有结跏趺坐佛，基本也以向外倾斜方式排列[③]，这些龟兹石窟中的背光化佛图像年代约为6至7世纪[④]。龟兹与于阗的背光化佛图像存在区别，前者一方面关联小乘佛教法身观，另一方面也与当时经典的流行状况相符，如鸠摩罗什译《摩诃般若波罗蜜经》中有放光化佛的描述，《杂阿含经》和《别译杂阿含经》中亦出现了神变场景，说明龟兹的背光化佛也极有可能受到犍陀罗的影响。总体来看，龟兹和于阗的背光化佛图像出现的年代大致不差，与C型放射状排列相类的向外倾斜排列方式在龟兹也较常见，两地的此类图像可能还有一定的联系。张小刚先生通过相关图像的特征和来源，以

---

① 新疆龟兹石窟研究院、新疆维吾尔自治区博物馆编：《中国新疆壁画艺术》三，新疆美术摄影出版社，2015年，第75页图六四、第83页图七一、第86页图七四。
② 新疆龟兹石窟研究院、新疆维吾尔自治区博物馆编：《中国新疆壁画艺术》三，新疆美术摄影出版社，2015年，第281页图二五一、第282页图二五二。
③ 新疆龟兹石窟研究院、新疆维吾尔自治区博物馆编：《中国新疆壁画艺术》二，新疆美术摄影出版社，2015年，第65页图五八、第66页图五九。
④ 新疆龟兹石窟研究所编著：《克孜尔石窟内容总录》，新疆美术摄影出版社，2000年，第24、152页。

及热瓦克佛寺、克孜尔石窟、敦煌莫高窟等地出现的在相对位置绘出两身背光布满化佛的立佛像这种形式，推断于阗、龟兹以及敦煌的此类图像之间具有关联。① 此外，类似克孜尔第17窟这种位于背光分隔带中的结跏趺坐形式化佛，在敦煌（如第272、296、297等窟主尊背光②）、云冈（如昙曜五窟③等）等地以及一些北朝佛教石刻造像上也有大量实例④，但就图像表现而言，均和龟兹地区同类题材有所不同，与于阗背光化佛更是大相径庭，其佛教内涵也基本是与禅观、净土相关联。因此笔者认为，中土这种形式的背光化佛，与于阗地区应没有关联。

晚唐至北宋初期，来自于阗的传说、圣迹、瑞像等佛教题材大量出现在敦煌石窟中，其中有一类以佛像为主的瑞像，背光满布化佛，有的清晰绘出小化佛的形态，有的仅象征性地表现其头光和身光的外轮廓线，或以鱼鳞纹进行抽象化的代替。这些图像在莫高窟归义军时期的洞窟中大量出现，其直接来源，应当就是于阗地区的C型背光化佛。笔者根据张小刚先生的统计将这些瑞像加以梳理，择有榜题且具代表性者简介如下：

---

① 参见张小刚：《于阗白衣立佛瑞像研究——从敦煌壁画中的于阗白衣立佛瑞像图谈起》，"当喜马拉雅与阿尔卑斯山相遇：佛教艺术暨佛教在欧洲的传播国际高峰论坛"国际学术会议论文，未刊。

② 敦煌文物研究所编：《中国石窟·敦煌莫高窟》第1卷，文物出版社、平凡社，1981年，图版7、183、185。

③ 云冈石窟文物保管所编：《中国石窟·云冈石窟》第2卷，文物出版社，1994年，图版148、182、184。

④ 如北魏太安元年（455）张永造一铺三尊跏趺坐佛背屏式造像（孙迪编著：《中国流失海外佛教造像总合图目》第2卷，外文出版社，2005年，第255页）；北魏皇兴五年（471）交脚弥勒坐像（金维诺编：《中国美术全集·宗教雕塑一》，黄山书社，2010年，第46页）；北魏延兴二年（472）张伯□（和）造一铺三尊结跏趺坐佛背屏式造像（《中国流失海外佛教造像总合图目》第2卷，外文出版社，2005年，第258页）。

1. 媲摩城瑞像图和坎城瑞像图

莫高窟曹氏归义军时期第 146 窟甬道南披西起第 7 格内，绘一身立佛像，着白色袈裟，背光中满布小化佛，是为"从憍赏弥腾空来住于阗的媲摩城瑞像"（图 23）；第 126 窟甬道北披西起第 6 格内绘一身曹氏归义军时期的立佛瑞像，着白色袈裟，舟形背光中满布白描小化佛，有榜题为"……□□国腾空而来在于阗坎城住"（图 24），此即敦煌遗书 S.2113A 所记"释迦牟尼佛真容白檀香为身，从汉国腾空而来在于阗坎城住。下，其像手把袈裟"①。有学者认为媲摩城即是坎城②，孙修身先生曾对媲摩城瑞像做过介绍，并认为其是《大唐西域记》记载的媲摩城"雕檀立佛像"③。此像"高二丈余，甚多灵应，时烛光明。凡有疾病，随其痛处，金薄帖像，即时痊复。虚心请愿，多亦遂求"④。类似记录还见于《洛阳伽蓝记》引《宋云行记》："从末城西行二十二里，至捍么城，（城）南十五里有一大寺，三百余僧众。有金像一躯，举高丈六，仪容超绝，相好炳然，面恒东立，不肯西顾。父老传云：此像本从南方腾空而来，于阗国王亲见礼拜，载像归，中路夜宿，忽然不见，遣人寻之，还来本处。王即起塔，封四百户以供洒扫。户人有患，以金箔贴像所患处，即得阴愈。"⑤ 一般认为《宋云行记》所谓之捍么城，即是媲摩城。⑥ 以上文献记载的"金薄（箔）

---

① 张广达、荣新江:《于阗史丛考》（增订本），中国人民大学出版社，2008 年，第 174 页。
② 贝利编译:《于阗语文书集》，剑桥大学出版社，1961 年，第 135—136 页；李吟屏:《古于阗坎城考》，载马大正、杨镰主编:《西域考察与研究续编》，新疆人民出版社，1998 年，第 236—262 页。
③ 孙修身:《莫高窟佛教史迹故事画介绍（二）》，《敦煌研究》1982 年第 1 期。
④ 玄奘、辩机:《大唐西域记校注》，季羡林等校注，中华书局，1985 年，第 1026 页。
⑤ 杨衒之:《洛阳伽蓝记校释》，周祖谟校释，中华书局，2013 年，第 166 页。
⑥ 羽溪了谛:《西域之佛教》，贺昌群译，商务印书馆，1956 年，第 228 页。

贴像",见于和田出土的小贴塑佛像。买力克阿瓦提遗址的小立佛像出土时右脸颊上尚粘有一片金箔①,斯坦因在热瓦克佛寺也曾获得过粘于大佛雕像 R.xxix 膝盖处的金箔,最大的一块约 1 英寸见方,这尊雕像上还残留着大量贴金箔的痕迹②。热瓦克佛寺具有背光化佛的大佛像,很可能最初也有金箔贴身。此外,根据史籍中的相关记载,学者分析坎城当在今策勒县达玛沟一带③,而这一地区正是除热瓦克佛寺之外,C 型背光化佛实物出现的主要地区。

图 23　莫高窟第 146 窟《媲摩城瑞像图》④

---

① 李遇春:《新疆和田县买力克阿瓦提遗址的调查和试掘》,《文物》1981 年第 1 期。
② 奥雷尔·斯坦因:《古代和田》第 1 卷,巫新华等译,山东人民出版社,2009 年,第 550、541 页。
③ 贾应逸:《新疆佛教壁画的历史学研究》,中国人民大学出版社,2010 年,第 118 页。
④ 张小刚:《敦煌佛教感通画研究》,甘肃教育出版社,2015 年,第 131 页图 2-1-4。

图 24　莫高窟第 126 窟《坎城瑞像图》①

2. 释迦牟尼真容从王舍城腾空住海眼寺瑞像图

莫高窟第 126 窟甬道南披第 6 格内绘一身曹氏归义军时期立佛像，着白色袈裟，舟形身光中满布白描小千佛，榜题"……住海眼寺"（图 25），即敦煌遗书 S.2113A 所记"释迦牟尼佛真容白檀身从（摩揭陀）国王舍城腾空而来在于阗海眼寺住。其像手把袈裟"②。张小刚先生指出海眼寺应为瞿摩帝寺③。瞿摩帝寺是于阗最早修建的重要寺院之一，出现在很多史籍当中。《于阗国授记》记载："（尔时，于阗）久为海子。……世尊亦亲率四部众数十万腾空而至于阗，于今立有瞿摩帝大窣堵波方向之海子上、高约七多罗树上方之虚空中，宴坐于莲

---

① 张小刚：《敦煌佛教感通画研究》，甘肃教育出版社，2015 年，第 133 页图 2-1-6。
② 张广达、荣新江：《于阗史丛考》（增订本），中国人民大学出版社，2008 年，第 174 页。
③ 张小刚：《敦煌佛教感通画研究》，甘肃教育出版社，2015 年，第 135 页。

花座上。自十方诸佛土而来之众如来,为加持于阗而放出劝谏之光,充满四方……"①《于阗教法史》记曰:"于阗毁灭,变为海子,行十不善时,地方护法神与神祇、龙王将盛昆两山之间之山沟封闭,榭水上游、下游之水乃汇集在于阗的大伽蓝之处,即现在的大集市之上面,在瞿摩帝大寺有婆罗跋舍神之寺庙门前。……于阗中部的海心,即于阗地方大寺的里边,在大集市的上方,瞿摩寺札瓦夏化身佛下面,海子中现在还有札瓦夏化身佛的跏趺印。"② 由这两部藏文文献可知,瞿摩帝大塔附近,世尊曾坐在莲花座上接受十方诸佛的礼拜,共同加持

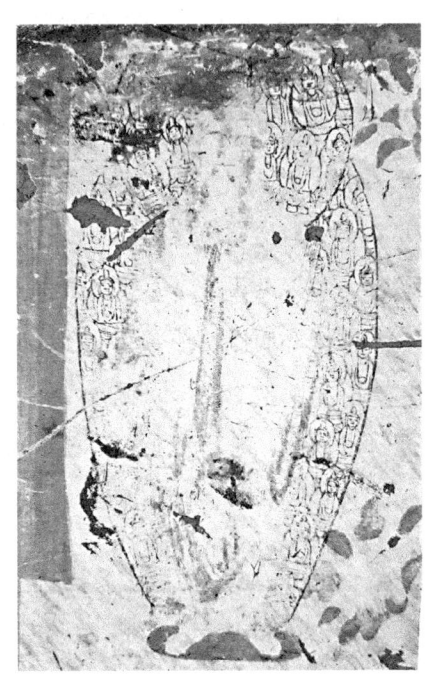

图25　莫高窟第126窟《释迦牟尼真容从王舍城腾空住海眼寺瑞像图》③

---

① 朱丽双:《〈于阗国授记〉译注(上)》,《中国藏学》2012年第S1期。
② 王尧、陈践译注:《敦煌吐蕃文献选》,四川民族出版社,1983年,第151、158页。
③ 张小刚:《敦煌佛教感通画研究》,甘肃教育出版社,2015年,第136页图2-1-9。

护佑于阗,而瞿摩帝寺中确有化身佛。这样的传说场景,可能对于阗化佛图像的流行起到了推动作用。

3. 结迦宋佛亦从舍卫国来在固城住瑞像图

莫高窟张氏归义军早期第72窟主室龛内西披南起第6格内,绘一身立佛,着白色袈裟,戴三珠宝冠,头后系带,顺肩下垂,右手于胸前结说法印,左手握袈裟,头光与身光饰代表抽象化佛的鱼鳞纹。榜题曰:"结迦宋佛亦从舍卫国来在……"(图26)此为敦煌遗书S.2113A所记"结迦宋佛亦从舍卫国来在固城住。其像手捻袈裟"①。斯坦因从敦煌藏经洞所得编号Ch.xxii.0023的绢画,画面上段中间一身为着白色通肩大衣的立佛像,佛头戴扇形宝冠,冠后有长头巾垂至脚边,右手于胸前结说法印,左手自然下垂,手指微握,佛像肩部绘两层火焰,圆形头光边缘也有火焰,圆形大身光分三层,呈放射状排列着半身化佛像,每尊小佛像均有边缘燃起火焰的圆形头光,全部为将手置于胸口施无畏印的姿态(图27)。结迦宋即拘留孙,为过去七佛之第四佛,陈粟裕根据这尊瑞像并结合其他图像,推断达玛沟托普鲁克墩1号佛寺中的白衣佛为拘留孙佛。②张小刚先生认为绢画Ch.xxii.0023上背光密布千佛、戴冠系带的白衣立佛像不是"释迦牟尼于舍卫国降服外道现神变"像,而是于阗的瑞像,且很可能是固城瑞像。③不可否认,这尊瑞像无论是主尊肩部的火焰,还是头光中的化

---

① 张广达、荣新江:《于阗史丛考》(增订本),中国人民大学出版社,2008年,第174页。

② 陈粟裕:《新疆和田达玛沟托普鲁克墩1号佛寺图像研究》,《世界宗教文化》2015年第4期。

③ 张小刚:《敦煌佛教感通画研究》,甘肃教育出版社,2015年,第144—145页。斯坦因、魏礼比定为舍卫城释迦牟尼(分身亿万)瑞像;罗兰德认为难以确定,同时指出这尊瑞像的衣褶、身光千佛与和田热瓦克佛寺遗址残存的佛雕像下半部完全相同(转引自张广达、荣新江:《于阗史丛考》,中国人民大学出版社,2008年,第189—190页);索珀则依据"瑞像记"文书和洞窟榜题,疑是媲摩城瑞像(Alexander Coburn Soper,　　　　(转下页)

佛，都是于阗瑞像深受降伏外道图像影响的明证，加之固城瑞像是"从舍卫国而来"，其与舍卫城降伏外道图像的相似度更高。

图 26　莫高窟第 72 窟《结迦宋佛亦从舍卫国来在固城住瑞像图》①

绢画 Ch. xxii. 0023 的年代，一般推断为初唐时期（公元 7—8 世纪）②，张小刚先生根据绢画上的濮阳铁弥勒瑞像图等材料考订在盛唐

（接上页）"Representations of Famous Images at Tun—Huang", *Artibus Asiae*, 1964—1965, 27 [4] ）。

① 张小刚：《敦煌佛教感通画研究》，甘肃教育出版社，2015 年，第 139 页图 2-1-12。

② 大英博物馆监修：《西域美术（大英博物馆藏斯坦因收集品）》第 2 册，讲谈社，1982 年，第 307 页。

图 27　绢画 Ch. xxii. 0023 上的于阗瑞像①

后期,即 8 世纪后半叶②。其上绘制了近 20 身瑞像,这些瑞像应是印度、西域和中土各地非常流行的题材,来源或为史传文献、当地见闻和西行东来僧人游者的相关记述。建造年代约为公元 6 世纪中叶至 7 世纪前半叶的托普鲁克墩 1 号佛寺③,出现了和绢画中瑞像相似度极高的佛像④;这种背光布满放射状化佛的图像,很有可能作为粉本被带到敦煌。魏晋南北朝以降,于阗和中原始终存在政治和宗教上的往来

---

① 斯坦因:《西域考古图记》第 4 卷,中国社会科学院考古研究所主持翻译,广西师范大学出版社,1998 年,第 70 页图版 LXX。
② 张小刚:《敦煌佛教感通画研究》,甘肃教育出版社,2015 年,第 303 页。
③ 中国社会科学院考古研究所新疆队:《新疆和田地区策勒县达玛沟佛寺遗址发掘报告》,《考古学报》2007 年第 4 期。
④ 张小刚先生认为,达玛沟托普鲁克墩 1 号佛寺内背光满布化佛的白衣立佛,可能是以固城瑞像形式表现的过去七佛中的一身。参见张小刚:《于阗白衣立佛瑞像研究——从敦煌壁画中的于阗白衣立佛瑞像图谈起》。

交流，至唐代不衰。敦煌这类背光布满化佛的于阗瑞像有着共同的特征，即佛像着白衣，手把袈裟。从热瓦克佛寺来自背光的浮雕佛像，可看出在红色胎泥上覆有白色颜料，与敦煌瑞像年代更接近的托普鲁克墩1号佛寺壁画立佛也身着白衣。至于手把袈裟样式，更是长时间在于阗流行，作为主尊佛像的化身，"手把袈裟"的化佛实物与文献记载亦是相符的；不同的是，于阗的手把袈裟佛像右手通常施无畏印，到了敦煌，右手一般为说法印。此外，敦煌洞窟内的于阗瑞像壁画，受到中土艺术风格的影响，化佛不呈现放射状而是垂直层第排列；莫高窟第126窟的《从汉国腾空而来在于阗坎城住释迦摩尼佛白檀香身真容像》和《释迦牟尼真容从王舍城腾空住海眼寺瑞像》，化佛不再是立姿而为坐佛，这些都反映了背光化佛的形式随地域和时代的变化而不同。

四、结语

"舍卫城降伏外道"本是印度婆罗门教的正统思潮和沙门思潮对立时，佛教与六师相抗争的产物，"舍卫城神变"造像曾在印度和阿富汗地区普遍流行，并随着佛教艺术的传播来到于阗。很多情况下，经典叙述与图像本身未必完全一致，尽管大部分造像残缺，但依然可以看到，于阗工匠们根据来自秣菟罗、犍陀罗和笈多的艺术题材和造像样板，结合本土的历史与宗教特点，形成了具有地域特色的"于阗系背光化佛"。从某种角度而言，于阗的背光化佛图像已不仅仅是表现佛经中的"舍卫城神变"，而是受到"舍卫城神变"影响的于阗本地图像。三类"于阗系背光化佛"样式均不见于新疆其他地区和中原内地，究其原因，恐为佛教文化传统和信仰的差异所致。虽然于阗长期大、小乘佛教并存，但实为西域大乘佛教中心，教派之间的争斗、将释迦无限神格化以及多佛崇拜造就了于阗背光化佛的盛行。这不同于西域小乘佛教中心龟兹，龟兹石窟中的背光化佛图像表达有不同的内涵，同时也可能与于阗背光化佛存在一定的联系。中原地区先后受到禅观、净土等思想的影响，"舍卫城降伏外道"题材并未流行，只是在晚唐至北宋初期的敦煌，出现了以于阗C型化佛为粉本的于阗瑞像，兴盛一时。这样的图式也曾体现在于阗当地特有的《金光明经变》上，足见其在当时的流行程度。

北朝时期敦煌石窟佛教服饰探析

张婉莹　王子怡

（北京服装学院　北京服装学院）

佛教服饰是佛教精神内涵在物质层面的具体体现，也是佛教艺术的重要组成部分。自佛教东传以来，由于历史、地域、民俗等多方面原因，佛教不断吸收中国文化以适应其在中国的生存和发展，佛教服饰也在这样的背景下随之发生了一系列的演变。敦煌是我国丝绸之路河西走廊中的多元文化交融之地，敦煌石窟中的佛教服饰具有其独特的艺术面貌及历史意义。本文根据敦煌研究院对北朝时期敦煌石窟的分期，对这一阶段敦煌石窟中佛衣、僧衣的分类和特征做初步整理和探索。

一、北朝时期敦煌石窟佛衣、弟子法衣概述

（一）北凉时期

敦煌莫高窟第 268、272、275 三窟，是莫高窟最早的一组洞窟。[1]第 268 窟主尊坐姿为交脚，着覆肩袒右式袈裟，红衣绿缘，内穿僧祇

---

[1] 樊锦诗、马世长、关友惠：《敦煌莫高窟洞窟的分期》，载敦煌文物研究所编：《中国石窟·敦煌莫高窟》第 1 卷，文物出版社、平凡社，2011 年，185—197 页。

支。袈裟覆少量右肩后从身体前侧绕回并搭于左肩，衣角自然下垂，阴刻线手法表现衣纹，柔和贴体。第272窟主尊坐姿为倚坐，着覆肩袒右式袈裟，内穿有补绘圆形花朵状纹样的僧祇支。衣纹采用贴泥塑兼阴刻纹手法，风格较为立体浑厚。底摆双层，可以明显看到内层裙边。第272窟甬道外壁两侧塑有两尊小型禅僧苦修像，保存较好的一尊着覆头式袈裟。

在壁画表现中，第272窟两壁说法图主尊着覆肩袒右式袈裟，弟子着袒右式和通肩式，西壁龛内南侧上部首位弟子着覆肩袒右式。第275窟南壁佛传故事画出游四门中，可见一位着袒右式袈裟的僧侣形象。

这一时期的千佛图中有双领下垂式和通肩式，这两种类型的佛衣几乎贯穿了整个北朝时期敦煌石窟的千佛图系统。

（二）北魏时期

北魏时期的洞窟主要有259、254、251、257、265、263、260、487等窟。[①]

主尊造像以覆肩袒右式袈裟为主，姿势多为倚坐，手示无畏印和与愿印。禅定像、苦修像题材多披覆通肩式和双领下垂式。第259窟中出现了新的造像题材"二佛并坐"，表现的是《法华经》中多宝佛同释迦佛与众示法的情景。二佛皆披覆肩袒右式袈裟，内着僧祇支，游戏坐，衣纹采用贴泥塑兼阴刻纹的手法，迂回勾连，可看到来自平城云冈石窟的影响。类似的衣纹在敦煌石窟北魏时期主尊造像中应用较多，如第254、257、437、435窟等。此

---

① 樊锦诗、马世长、关友惠：《敦煌莫高窟洞窟的分期》，载敦煌文物研究所编：《中国石窟·敦煌莫高窟》第1卷，文物出版社、平凡社，2011年，185—197页。

外,用阴刻线表现衣纹的形式仍然流行,如第259窟北壁中层的三尊造像,佛衣类型有覆右袒肩式和通肩式,颜色皆为红衣绿缘,阴刻线勾画衣纹,柔和细腻,轻薄贴体,与北凉第268窟交脚主尊佛衣风格有着明显的继承性。

壁画中,主尊多披着覆肩袒右式和通肩式袈裟。弟子法衣类型变得较丰富,如第257窟沙弥守戒自杀品和须摩提女缘品中,弟子法衣有袒右式、覆肩袒右式、通肩式、双领下垂式等。另外,在第254窟北壁难陀出家因缘品中,可见六位着覆头式法衣的弟子形象。

(三)西魏时期

现存的西魏时期主要洞窟有437、435、431、247、248、249、288、285、286、246等窟。[①]

主尊造像佛衣最明显的变化是从覆肩袒右式变为褒衣博带式。第285窟是西魏代表性禅窟,正壁中央倚坐主尊披覆褒衣博带式袈裟,两侧较小的弟子像,其中保存较完整的一尊着覆头通肩式袈裟,跏趺坐,结禅定印,在题材上反映了北朝佛教重视禅观的传统。

在第285窟壁画中,北壁和东壁描绘了大量穿着褒衣博带式的佛像及弟子像,尖角飞髻,生动恣意。此外佛衣和弟子法衣还出现了另外一种形制,整体看上去与褒衣博带十分相似,却又有着一定的差异性。如褒衣博带式的外层袈裟变为袒右式披覆,露出的内层袈裟,顺身体自然垂下,或放置外层袈裟之内又或是在外,内着僧祇支,胸前结带时有时无,形式变化较为不定。这类法衣特征此时介于褒衣博带

[①] 樊锦诗、马世长、关友惠:《敦煌莫高窟洞窟的分期》,载《中国石窟·敦煌莫高窟》第1卷,文物出版社、平凡社,2011年,185—197页。

式和敷搭双肩下垂式的中间形态，本文暂时将其命名为敷搭双肩下垂过渡式。

相较于北壁、东壁风姿飘逸的褒衣博带式袈裟，在南壁五百强盗成佛图中的佛衣僧服则显得更为传统质朴。画面中佛陀披着覆肩袒右式袈裟，弟子们则穿着西域袒右式法衣皈依佛陀，相互辩法，此外还有弟子身披覆头衣在山中禅修等情形。

由于受新的中原风格影响，多种文化相互交织，西魏时期敦煌石窟中的佛教服饰异彩纷呈。弟子像尺寸较早期明显增大，弟子法衣样式基本与佛衣变化同步，体现出当时敦煌地区佛教团体的兴盛以及僧人地位的提高。

（四）北周时期

北周时期的主要洞窟有 432、461、438、439、440、428、430、290、442、294、296、297、299、301、441 等窟。①

主尊造像佛衣基本延续了西魏时期的褒衣博带式。壁画中，佛衣、弟子法衣延续敦煌早期的袈裟样式，以覆肩袒右式、通肩式为主，少量褒衣博带式和敷搭双肩下垂式。表现苦修、禅定题材的双领下垂式佛衣在北周时期几乎不见②。在佛传及因缘故事画中穿着世俗服饰的人物形象增多，题材风格有较大转变。

石窟造像最明显的变化是一佛二弟子组合形式的出现。两位弟子为迦叶和阿难，法衣样式以敷搭双肩下垂式为主，较固定。在

---

① 樊锦诗、马世长、关友惠：《敦煌莫高窟洞窟的分期》，载敦煌文物研究所编：《中国石窟·敦煌莫高窟》第 1 卷，文物出版社、平凡社，2011 年，185—197 页。

② 樊锦诗、马世长、关友惠前辈们在《敦煌莫高窟洞窟的分期》一文中将 432 窟归为西魏末至北周时期，根据对双领下垂式佛衣特征的整理与排查，笔者认为 432 窟中的双领下垂式特征与类型皆与西魏时期更为相近，因此本文中暂未将 432 窟出现双领下垂式归划于北周时期。

壁画的供养比丘像中出现了对襟式披覆的法衣，表现数量十分庞大。根据其上半身衣装结构推测，暂排除同期世俗服饰影响因素，这种法衣的披覆方式很有可能与早期双领下垂式有关。

（五）小结

根据以上内容，将敦煌石窟北朝各时期主要出现的佛衣、弟子法衣做如下整理：

表1 敦煌石窟北凉至北周时期佛衣、弟子法衣类型总结表

	北凉		北魏		西魏		北周	
	佛衣	弟子法衣	佛衣	弟子法衣	佛衣	弟子法衣	佛衣	弟子法衣
袒右式		√		√		√		√
覆肩袒右式	√	√	√	√	√	√	√	√
通肩式	√		√		√		√	
双领下垂式	√		√		√		√	
褒衣博带式					√		√	
敷搭双肩下垂过渡式					√	√	√	√
敷搭双肩下垂式							√	√
覆头式		√		√		√		√
对襟式								√

通过表1可以看出，来自早期印度佛教的袒右式在北朝时期的敦煌石窟中几乎没有被佛衣所采纳，但在弟子法衣中却是主要形制之一。北凉、北魏时期的主尊造像几乎皆着覆肩袒右式袈裟。从这两种佛衣的应用情况，可以看出早期敦煌地区汉晋文化与西域佛教文化之间的

差异性和选择性。北周之前，佛衣、弟子法衣种类差别较小，西魏时期佛教服饰最为丰富。北周时期传统佛衣类型有所减少，以主要表现禅观、苦修主题的双领下垂式几乎不见，再加上一佛二弟子像组合形式的出现，使石窟的功能性由向内的禅修观想更多地转化为对外的礼佛供养。同时，弟子法衣出现了其他较多不同样式，与佛衣形制发生明显分化。

二、北朝时期敦煌石窟佛衣、弟子法衣类型及演化

在古印度佛教中，佛衣与僧衣相同，是由布片组成的基本三衣形制。① 佛教文化经过不同地域文明、时间空间的发展和演变，佛衣与僧衣也开始逐渐产生分化，衣装样式愈加丰富。

（一）袒右式和通肩式

袒右式和通肩式，是早期佛陀规制的两种法衣样式。② 这两种佛衣也是自佛像兴起之初便应用于犍陀罗和马图拉造像的佛衣样式。

1. 袒右式

袒右式佛衣经西域传播，在早期龟兹石窟中仍十分常见，但进

---

① 关于古印度时期佛教的三衣形制以及佛衣、僧衣的基本概念，详情请参见陈悦新：《佛衣与僧衣概念考辨》，《故宫博物院院刊》2009 年第 2 期。

② 一者袒露右肩，如《十诵律》卷一《四波罗夷法》："僧难提比丘偏袒右肩，脱革履，胡跪合掌作如是言。"即本文中的袒右式。二者覆双肩披覆，如《摩诃僧祇律》卷二一《明单提九十二事法》："齐整被衣时不得如缠轴，应当通肩被着，纽齐两角左手捉。"即本文中的通肩式，另如唐道宣《四分律删繁补阙行事钞》（二衣总别篇）："初听偏袒者，谓执事恭敬故，后听通肩披衣，示福田相故。律中至佛前上座前，方偏袒也，经中通肩披衣。"

入汉地后在佛教造像中表现却较少，敦煌石窟北朝时期几乎未出现着袒右式袈裟的佛陀形象，弟子法衣中的袒右式在北朝各个时期壁画中均有表现（如图1）。袒右式的披覆特征为：袈裟搭覆身体左侧后从背部经右腋下从前胸绕回，再搭于左肩，从而使整个右肩完全袒露。

图1　敦煌石窟第272窟龛内弟子像①

2. 通肩式

相较于袒右式，通肩式在佛教汉地早期佛教造像上有着较为广泛的应用。如我国现存最早纪年的后赵建武四年（338）金铜佛像，佛陀披覆通肩衣，手结禅定印，跏趺坐，是汉地早期金铜佛像的一种代

---

① 《莫高窟第266—275窟考古报告》。

表性佛衣样式（如图2）。通肩式的披覆特征为：袈裟从背部向前敷搭身体后再从右侧经前身绕回，右衣角搭于左肩，袈裟几乎将整个身体包覆，仅露出脖颈、手足等。依据姿势不同，有时手足也会被包裹其中。

图2　金铜坐佛"建武四年"铭（美国亚洲艺术博物馆藏）

敦煌石窟北凉时期的通肩式主要出现在千佛图和弟子像法衣中，北魏时期开始应用于单体造像，并以禅定题材居多。根据外在形态特征，将主尊造像中的通肩式分为三种类型（见表2）：

表2　北朝时期敦煌石窟通肩式袈裟分类表

	一型		二型	三型
坐姿	a. 跏趺坐	a. 跏趺坐	a. 跏趺坐	b. 倚坐
样式	1式	2式	1式	1式
图片①	1 第254窟坐佛	2 第251窟坐佛	3 第248窟坐佛	4 第290窟倚坐佛

坐姿有：a. 跏趺坐；b. 倚坐。

一型通肩式袈裟领口较高，领部有翻折缘边，领口较高，呈圆形，衣角搭于左肩。主要坐姿类型为跏趺坐。

根据底摆不同分为2式：

1式佛衣底摆部分呈现出三道圆弧形，如北魏254窟坐佛等。

2式佛衣腿部中央垂下部分呈现出扇形，如北魏第251窟坐佛等。

1式底摆样式受到犍陀罗造像影响（如图3），但已变得较为程式化；2式底摆样式受到马图拉造像影响（如图4），后续仍有发展和演变。②

二型通肩式袈裟领口明显变低，并露出部分僧祇支，领部有翻折的缘边，领口呈现U型，衣角搭于左肩。数量较少，出现晚

---

① 图1、2、3采自赵声良：《敦煌石窟美术史：十六国北朝卷》，高等教育出版社，2014年；图4采自李裕群：《北朝晚期石窟寺研究》，文物出版社，2003年。
② 参见赵声良：《敦煌石窟美术史：十六国北朝卷》下册，高等教育出版社，2014年，第97页。

图3　犍陀罗佛像2—3世纪（加尔各答印度博物馆藏）

图4　马图拉雕刻坐佛2世纪（马图拉博物馆藏）

于一型通肩式。姿势主要为跏趺坐，如西魏第248窟主尊坐佛。

三型通肩式如北周第290窟尊像，倚坐。其底摆出现较丰富的层次感，边缘外侈，与同期褒衣博带式风格有所相似。三型通肩式出现晚于一型、二型，可以看出通肩式发展到北朝晚期的变化。

壁画中通肩式应用较多，佛衣、弟子法衣中一型、二型都有表现，姿势有跏趺坐、站立等，形态较丰富。

（二）覆肩袒右式和双领下垂式

1. 覆肩袒右式

覆肩袒右式袈裟是在佛教传播过程中基于早期印度佛衣样式改进变化而来，较早见于龟兹石窟，被汉地吸收后广泛流行于早期北方佛教造像中，如炳灵寺石窟、北凉石塔以及敦煌石窟、麦积山石窟、云冈石窟等。覆肩袒右式的披覆特征为：袈裟从后敷搭身体左侧，然后对右肩或右臂有不同程度的包覆，再从右腋下方经前胸绕回搭于左肩。

敦煌石窟北凉至北魏时期的主尊造像佛衣主要为覆肩袒右式，衣角搭肩。敦煌石窟壁画中佛衣、弟子法衣的覆肩袒右式在整个北朝中都有表现，是应用最为广泛的袈裟样式之一。

根据覆肩袒右式袈裟对右臂的披覆面积及外形特征将其分为三种类型：一型覆右肩少许、二型覆右肩较多、三型覆右臂较多（见表3）。

表3　北朝时期敦煌石窟覆肩袒右式袈裟分类表①

	一型		二型			三型
坐姿	a. 跏趺坐 倚坐	b. 倚坐	a. 跏趺坐	b. 倚坐	c. 交脚	a. 跏趺坐
样式	1式	2式	1式	1式	1式	1式
图片	1. 259窟坐佛	2. 260窟主尊	3. 254窟坐佛	4. 257窟主尊	5. 254窟交脚佛	6. 260窟坐佛

主要坐姿类型有：a. 结跏趺坐；b. 倚坐；c. 交脚。

一型根据右肩的披覆特征分为2式：

1式覆肩袒右式特点为袈裟在右肩前部没有直接的披覆，而是将披覆内容在肩部立起与墙面贴合。主要坐姿有跏趺坐、倚坐，数量较少，如北魏第259窟南壁坐佛。

这种样式的覆肩袒右式在汉地较早见于炳灵寺石窟，如第169窟南壁上部立佛的覆肩袒右式（如图5）。这一类型的塑像是以泥制模范翻制的影塑造像，通常背面粘贴于墙壁上，正面作凸起壁面的浮雕状。② 因此将衣饰局部与壁面贴合泥塑的表现方式也是这一技法的主要特点，其他地区北朝时期石窟，如麦积山石窟、金塔寺石窟以及敦煌石窟等都运用了同样的技术手法，在佛衣、菩萨披帛等服

---

① 图采自《中国石窟·敦煌莫高窟》，1、6采自赵声良《敦煌石窟美术史：十六国北朝卷》，其余笔者手绘。

② 参见郑炳林、张景峰：《敦煌石窟彩塑艺术概论》，甘肃教育出版社，2016年，第100—102页。

饰表现中多有所见。因此，覆肩袒右式一型1式以贴合墙面表现服饰结构的方式应属于雕塑语言范畴，可看作工匠技艺对衣装结构表现的二次创造。

图5　炳灵寺第169窟南壁上部立佛①

2式覆肩袒右式特点为仅在右肩侧部披覆，正面几乎不见。数量很少，主要姿势为倚坐，如第260窟中心柱主尊。

这种形制的覆肩袒右式很容易被视为袒右式。袒右式与覆肩袒

---

① 采自《中国石窟·永靖炳灵寺》。

右式很重要的一个区别，是在右臂与身体主干之间有无因袈裟包裹右臂后绕回身体而形成的衣身连带结构。因此，即使右肩前部没有明显的包覆，但根据服装结构分析可知，佛像右肩的侧部及后部应是有袈裟披覆的意味。如果是袒右式，整个右肩完全露出，袈裟可直接从右腋下返回包裹身体，则不需要中间的连结部分。

二型覆肩袒右式对右肩有明显包覆，袈裟从右肩绕回的位置多在右臂肘关节上下。这一类型在造像表现中数量较多。

a. 结跏趺坐，1式如北魏第254窟坐佛等。

b. 倚坐，1式如北魏第257窟主尊等。

c. 交脚，1式如北魏第254窟主尊等。

三型袈裟几乎包覆整个右臂后再绕回搭于左肩。姿势主要为跏趺坐，数量较少，如北魏260窟中心柱南向苦修像[①]。

这种服装样式早见于古希腊、古罗马以及犍陀罗造像中（如图6），在早期龟兹石窟中也较为常见。但在北朝时期敦煌石窟中应用较少，隋唐时期开始大量出现。汉地其他石窟，如云冈石窟、麦积山石窟等，在北朝时期便有较多此类法衣样式的表现（如图7）。其衣身结构特征为袈裟将右臂包覆较紧，形成兜裹状，领口因右臂向下的张力被拉扯下来，因此形成了一个向左倾斜的领襟，并露出内部僧祇支，衣角搭于左肩。从该款服装结构形式上看，其特征与覆肩袒右式更为相近，故而笔者将其分在此类中。但根据其动势与服装之间的关系判断，应是由通肩式演化而来。

---

① 关于此尊苦修像佛衣类型，赵声良前辈在《敦煌石窟早期佛像样式及源流》一文中将其归为双领下垂式；费泳老师在《"垂领式"佛衣的典型特征及其在北方佛像中的应用》一文中也持该观点。本文因其佛衣外形、姿态等特征将该款佛衣划归为覆肩袒右式的范畴。具体解析参见下文。

图6 哈达出土坐佛（3世纪 吉美博物馆藏）

图7 麦积山第80窟 释迦多宝佛①

在敦煌石窟造像中，一型、三型覆肩袒右式较少，二型覆肩袒右式为主要应用样式。壁画中的覆肩袒右式表现以二型为主，姿势主要

---

① 采自孙永刚《麦积山石窟》。

有跏趺坐、站立等。

2. 双领下垂式

双领下垂式较早见于凉州石塔,也被称作垂领式①。双领下垂式是在佛教造像传播发展过程中演变而来的一种佛衣样式,在汉地早期北方石窟千佛系统中应用最为广泛。大部分双领下垂式的主要披覆特征为:袈裟搭覆身体顺两肩垂下,包覆右臂之后再回搭于左肩或左肘,内着僧祇支,姿势多为手结禅定印、跏趺坐,因两个领子呈现出"垂领"的状态,故而得名。在敦煌石窟中,这一佛衣样式从北凉时期开始应用于千佛图系统中,北魏开始应用于单体造像,以表现禅定像、苦修像为主,在同期壁画中,双领下垂式也成为弟子法衣的主要表现样式之一。

根据造像和壁画中双领下垂式的形态特征分为二型(见表4):

表4 北朝时期敦煌石窟双领下垂式袈裟分类表②

	一型		二型
姿势	a. 跏趺坐		a. 跏趺坐
样式	1式	2式	1式
图片	1. 254窟禅定像	2. 248窟禅定像	3. 272窟千佛图

---

① 参见宿白:《凉州石窟遗迹与"凉州模式"》,《考古学报》1986年第4期。
② 图3采自《莫高窟第266—275窟考古报告》,其余为笔者手绘。

一型双领下垂式领型趋近V型，有露手和不露手两种。二型双领下垂式特征为两个领边较为垂直，露出手部。双领下垂式的主要姿势为跏趺坐，手结禅定印。

一型根据手部是否露出，分为2式：1式手部露出，如北魏第254窟禅定像。2式手部被袈裟搭覆，如西魏第248窟苦修像。

二型如北凉第272窟千佛图中的双领下垂式。

造像中，一型、二型均有。壁画中，二型双领下垂式较多，最为典型的是千佛图中的双领下垂式，在佛传、因缘故事画中，弟子的双领下垂式法衣大多也属于这一类型。

二型双领下垂式的源流目前还较不明晰，后文将有详细论述和推测。一型双领下垂式在犍陀罗造像中可以找到一定出处（如图8），其特征与上文中的覆肩袒右式三型有着紧密关联，两者袈裟右衣角应皆为搭肩，而区别则在于造像主体右臂在袈裟包裹中最后下落的位置。图中，该浮雕下方身居右侧的尊像右臂位置较为居中，若继续垂落至腹前，则与本文中一型双领下垂式几乎一致了。

图8　佛传浮雕·涅槃（犍陀罗公元 2—3世纪 平山郁夫丝绸之路美术馆藏）

在中国，与一型2式双领下垂基本一致的较早见于北凉石塔，如索阿后石塔（435）中的双领下垂式①（如图9）。

图9 索阿后石塔佛像线描展开图②

图中，索阿后石塔刻画有七佛与一交脚菩萨，七佛皆跏趺坐，披覆双领下垂一型2式和覆肩袒右式袈裟，后者样式在北朝时期敦煌石窟的覆肩袒右式佛衣中没有典型展现。索阿后石塔中的这两类佛衣在外部形态上有相似之处，但通过具体分析这两种佛衣结构，可发现存在较大差异。③

首先，本文选用"双领下垂式"而非"垂领式"等名称指代这一佛衣样式，主要是为突出其"双领"皆呈现出下垂的特征。这个领子的"下垂"状态并不一定是垂直的，也可以呈现V型，或稍向外偏斜等。根据现存的实例和资料来看，绝大部分双领下垂式佛衣，衣领大多处于较为对称的状态，并分置于主体中心线附近。袈裟整体呈现出平和、稳定的审美意向，与"禅定"这一相关表现题材在精神内涵上

---

① 参见殷光明：《北凉石塔分期试论》，《敦煌研究》1997年第3期。
② 采自赵声良：《敦煌石窟美术史：十六国北朝卷》下册，高等教育出版社，2014年。
③ 关于索阿后石塔佛像中双领下垂式和覆肩袒右式之间的关系，费泳老师在《"垂领式"佛衣的典型特征及其在北方佛像中的应用》一文中有所论述，并认为这两种佛衣之间有较大相似之处，如本文中敦煌石窟第260窟中心柱南向苦修像是介于两者之间的范畴，笔者认同这样的观点，本文依据这两种佛衣的外形特点和衣装结构差异加以阐释，尝试进一步明晰该两者间的差异与演化关系。

较为契合，同时结禅定印、跏趺坐这样的身体姿态为保障双领下垂式呈现平静、对称的衣装特征提供了稳定支撑。

若是两个领子都要保持"下垂"的状态，则需对于袈裟包覆右臂后回搭于身体的位置，分为两种情况考虑。

第一种情况为双领下垂式的袈裟右衣角搭于左肩。这一类型可在犍陀罗造像中找到相似的雏形。在这种情况之下，如果两个领子要呈现出"双领下垂"的特点，则需要袈裟对右臂的包覆较全面，使得右侧形成的领边距离身体中心线较近，因而袈裟绕右臂后再搭于左肩而形成的左领形态才不会产生较大偏斜。若按照较为真实状态下的服装结构推测，衣角搭肩的双领下垂披覆方式所呈现的领型状态应是 V 型领口居多，但不排除艺术创作或其他原因形成的较为垂直型的领口类型。

第二种情况为双领下垂式的袈裟右角搭于左肘或左腕。这种样式的佛衣应是在中国出现，且时间较晚，如炳灵寺西秦 420 年的 169 窟第 6 龛主尊[①]。由于袈裟搭肘，其左领应是袈裟初次敷搭身体时所垂下的领边，这种领边距离中心线可近可远，可垂落也可倾斜。袈裟较为完全包覆右臂而形成右领形态，故可呈现出双领距离中心线垂直对称型领口或 V 型领口造型。

相较于双领下垂式，覆肩袒右式则无需这样的领型特征，当其袈裟右角为搭肩时，包裹右肩后的衣领因较大的向上提拉力将袈裟绕回形成的领口变为斜襟，除非右臂包覆较为完全且位置居中，便会呈现出上述双领下垂式的第一种情况，即衣身较为对称的趋于标准意义上的双领下垂式。反之，其形态更趋近于覆肩袒右式的领口斜襟样式，

---

① 关于炳灵寺第 169 窟第 6 龛主尊佛衣款式归属的判断依据，在后文中有详细描述。

这也是本节中没有将第 260 窟坐佛的佛衣划分为双领下垂式的主要依据。虽然其表现题材为苦修像，但因手姿等原因加大了整体衣装呈现出的不对称效果，故而没有将其纳入双领下垂式的范畴（见表 3）。

由于古印度佛衣为披挂式结构，主要由大小不同的布片构成，因此，衣身受力与款式之间的变化有着非常密切的关系，主体姿势形态也是影响衣装样式的重要因素之一。

通过上述关于双领下垂式领型的分析，可发现北凉索阿后石塔中的覆肩袒右式外层袈裟领型十分倾斜，而双领下垂式的 V 领则分置于佛像垂直中心线附近，形态较为对称。

索阿后石塔中的覆肩袒右式，在早期敦煌石窟中没有典型展现，在云冈石窟早期的昙曜五窟中，也没有出现类似样式。这种覆肩袒右式外观特征与麦积山石窟第 78 龛右壁坐佛的覆肩袒右式更为相近（如图 10）。图中可看到该佛衣的衣领与衣角搭肩的斜度关系。袈裟对右臂包裹的长度接近手腕，但并没有完全包覆住手臂，右侧袈裟边缘形态呈现出与右臂弧度相似的造型。通过麦积山石窟第 78 龛右壁坐佛衣装结构，可更为清晰地分辨出索阿后造石塔中双领下垂式和覆肩袒右式在外在形态以及内在结构上的不同。

除此以外，如果覆肩袒右式的衣角搭肘，其左领便形成了自然"下垂"的形态，那么可根据袈裟对右臂包覆的程度所形成的领型样式以及表现题材来共同判断其归属类型。如库木吐喇石窟第 20 窟主尊坐佛[1]（如图 11），其整体特征为：结跏趺坐、禅定印，袈裟右角搭于

---

[1] 关于库木吐喇石窟第 20 窟主尊坐佛的佛衣类型，费泳老师在《"垂领式"佛衣的典型特征及其在北方佛像中的应用》一文中，将其归为半披式（本文中的覆肩袒右式）范畴；李静杰老师在《犍陀罗文化因素在中国的传播发展》一文中，也将其归为此类型；赵声良前辈在《敦煌石窟美术史：十六国北朝卷》下册中将库木吐喇石窟第 20 窟主尊归为双领下垂式，本文认同该观点，同时认可这种类型的佛衣是处于覆肩袒右式与双领下垂式之间的另外一种较为模糊的佛衣样式。

图 10　麦积山石窟第 78 龛右壁坐佛①

左肘，左领呈现较为自然的"下垂"状态。但因右臂被袈裟的包裹程度不够完全，从而导致其形成的右领出现远离身体中心并向外偏斜的情况。但通过对其佛衣整体特征和表现题材的分析，笔者认为应属于双领下垂式的范畴，只是形制不够标准，或可视为双领下垂式在演化过程中的不规范类型。

另外，如炳灵寺第 169 窟 6 号龛的主尊无量寿佛②（如图 12），因

---

①　采自《中国石窟·天水麦积山》，文物出版社，2013 年。
②　关于炳灵寺第 169 窟 6 号龛的主尊无量寿佛佛衣样式，李静杰老师在《犍陀罗文化因素在中国的传播发展》一文中将其归为右肩半披式（本文中的覆肩袒右式），并认同库木吐喇石窟第 20 窟主尊与该主尊佛衣属同一类型；费泳老师在《"垂领式"佛衣的典型特征及其在北方佛像中的应用》一文中将该主尊佛衣归于垂领式，但认为仍需商榷；赵声良前辈在《敦煌石窟美术史十六国北朝卷》下册中将库木吐喇石窟第 20 窟主尊和炳灵寺第 169 窟主尊佛衣都归为双领下垂式，本文认同该观点。

佛像有一定残损，对其佛衣的判断较为复杂。从现存完好的部分来看，其袈裟衣角为搭肘，左领保持了较为垂直的下落状态。仔细观察其衣纹，右臂衣纹走向与北凉索阿后造石塔、麦积山石窟第 78 龛中的覆肩袒右式不同，与北凉索阿后石塔、库木吐喇石窟第 20 窟主尊的双领下垂式较为一致，其整体衣纹纹路与稍晚一些的敦煌石窟第 248 窟苦修像的双领下垂式也十分接近，因此，可以初步判断炳灵寺第 169 窟 6 号龛主尊的佛衣应属于双领下垂式的范畴。由于索阿后石塔的双领下垂式为 V 领，而炳灵寺第 169 窟 6 龛主尊现存左领较为垂直，整体特征与库木吐喇石窟第 20 窟主尊更为接近，由此再将两者佛衣再做具体分析比较。

图 11　库木吐喇石窟沟口区第 20 窟坐佛①

---

① 采自《中国石窟·库木吐喇石窟》，文物出版社，1992 年。

北朝时期敦煌石窟佛教服饰探析

图12　炳灵寺第169窟第6龛主尊坐佛①

首先，通过对两尊造像佛衣的仔细对比，可发现库木吐喇石窟第20窟主尊的左领距离身体中心线更为接近，另外由于该窟主尊在雕塑技法上更为舒展立体，衣身结构富于起伏变化，因此左领下部随身姿内倾并进一步向中心线靠近。而炳灵寺第169窟6龛主尊的雕刻手法则显得较为程式化，线条略僵硬，左领较直的垂落在身体左侧边缘，再观察其袈裟在包覆右臂的手腕处残痕，可以发现残损的边缘较库木吐喇石窟沟口区第20窟主尊右臂袈裟边缘距离手腕处更为接近。由此，笔者将炳灵寺第169窟6龛主尊佛衣的完整样式

---

① 采自常青：《炳灵寺169窟塑像与壁画的年代》，载北京大学考古系编：《考古学研究》，文物出版社，1992年。

推测为两个领子较为对称的双领下垂式。与其形态相近的参考实例为敦煌石窟北朝时期千佛图中的双领下垂式，即本节中所归类的二型双领下垂式佛衣。

不同于一型双领下垂式与犍陀罗造像的直观渊源，搭肘式的二型双领下垂式很可能是在汉地受到本土文化风格影响变化而来的。炳灵寺第169窟第6龛主尊修建于西秦建宏元年（420），敦煌在公元420—442年左右由北凉政权统治，敦煌石窟北凉时期洞窟的开凿时代，大致在此阶段之中。[①] 根据上文的推论，敦煌石窟北凉第272窟千佛图中的二型双领下垂式很可能是受到西秦时期炳灵寺石窟该款佛衣回传的影响，而后经过敦煌再继续沿着丝绸之路向西传播，陆续出现在新疆地区石窟中。

综上可见，我国十六国时期五凉文化之间的佛教艺术交流是非常频繁且通畅的，在我国早期北方石窟发展和传播过程中扮演了重要角色。如上文提到的敦煌石窟早期佛衣与西秦炳灵寺石窟之间的关系，北凉索阿后石塔中覆肩袒右式与麦积山石窟第78窟坐佛覆肩袒右式的相似性等。另外，北凉索阿后石塔的佛衣边缘已经出现了"Z"形边饰，这种衣边样式稍晚也见于云冈石窟第20窟大佛的覆肩袒右式（如图13），由此可以明显看到凉州佛教艺术对云冈石窟初期的重要影响。

根据对覆肩袒右式和双领下垂式两类佛衣关系特征的初步分析，可看出两者在内部演化及外形特征上有着非常微妙的潜在关联。本节在对于佛衣的分类和归属问题判断中，主要依据外在特征、衣身结构及表现题材三个方面共同考虑。当然，佛衣的演化过程本身是

[①] 樊锦诗、马世长、关友惠：《敦煌莫高窟洞窟的分期》，载敦煌文物研究所编：《中国石窟·敦煌莫高窟》第1卷，文物出版社、平凡社，2011年，第188页。

图13 云冈石窟第20窟 主尊坐佛

较为复杂和多元化的,在此只是初做尝试,日后还有待进一步完善和探究。

(三)褒衣博带式和敷搭双肩下垂式

1. 褒衣博带式

褒衣博带式是北魏孝文帝服制改革之后,北朝佛教造像衣装流行的新样式,主要受到南朝士大夫贵族服饰风格的影响。敦煌石窟地处较中原偏远,西魏时期主尊褒衣博带式袈裟才替代了北凉、北魏时期主尊造像的覆肩袒右式。直到北周末期,主尊依然沿用褒衣博带式。

褒衣博带式的主要披覆特征为：外层袈裟顺两肩敷搭而下，右衣角搭于左肘或左肩。中层袈裟对襟状披覆于外层袈裟内，内穿僧祇支，胸部常有结带。

根据主尊造像褒衣博带式的样式特征分为二型（见表5）：

表5　北朝时期敦煌石窟褒衣博带式袈裟分类表①

	一型	二型	
姿势	b. 倚坐	a. 跏趺坐	b. 倚坐
样式	1式	1式	2式
图片	1. 249窟主尊	2. 428窟主尊	3. 432窟主尊

一型特点为衣身披覆结构虽然是褒衣博带式，但佛衣的艺术表现手法依旧延续敦煌早期覆肩袒右式的特征。胸前结带分有结和无结两种。主要坐姿为倚坐。

此型褒衣博带式底摆边型较为平直，可见双层裙边，两侧有波纹表现。衣纹以贴泥塑兼阴刻线为主，有明显勾连旋涡状纹，袈裟搭肩，衣领处有三角形领缘表现，以上特征皆与北魏时期多个倚坐主尊的覆肩袒右式十分相近。如北魏第257窟主尊（见表3），其覆

---

① 图1、2、3采自李裕群：《北朝晚期石窟寺研究》，文物出版社，2003年。

肩袒右式的底摆、衣纹、衣角搭肩等特点，与西魏第249、285窟主尊褒衣博带式有明显的先后承继关系。因此，一型褒衣博带式，或可看作敦煌石窟吸收外来新文化初期时所形成的较为本土化的褒衣博带样式。①

二型褒衣博带式底摆层次变化丰富，边缘向外扬起，袈裟多搭左肘，偶有搭肩，衣纹主要为阶梯状，少量贴泥塑或阴刻纹。胸前结带分有结和无结两种情况。二型褒衣博带式根据姿势不同分为2式。

坐姿类型有：a. 结跏趺坐；b. 倚坐。

1式结跏趺坐，如北周第428窟坐佛等。2式倚坐，如西魏第432窟中心柱主尊等。

二型褒衣博带式出现应晚于一型褒衣博带式，流行于敦煌石窟西魏晚期及北周时期，不同于一型褒衣博带式所具有的浓厚敦煌本土造像风格，二型褒衣博带式则表现出非常明显的云冈石窟二期褒衣博带式特征。如二型1式袈裟下摆出现云冈石窟二期的裳悬座样式（如图15）。二型2式与云冈石窟第6窟中的褒衣博带倚坐像非常相似（如图16），共同特征为底摆多层，边缘繁折，外张飘逸，袈裟搭于左肘、衣纹呈阶梯状等。从西魏到北周末期，敦煌石窟主尊的褒衣博带式几乎都停留在这样的范式里，发展较为迟缓。

壁画中的褒衣博带式与二型较接近，但具体细节和风格存在较大差异，在整个北朝壁画的佛衣表现中，数量占比较小。

---

① 关于敦煌石窟西魏第285窟主尊的褒衣博带式，费泳老师在《汉唐佛教造像艺术史》一书中认为该主尊佛衣为褒衣博带演化式，笔者则认为其佛衣为敦煌石窟本土褒衣博带样式而非褒衣博带演化式，西魏时期褒衣博带演化式很可能并未传入敦煌。较为典型的褒衣博带演化式出现在北周末至隋初第301窟的说法图中，因其出现的时间与风格都较为靠近隋代，且褒衣博带演化式并没有作为大量主流佛衣样式出现在北朝时期的敦煌石窟中，与褒衣博带式之间的风格属性判断较为复杂，故本文没有单独例举解析褒衣博带演化式佛衣的类型和特征。

图 15　云冈石窟第六窟坐佛①

图 16　云冈石窟第六窟倚坐佛②

2. 敷搭双肩下垂式

敷搭双肩下垂式，是流行于东魏、北齐的一种法衣样式，可能与

---

① 采自云冈石窟文物保管所编：《中国石窟·云冈石窟》，文物出版社，1994年。
② 采自云冈石窟文物保管所编：《中国石窟·云冈石窟》，文物出版社，1994年。

沙门领袖法上的衣制改革有关。《续高僧传·法上传》记载了该事件："自（法）上未任已前，仪服通混，一知纲统，制样别行，使夫道俗两异，（法）上有功焉。"① 可知在法上未任僧统以前，僧衣与俗衣有着很大的混同，法上改革后的僧衣样式是将僧衣外层袈裟做袒右式披覆，向印度传统佛衣袒右式有了一定的回归，从而在服装形制上将僧俗区别开来。从此，这款佛衣在汉地开始流行并延续了千年之久。② 现存较早披覆敷搭双肩下垂式佛衣造像实例为建于北魏普泰元年（531）的龙门普泰洞北壁大龛坐佛和上海博物馆藏梁大同七年（541）张兴遵造像，两尊造像的建造年代早于或接近东魏法上的沙门衣制变革时间，因此东魏、北齐所流行的敷搭双肩下垂式佛衣更似对这款佛衣的振兴而非创造。③

敷搭双肩下垂式常见的披覆特征为：袈裟有两层，外层袈裟以右袒状披覆，右衣角搭于左肘或左肩，露出的内层袈裟，其右侧一部分随身体自然垂顺，内着僧祇支。

西魏时期的敦煌石窟也受到了这款佛衣的相应影响。在西魏第285窟壁画中，出现了褒衣博带式向敷搭双肩下垂式的过渡样式，其特点是将褒衣博带式的外层袈裟做袒右式披覆，露出内层袈裟，但仍保留了褒衣博带式的结带，且内层袈裟的位置形态较为不定，前文中将其暂称为敷搭双肩下垂过渡式（如图17）。

敷搭双肩下垂过渡式在北周初期第461窟壁画中的二佛并坐像及周身弟子法服中仍有表现（如图18），与此同时，没有结带垂落胸前

---

① 《续高僧传》卷八《法上传》，《大正藏》第50册，第485页。
② 详情参见陈悦新：《5—8世纪汉地佛像着衣法式》，社会科学文献出版社，2014年，第179—181页。
③ 详情参见费泳：《"敷搭双肩下垂式"与"钩纽式"佛衣在北朝晚期的兴起》，《考古与文物》2010年第5期。

图 17 敦煌石窟第 285 窟壁画①

的敷搭双领下垂式也出现在敦煌石窟中,并成为这一时期弟子法衣的主要形制,如 430 窟弟子像(如图 19)。

图 18 敦煌石窟第 461 窟壁画中的弟子像②

---

① 采自《中国石窟·敦煌莫高窟》,文物出版社,2011 年。
② 采自《中国石窟:敦煌莫高窟》,文物出版社,2011 年。

北朝时期敦煌石窟佛教服饰探析

图 19 敦煌石窟第 430 窟弟子像①

从褒衣博带式到敷搭双肩下垂过渡式再到敷搭双肩下垂式，在西魏、北周时期的敦煌石窟中都有相关表现，为这两种佛衣之间的演化关系提供了重要信息和参考。另外，关于敷搭双肩下垂式外层袈裟做右袒状披覆的渊源，在敦煌石窟中较早见于北魏第 263 窟东壁北侧的供养比丘像中（如图 20）。该图中首位比丘所穿着的僧衣形制与敷搭双肩下垂式非常相似，同样是将外层袈裟改做袒右状披覆，同时该画面中还出现有穿着袒右式袈裟的比丘形象。由于此时褒衣博带式还未出现在敦煌石窟中，似乎可以说明在这一时期的敦煌地区，早期形似敷搭双肩下垂式的僧衣法服和袒右式之间有着十分紧密的演化关联，西域文化和敦煌汉晋文化之间的碰撞与融合由此清晰可见。

① 采自李裕群：《北朝晚期石窟寺研究》，文物出版社，2003 年。

图 20　敦煌石窟第 263 窟供养比丘像①

敦煌研究院认为敦煌石窟北魏第 263 窟的建造年代可能为 500 年左右的北魏中期②，那么该窟中这款形似敷搭双肩下垂式僧衣的出现时间应早于建于北魏普泰元年（531）的龙门普泰洞北壁大龛坐佛，由此或可推测，在敷搭双肩下垂式作为佛衣造像出现之前，其相关演化和样式已出现在僧人的法衣之中。敦煌石窟北魏第 263 窟中的这款供养比丘像僧衣，可作为早期敦煌地区关于敷搭双肩下垂式前期演化的一种参考。

（四）覆头式

禅僧着覆头式袈裟的雏形应是源自犍陀罗（如图 21）。"在中国，这种图像普遍存在于北朝时期的石窟或者造像中，如敦煌、云冈、龙

---

① 采自《中国石窟·敦煌莫高窟》，文物出版社，2011 年。
② 樊锦诗、马世长、关友惠：《敦煌莫高窟洞窟的分期》，载《中国石窟·敦煌莫高窟》第 1 卷，文物出版社，2011 年，185—197 页。

门等石窟的壁画或雕刻中就有很多这样的图像，表明中国北方早期佛教石窟所表现的禅观意味很浓厚。"①

覆头式的主要特点是袈裟将头部（除面部）和身体一同包裹，是僧伽法衣中对身体包裹程度最严密的一种，在敦煌石窟中较早见于北凉时期，如第272窟外壁的禅僧像，袈裟覆头，禅定安和。在北魏第254窟难陀出家因缘品中有六位弟子袈裟皆覆头，以交领状叠覆于领下，通身包裹严实。弟子周身绘制有山峦洞窟，表现僧伽在山林禅修的意向。覆头式袈裟很重要的一个功能，便是作为禅修时的僧伽法衣，可以为在山中或石窟中修行的出家人的身体予以最大程度的保护。

图21　犍陀罗石雕涅槃图中最后皈依的弟子②

覆头式法衣的形制也并非一成不变，北朝时期敦煌石窟不断受到汉地文化影响，覆头式慢慢与其他多种袈裟样式融合，形成了较为多样的面貌。如西魏第285窟中正壁的弟子禅修像法衣，便是覆头式与通肩式二型的组合；该窟五百强盗成佛故事画中，还出现了覆头式与双领下垂式二型结合的样式。画面中，这些着覆头衣的弟子们常被山林叠嶂所掩映，覆头式袈裟所表现的寓意正是"凿仙窟以居禅"的实

---

① 魏文斌：《麦积山石窟初期洞窟调查与研究》，甘肃教育出版社，2017年，第463页。
② 采自宫治昭：《涅槃和弥勒的图像学》，文物出版社，2009年。

修思想，穿着主体为佛弟子，因此在敦煌石窟中覆头式袈裟应不属于佛衣范畴。

根据造像和壁画中覆头式的披覆特征将其分为三型（如表6）：一型覆头通肩式、二型覆头交叠式、三型覆头双领下垂式。

表6　北朝时期敦煌石窟覆头式袈裟分类表①

类型	一型		二型	三型
姿势	a. 跏趺坐		a. 跏趺坐 b. 站立	a. 跏趺坐
样式	1式	2式	1式	2式
图片	1. 272甬道外壁禅僧像	2. 285窟禅僧像	3. 254窟弟子像	4. 285窟弟子像

一型分为两式：

1式为覆头式与通肩一型的组合，如北凉272甬道外壁禅修造像。

2式为覆头式与通肩二型的组合，如西魏285窟的弟子禅修造像。

二型如北魏第254窟壁画难陀出家故事画中的覆头弟子形象。

三型如西魏第285窟五百强盗成佛故事画中的覆头弟子形象。

---

① 图1采自《莫高窟第266—275窟考古报告》，图2、3、4笔者手绘。

三、结语

通过以上对北朝时期敦煌石窟佛衣、弟子法衣的初步整理和分析，简要归纳出以下几点结论：

1. 敦煌石窟北凉时期，佛衣汉化特征已较明显，弟子法衣保留较多传统西域元素。北朝早期佛衣与弟子法衣种类比较相近，晚期发生明显分化。由于受多元文明影响，同一洞窟中的佛教服饰常常出现多种文化样式并存的丰富面貌。

2. 北凉至北魏时期敦煌石窟有多种佛衣形制与西秦时期炳灵寺石窟渊源更为接近，可看出潜在的早期凉州佛教系统对两者的相关影响。在受西域风格影响的同时，敦煌本土的汉晋文化、十六国时期的五凉文化都为北朝时期的敦煌石窟佛教艺术奠定了重要基础。北魏时期，敦煌石窟主尊佛衣受云冈石窟影响较多。西魏时期，佛衣、僧衣风格变化较大。北周时期佛衣延续西魏时期主要样式，弟子法衣则进一步发展演进。

3. 在对待外来文化态度上，敦煌石窟佛教服饰表现为有选择性地吸收，并且对原有的本土文化有较强的保存性和继承性，较炳灵寺石窟、麦积山石窟接受中原文化更为迟缓，因而在敦煌石窟中形成了其独有的内化期佛衣样式和风格。

4. 敦煌石窟北凉至西魏时期出现较多双领下垂式表现禅修意向的袈裟形制，反映了北朝佛教注重禅修的传统观念。北周时期这种衣装类型较为罕见，壁画中的世俗人物形象又明显增多，再加上一佛二弟子像组合形式的出现，表明此时佛教观念发生变化，石窟功能在对外表法、礼敬供养等方面的意味明显增强。

综上，北朝时期的敦煌石窟，由于其特殊的地理位置、历史及文化等多种因素影响，佛教服饰总体上呈现出了较多区域风格的独特性、连续性和多元性。

甘肃十六国时期石窟寺空间形制与洞窟图像布局研究

杨童舒

(兰州大学)

一、绪论

十六国时期,甘肃经过了"五凉""三秦"的统治。以前凉为起始,佛教信仰在河西走廊一线逐渐兴盛。据《魏书·释老志》记载:"河西自张轨后,世信佛教。"[1] 统治者在重用僧人、翻译佛经的同时,进行大量开窟造像活动,其中"凉州石窟"是甘肃境内最早见于史册记载且影响深远的一处早期石窟,以其为中心形成的"凉州模式"则成为玉门关以东最早形成的佛教艺术模式之首。

(一)凉州石窟与凉州模式

文献中所记"凉州石窟"最早出现在《十六国春秋·北凉录》中,但由于其成书后遗失较多,且多为后代辑补,版本不一,其中"于凉州南百里""千变万化""惊人炫目"等词句与后代文献大同小

---

[1] 魏收:《魏书·释老志》,中华书局,1974年,第3032页。

异，可为参考。①

至20世纪四五十年代，向达、冯国瑞等人推测并提出现位于武威东南40余公里处的天梯山石窟，即为文献记载之"凉州石窟"②；1955年，史岩的《凉州天梯山石窟的现存状况和保存问题》报告，是第一份最详尽的记录。③1959年，为修建黄羊河水库，对天梯山石窟实施搬迁前，对其进行了细致的实地勘察，清理发现五个早期洞窟，在第1窟和第4窟内剥离出一定数量的北凉壁画，充分证实了天梯山石窟确为沮渠蒙逊主持开凿的"凉州石窟"。④

凉州模式是我国新疆以东现存最早的佛教石窟模式。北凉统治期间，在其辖境开始建造，以天梯山第1、4窟，肃南金塔寺、酒泉文殊山前山三座石窟为代表，主要特点涉及洞窟形制、造像风格、壁画图像、装饰纹样、造像细节特征等。分为前后两个阶段，早期以天梯山、

---

① 《高僧传》云："至承玄二年……蒙逊先为母造丈六石像，像遂泣涕流泪，昙无谶又格言致谏，逊乃改正而悔焉。"至唐代，文献中出现了关于"凉州石窟"大量的记载，道宣《集神州三宝感通录》记述："凉州石崖瑞像者，昔沮渠蒙逊以晋安帝隆安元年据有凉土三十余载……乃顾昺山宇可以终天，于州南百里，连崖绵亘，东西不测，就而斫窟，安设尊仪，或石或塑，千变万化。""北凉河西王沮渠蒙逊为母造丈六石像在于山寺，素所敬重。"以上两条在唐代另一位高僧道世所纂《法苑珠林》卷十三中有引述。分析以上古籍记载之共性，可以确定，沮渠蒙逊统治北凉时推崇佛教，"凉州石窟"是其主持开凿的位于凉州以南约百里的一处王室石窟，且其中或有大像存在，气势恢宏，影响深广。唐代后，"凉州石窟"倏不见于史籍，更无发展变化情状之新记载。至明代《重修凉州广善寺碑铭》又有以天梯山为中心修建佛寺的记载。碑铭曰："凉州古武威郡，去西域为近，而事佛者尤广。郡东南百三十里，地名黄羊川，有古刹遗址，中有石佛像，高九丈，为菩萨者四，金刚者二，诸佛之龛二十有六。"清代张澍辑录的《方舆纪要》推测，天梯山石窟之宗教活动由来已久："晋大兴二年（319年），京兆人刘宏客居凉州天梯山，以妖术惑众处也。"

② 向达：《唐代长安与西域文明·西征小记》，生活·读书·新知三联书店，1957年，第342页；冯国瑞：《记武威境北凉创始石窟及西夏文草书墨迹与各种刻本》，《甘肃日报》1952年5月14日。

③ 史岩：《凉州天梯山石窟的现存状况和保存问题》，《文物参考资料》1955年第2期。

④ 敦煌研究院、甘肃省博物馆：《武威天梯山石窟》，文物出版社，2000年，第10页。

炳灵寺第一期残存遗迹为代表。①

"凉州模式"的出现有其特定的空间与时间。公元412年，沮渠蒙逊迁都"姑臧"，武威成为北凉政权中心，而武威城东南40余公里的天梯山石窟，则成为"凉州模式"之核心。作为一种极具代表性的佛教艺术，"凉州模式"是北凉佛教的重要组成部分，不仅在北凉统治核心区内表现典型，而且存在一定的影响范围，是甘肃境内十六国时期石窟寺时代特征的集中体现。

（二）十六国石窟寺研究现状

新疆以东现存的早期石窟，规模不大，遗迹不多，且多集中于甘肃地区。② 因此，包含有十六国时期遗存的天梯山、炳灵寺和莫高窟三处石窟，历来受到研究者的重视。主要成果包括以下几方面：

年代判定和分期研究是进行石窟寺考古的基础。天梯山石窟分为前后两期，其中第一期遗存包括第1、4等洞窟，通过对自身特征的分析和与炳灵寺西秦遗存的类比，将其年代判定为北凉都姑臧时期，即412—439年。③ 炳灵寺石窟由于在其第169窟第6龛中发现西秦建弘元年（420）的题记，年代明确。④ 在此基础上，研究者又将第169窟内

---

① 宿白：《凉州石窟遗迹与"凉州模式"》，载氏著《中国石窟寺研究》，文物出版社，1996年，第46页；古正美：《再谈宿白的凉州模式》，《敦煌研究》1988年第2期；宿白：《武威天梯山早期石窟参观记》，《燕京学报》2000年第8期；于春：《论佛教考古研究中的"模式"》，《西北大学学报（哲学社会科学版）》2013年第3期。

② 国家文物局教育处：《佛教石窟考古概要》，文物出版社，1993年，第35页。

③ 宿白：《凉州石窟遗迹与"凉州模式"》，载氏著《中国石窟寺研究》，文物出版社，1996年，第46页；暨远志：《武威天梯山早期石窟分期试论》，《敦煌研究》1997年第1期；敦煌研究院、甘肃省博物馆：《武威天梯山石窟》，文物出版社，2000年。

④ 董玉祥：《炳灵寺石窟的分期》，载炳灵寺文物保管所编：《炳灵寺石窟研究论文集》，1998年，第154—158页。

第 24 龛细分为前后八期。① 20 世纪 70 年代末，樊锦诗等首先提出莫高窟 268、272、275 这组洞窟的年代问题，通过对洞窟自身特点的分析和与云冈第一期"昙曜五窟"的类比，判定其年代可早至公元 421 至 439 年的北凉时期。② 此观点至 20 世纪 80 年代已基本得到学界的承认并引用。③

经学者们考证，甘肃境内现存十六国遗迹之洞窟分别为天梯山石窟第 1、4、15、17、18 窟；炳灵寺石窟第 169 窟第 1 龛、野鸡沟一窟；莫高窟第 268 窟及附属小窟（第 267、269、270、271 窟）、第 272 窟及外壁附属小窟（第 273、272A 窟）、第 275 窟，大小共 17 个洞窟。④

从考古学角度专门研究甘肃十六国时期石窟寺形制的文章较少，大都散布于总录性质的报告，或与造像、壁画的研究融为一体。

事实上，三处石窟十六国时期的洞窟形制不一，差异极大。天梯山第 1、4、18 窟为中心柱窟，是由印度传入内地后逐渐民族化了的"支提窟"，⑤ 但仍存有龟兹中心柱窟的影子，⑥ 第 15、17 窟推测为大体量的佛殿窟。莫高窟北凉三窟形制各不相同，推测与新疆地区禅窟等有联系。⑦ 另外，其出现的早期覆斗顶形式也引起了研究者

---

① 常青：《炳灵寺 169 窟塑像与壁画的年代》，载北京大学考古系编：《考古学研究》，文物出版社，1992 年，第 416 页。

② 樊锦诗、马世长、关友惠：《敦煌莫高窟北朝洞窟的分期》，《中国石窟·敦煌莫高窟》第 1 卷，文物出版社、平凡社，1981 年，第 185—197 页。

③ 段文杰：《八十年代的敦煌石窟研究》，《中国文物报》1988 年 10 月 7 日。

④ 天梯山第 15、17 窟年代仍有争议。唯一一本专著《武威天梯山石窟》中将其年代定为北凉—北魏，推测其中一个应为"沮渠蒙逊为母造丈六石像"之洞窟。

⑤ 董玉祥、杜斗城：《北凉佛教与河西诸石窟的关系》，《敦煌研究》1986 年第 1 期；张学荣：《凉州石窟及有关问题》，《敦煌研究》1993 年第 4 期。

⑥ 李崇峰：《中印支提窟比较研究》，《佛学研究》1997 年第 6 期。

⑦ 贾应逸：《吐峪沟第 44 窟与莫高窟北凉洞窟比较研究》，《敦煌研究》1988 年第 2 期；贺世哲：《敦煌图像研究·十六国北朝卷》，甘肃教育出版社，2006 年，第 10—12 页。

的注意。① 而炳灵寺第 169 窟则为天然洞穴稍加修正而成的不规则洞窟。②

此外，还有学者从建筑史角度对石窟寺的外部空间③、洞窟的内部空间和局部形制结构进行了剖析。④

佛教传入中国后被称为"像教"（或"象教"），在很大程度上，它通过将图像进行一种艺术表现形式的处理，来传达宗教教义和实践宗教。⑤ 对洞窟图像布局的研究，学者常以佛教考古为基础，再借以美术考古的研究思路，总结出造像形象和组合形式，进而归纳出当时盛行的佛教思想信仰。

虽然几个十六国洞窟的形制大相径庭，但是造像题材却大同小异：造像组合以一佛二菩萨为主，壁画则多是单幅的佛像、菩萨像或者构图简单的说法图，以及佛传和本生故事的个别场面。⑥ 此外，阎文儒、金维诺、杜斗城、张宝玺、肖建军又对炳灵寺第 169 窟造像题材进行了个案研究。梁晓鹏则关注"千佛"这一特定图像，不仅提出其功能所在，而且除图像学外，又借助语言学进行

---

① 王洁：《敦煌早期覆斗顶窟形式初探》，《敦煌研究》2008 年第 3 期；戴春阳：《敦煌石窟覆斗顶的考古学观察（上）——覆斗顶非模仿斗帐》，《敦煌研究》2013 年第 2 期；戴春阳：《敦煌石窟覆斗顶的考古学观察（下）——覆斗顶渊源管窥》，《敦煌研究》2013 年第 4 期。

② 胡同庆：《甘肃石窟雕塑艺术概论》，《敦煌研究》1997 年第 4 期。

③ 李智勇：《空谷禅意·绝崖梵音：中国西北地区石窟寺建筑空间形态初探》，硕士学位论文，西安建筑科技大学，2011 年，第 23 页。

④ 萧默：《敦煌建筑研究》，文物出版社，1989 年；孙儒僩：《敦煌石窟保护与建筑》，甘肃人民出版社，2007 年；王迪：《汉化佛教空间的"象"与"教"——以禅为核心》，博士学位论文，天津大学，2013 年。

⑤ 王迪：《汉化佛教空间的"象"与"教"——以禅为核心》，博士学位论文，天津大学，2013 年，第 1 页。

⑥ 黄文昆：《中国早期佛教美术考古泛议》，《敦煌研究》2015 年第 1 期。

了分析。①

赖鹏举和贺世哲两位学者则将洞窟图像表现与佛教思想信仰相联系，进行了较为系统的研究。他们对莫高窟北凉三窟中交脚弥勒形象、五佛造像的布局形式、三世佛、十方佛、七佛、释迦与多宝并坐、千佛等题材，进行了相对专门性的图像研究，将图像与经文相联系对应，并上升至思想信仰层面，提出用"禅观"的角度来解释洞窟的图像组合。② 二者间的区别在于，赖鹏举更注重佛学义理的研究，而贺世哲立足于考古实物资料之上的图像思想研究。但从严格意义上讲，两人的作品均不是完全意义上的图像学之作。

除上述对洞窟本身图像的研究外，还有学者关注北凉石塔的图像，对其进行借鉴与类比研究。③

石窟寺自身的特点不仅反映了当时佛学的内容，而且其开凿情况也是佛教兴衰的社会映照。由于西秦石窟与北凉石窟年代相近，

---

① 阎文儒：《炳灵寺石窟名称、历史及其造像题材》，载炳灵寺文物保管所编：《炳灵寺石窟研究论文集》，1998年，第116—128页；金维诺：《炳灵寺与佛教艺术交流》，载炳灵寺文物保管所编：《炳灵寺石窟研究论文集》，1998年，第144—153页；杜斗城：《炳灵寺石窟与西秦佛教》，载炳灵寺文物保管所编：《炳灵寺石窟研究论文集》，1998年，第159—168页；张宝玺：《炳灵寺的西秦石窟》，载炳灵寺文物保管所编：《炳灵寺石窟研究论文集》，1998年，第193—202页；肖建军：《论南北朝至隋时法华造像与维摩诘造像的双弘并举》，《考古与文物》2012年第5期；梁晓鹏：《敦煌莫高窟千佛图像研究》，民族出版社，2006年。

② 赖鹏举：《丝路佛教的图像与禅法》，财团法人圆光佛学研究所，2002年；贺世哲：《敦煌图像研究·十六国北朝卷》，甘肃教育出版社，2006年；赖鹏举：《敦煌石窟造像思想研究》，文物出版社，2009年。

③ 王毅：《北凉石塔》，载《文物资料丛刊》第1辑，文物出版社，1977年，第179—188页；宿白：《凉州石窟遗迹与"凉州模式"》，载氏著《中国石窟寺研究》，文物出版社，1996年，第44页；古正美：《再谈宿白的凉州模式》，《敦煌研究》1988年第2期；殷光明：《关于北凉石塔的几个问题——与古正美先生商榷》，《敦煌学辑刊》1993年第1期；殷光明：《北凉石塔分期试论》，《敦煌研究》1997年第3期；殷光明：《北凉石塔述论》，《敦煌学辑刊》1998年第1期；殷光明：《北凉石塔研究》，财团法人觉风佛教艺术文化基金会，2000年；暨远志：《北凉石塔所反映的佛教史问题》，载颜廷亮、王亨通：《炳灵寺石窟学术研讨会论文集》，甘肃人民出版社，2003年，第275—290页。

且地理联系紧密，以此为基础，对北凉佛教和西秦佛教的研究也得到了学者的关注，不仅涉及佛教中流行的经文、信仰等，[①]而且专注其传播方向及影响范围。[②]例如，北凉佛教不仅兴盛于河西，而且直接影响了河西以外的其他地区，还包括北魏、高昌以及南朝政权统治区域。[③]

天梯山、炳灵寺、莫高窟三个石窟各自均有总录性质的专著、调查报告等，详细阐述了十六国洞窟的形制及内部图像布局；[④]另外，关于甘肃省内石窟的综合性专著中也不乏十六国石窟寺的相关材料。[⑤]

综上，目前学界对天梯山、炳灵寺和莫高窟三个石窟的个案研究

[①] 杜斗城：《炳灵寺石窟与西秦佛教》，载炳灵寺文物保管所编：《炳灵寺石窟研究论文集》，1998年，第159—168页。

[②] 陆庆夫：《五凉佛教及其东传》，载氏著《丝绸之路史地研究》，兰州大学出版社，1999年，第243页。

[③] 杜斗城：《北凉佛教研究》，台北新文丰出版公司，1998年。

[④] 史岩：《凉州天梯山石窟的现存状况和保存问题》，《文物参考资料》1955年第2期；敦煌研究院、甘肃省博物馆：《武威天梯山石窟》，文物出版社，2000年；董玉祥：《调查炳灵寺石窟的新收获——第二次调查（1963）简报》，《文物》1963年第10期；董玉祥：《炳灵寺石窟第169窟内容总录》，《敦煌学辑刊》1986年第2期；董玉祥：《炳灵寺石窟第169窟》，《敦煌学辑刊》1987年第1期；甘肃省文物工作队、炳灵寺文物保管所：《中国石窟·永靖炳灵寺》，文物出版社，1989年；甘肃省文物考古研究所、炳灵寺文物保管所：《炳灵寺一六九窟》，海天出版社，1994年；阎文儒、王万青：《炳灵寺石窟总论》，载炳灵寺文物保管所编：《炳灵寺石窟研究论文集》，1998年，第51—105页；魏文斌：《炳灵寺169窟内容总录》，载炳灵寺文物保管所编：《炳灵寺石窟研究论文集》，1998年，第322—337页；杜斗城、王亨通：《炳灵寺石窟内容总录》，兰州大学出版社，2006年；敦煌文物研究所：《敦煌莫高窟内容总录》，文物出版社，1982年；敦煌文物研究所：《中国石窟·敦煌莫高窟》，文物出版社，1987年；樊锦诗、蔡伟堂、黄文昆：《莫高窟第266—275窟考古报告》，文物出版社，2011年。

[⑤] 张宝玺：《甘肃石窟艺术雕塑编》，甘肃人民美术出版社，1994年；敦煌研究院：《敦煌石窟内容总录》，文物出版社，1996年；张宝玺：《甘肃石窟艺术壁画编》，甘肃人民美术出版社，1997年；董玉祥：《梵宫艺苑甘肃石窟寺》，甘肃教育出版社，1999年；李焰平：《甘肃窟塔寺庙》，甘肃教育出版社，1999年；敦煌研究院、甘肃省文物局：《甘肃石窟志》，甘肃教育出版社，2011年。

成果丰硕，对其中的十六国时期遗存也给予了较多关注。对石窟寺形制与洞窟图像布局也从佛教考古、美术考古、建筑史、艺术史以及图像学角度进行了相关记述和研究。然而，从中可看出，针对十六国时期洞窟的形制与图像布局的空间研究还不够深入。因此，本文将重点关注空间表现形式和佛教思想信仰的结合，总结5世纪前从炳灵寺至莫高窟一线范围内甘肃石窟的个性与共性，揭示其空间布局、信仰以及社会特征，体现其在早期石窟寺研究中的重要价值。

（三）研究对象及目标

1. 研究对象

本文的研究对象选择凉州模式影响范围内现存有十六国遗迹的石窟寺。凉州模式是一个具有整体性的有机体，其影响范围广泛，由中心分别向东西两方向辐射，各区域间相互联系。在甘肃境内西北——东南一线区域内现存有武威天梯山石窟、永靖炳灵寺石窟及敦煌莫高窟三处（图1）。

凉州模式之核心：天梯山在三处十六国石窟中年代最早，其靠近都城姑臧所在地，位于北凉政权之中心区域，是北凉统治范围内的典型石窟代表。

凉州模式之东传：炳灵寺位于河西走廊东端，其价值显著，是5世纪早期受凉州模式向东影响且有典型纪年的石窟。

凉州模式之西传：莫高窟位于河西走廊西端，开凿时间晚于中心区域，是凉州模式在北凉统治区域内的西传例证。

从炳灵寺至莫高窟，贯穿古代甘肃主要交通线，三者有机联系，同是处于5世纪前半叶在凉州模式影响下的甘肃石窟代表。

甘肃十六国时期石窟寺空间形制与洞窟图像布局研究

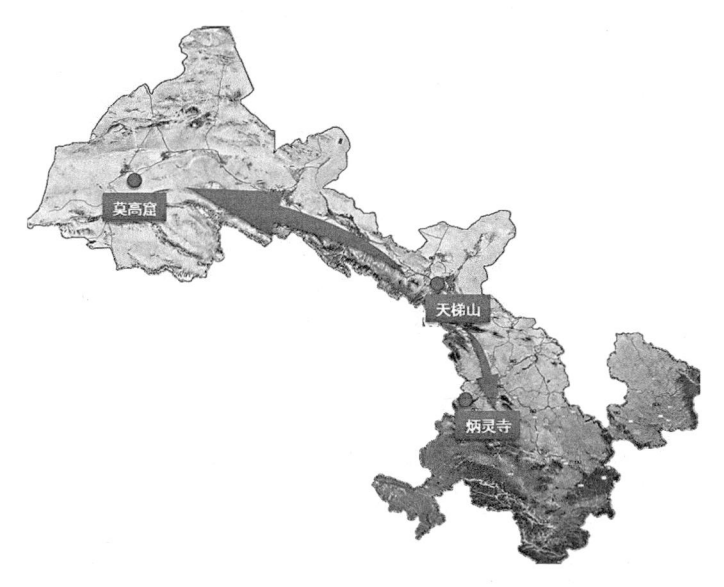

图 1　研究对象分布示意图①

2. 研究思路

本文仅涉及天梯山、炳灵寺和莫高窟三个石窟寺中的十六国遗存。十六国时期基本确定了各洞窟形制，而窟内造像和壁画则经过历代叠加。本文将窟内现存的各层图像剥离至十六国时期遗存，从空间关系分析其图像布局。在此基础上，重点分析由其背后的思想信仰体现出的北凉佛教与西秦佛教差异、渐进与融合关系（图2）。

一方面，无论是形制还是图像布局都依托于空间展开，前者为空间的形成，后者为空间形成后的内部组合方式。形制与洞窟的功能类

---

① 本文图片少数来自敦煌研究院、甘肃省博物馆：《武威天梯山石窟》，文物出版社，2000年；樊锦诗、蔡伟堂、黄文昆：《莫高窟第266—275窟考古报告》，文物出版社，2011年；颜廷亮、王亨通：《炳灵寺石窟学术研讨会论文集》，甘肃人民出版社，2003年；李莉：《新疆龟兹地区中小型石窟调查》，载巫鸿主编：《汉唐之间的宗教艺术与考古》，文物出版社，2000年，第168页；萧默：《敦煌建筑研究》，文物出版社，1989年，第107页；张宝玺：《河西石窟以大梵天帝释天为胁侍的造像》，《敦煌研究》2016年第4期。其余均为笔者自绘自摄。

图 2 研究思路图

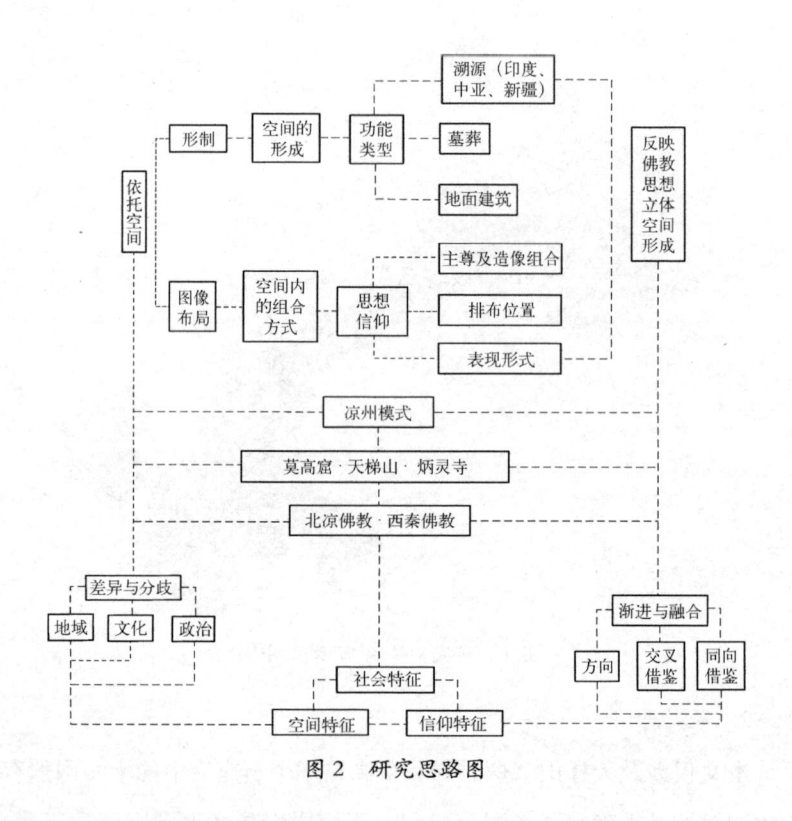

型密切相关，其中可能包括具体佛事活动、修行方式的不同，或是依据早期的形制发展演变而来，同时还会参考借鉴同时期墓葬及地面建筑的一些结构形式或细部构件。图像布局反映了不同的思想信仰，可从主尊及造像组合、图像的排布位置、表现形式等方面得以体现。石窟寺形制和洞窟图像布局二者统一于空间，共同构筑了一个反映佛教思想的立体空间。

另一方面，石窟的开凿与设计是佛教文化之下一项重要表征。天梯山、莫高窟属北凉佛教，而炳灵寺为西秦佛教，此二佛教文化系统，由于地域、文化渊源和政治统治不一，推行和流行的佛教思想具有明显的差异和分歧。但北凉佛教和西秦佛教在表现各自特征的同时，由于二者均为"凉州模式"之影响对象，同属"凉州模式"辐射范围内的代表佛教，因此在文化渐进的同时既相互借鉴、又同向借鉴，最后在一定程度上得以融合。

3. 研究目标

总结同处于5世纪前半叶的甘肃石窟，从炳灵寺至莫高窟一线范围内的个性与共性；分析其空间特征、信仰特征以及由时空特点共同勾勒出的社会特征；体现其在早期石窟寺研究中的重要性。

"禅观"是三处石窟寺最主要共同点所在，不论何种洞窟形制类别，其功能均指向"禅观"，洞窟内图像是重要的"禅观"对象，均为"禅观"服务。因此，全文将紧紧围绕"禅观"的核心观点，通过将形制与图像布局相结合，对佛教立体空间进行阐释。

二、石窟寺空间形制与洞窟图像布局概述

（一）天梯山石窟

天梯山石窟位于距武威市东南40余公里的天梯山西北麓，其南面为磨脐山，是民间所传大佛手指方向。在天梯山西南侧，黄羊河自西南向东北流动，形成由河水漫滩和河谷陡地组成的张义堡盆地，1959年，在盆地北端建成黄羊河水库，紧邻石窟。与河流流向一致，盆地呈现西北—东南窄、东北—西南宽的不规则形态（图3）。

天梯山石窟俗称"大佛寺"，即文献中所记之"凉州石窟"，亦即"凉州模式"开创之作，其开凿背景应为沮渠蒙逊迁都姑臧并与崇佛有关，推测其修建时间为412—429年之间。①

天梯山石窟自开凿至今几经地震与人为损坏，目前存洞窟共19

---

① 宿白：《凉州石窟遗迹与"凉州模式"》，载氏著《中国石窟寺研究》，文物出版社，1996年，第42页。

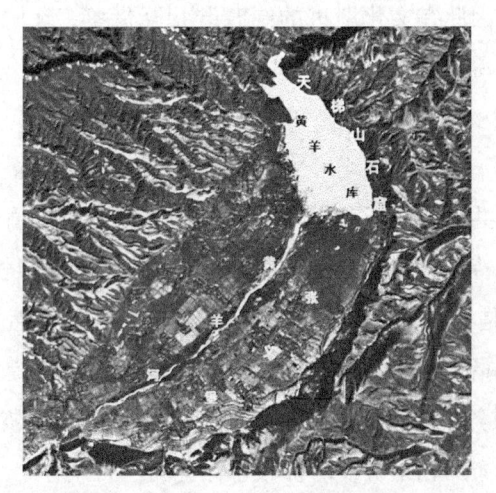

图 3　天梯山石窟及周围环境

个，大体分为4层。① 其中，第1、4、18窟为北凉洞窟，第15、17窟为北凉—北魏洞窟（图4）。

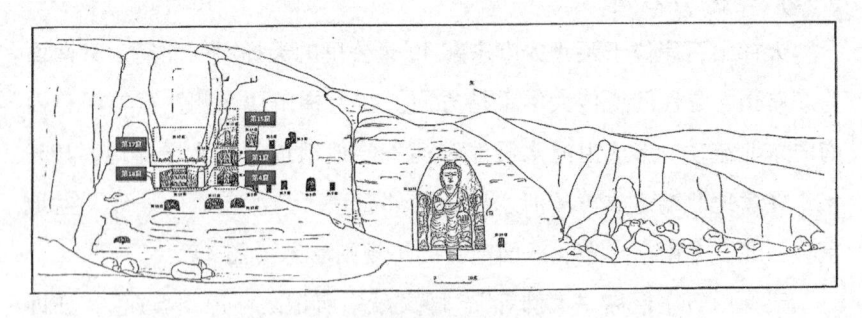

图 4　天梯山石窟立面图

1. 第1、4窟

第1、4窟为一组上下相对的中心柱窟，分别位于窟群第3、2层，右邻第17窟和第18窟。

---

① 敦煌研究院、甘肃省文物局：《甘肃石窟志》，甘肃教育出版社，2011年，第219页。

第1、4窟同为中心柱窟，形制类似，窟室底面均呈方形；第1窟前壁已塌毁，后、左、右壁各高4.3米，自2米高处各有阶梯式通壁斜台3级，亦称为凹入式龛台，① 其作用是使直接贴上壁面的影塑千佛更加牢固，窟顶为覆斗形，顶部虽残，但据残存部分呈下大上小逐渐倾斜之态，推测应同于第4窟，呈浅覆斗形（图5、图6）。

中心柱基本位于窟室正中，基座基本呈方形。第1窟略偏后部，中心柱为三层，有收分，且各层间有柱檐一周，中下层每面正中各开一圆拱形浅龛，上层每面开两个竖长方形圆拱小龛。第4窟中心柱残

图5　天梯山第1窟平立面图

① 宿白：《武威天梯山早期石窟参观记》，《燕京学报》2000年第8期。

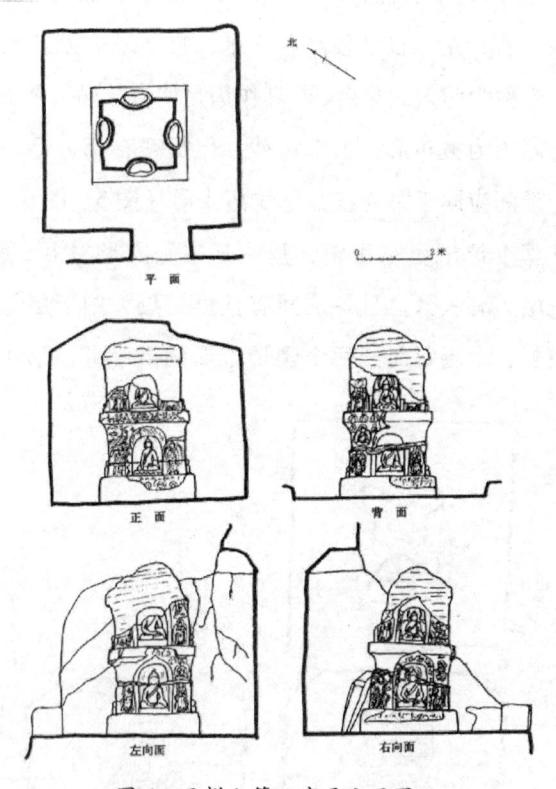

图 6　天梯山第 4 窟平立面图

断，有收分，推测原有三层，中下层现存八个圆拱形浅佛龛，每面各一龛。两窟崩塌损毁情况相似，中心柱前的窟顶、前壁皆崩毁，左右壁俱残。

第 1 窟图像的布局，中心柱基座出现化生童子；中下层每面开 1 龛，龛内佛像 1 身，龛外胁侍弟子 1 身或菩萨 1 身，还配有飞天；上层每面开两龛，推测龛内各有佛像 1 身。壁面因损毁严重，仅可知有影塑之坐佛，即千佛形象出现。

第 4 窟图像的布局，中心柱中下层每面各开一龛，龛内一坐佛，龛外根据正面下层较完整，推测由上至下出现有飞天 2 身、胡跪菩萨 2

身、帝释天和大梵天各1身，此外，还有立式菩萨出现。中心柱上层与壁面因损毁严重，无从得知图像情况。

2. 第18窟

第18窟亦为中心柱窟，位于窟群第二层最右端，左邻第4窟。

第18窟在体量上大于第1、4窟，平面呈"凸"字形，前室矩形，后室较方，两室直接相连。中心柱位于后室正中，基座呈方形，仅高0.55米；塔身分三层，各层间有高0.3米的柱檐；中下层每面各开三个圆拱形龛，上层每面各开五个圆拱形龛。塔柱整体保存尚完整，唯上部左侧有残损。前室窟顶已全塌落，但从左右侧壁残存痕迹推测前室窟顶为人字披。后室窟顶左半部毁，右半部尚存，呈覆斗形（图7）。

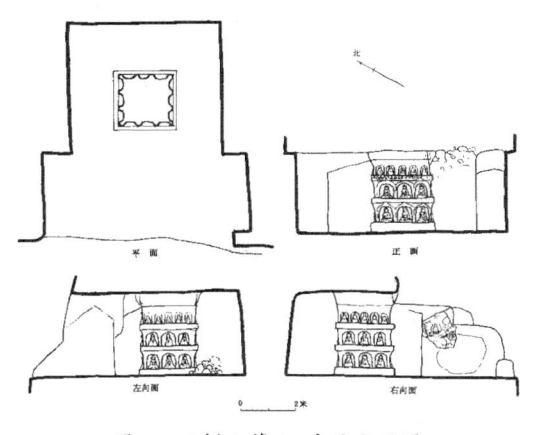

图7 天梯山第18窟平立面图

第18窟图像的布局，中心柱中下层每面三龛三佛，上层每面五龛五佛，前室左壁存供养人像，其余壁面不知。

综上，天梯山第1、4、18窟内出现的单体形象有坐佛、立式及胡跪菩萨、弟子、莲花化生、飞天、供养人等，出现及推测的造像组合有三佛、五佛、一佛二菩萨。

（二）炳灵寺石窟

炳灵寺石窟位于临夏州永靖县西南约 35 公里处（图 8）。邻近西秦枹罕（今临夏），乞伏炽磐统治时期在此活动频繁。

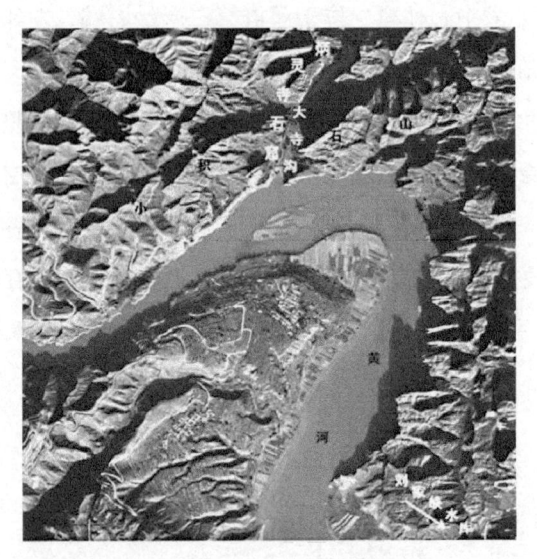

图 8　炳灵寺石窟及周围环境

炳灵寺石窟群以下寺区为主体，现存有西秦至明清的窟龛共 216 个。① 第 169 窟第 6 龛中"建弘元年"题记的发现，使炳灵寺成为现存早期石窟寺中唯一一个有明确纪年的十六国石窟。此外，第 192 窟（野鸡沟 1 窟）、第 1 龛也为西秦时期洞窟。

1. 第 169 窟

第 169 窟俗称"天桥南洞"，位于炳灵寺下寺区北部，在大佛右上侧高约 30 米的悬崖上（图 9）。② 因其位置险要及相关传说推断，它应

---

① 杜斗城、王亨通：《炳灵寺石窟内容总录》，兰州大学出版社，2006 年，第 6 页。
② 杜斗城、王亨通：《炳灵寺石窟内容总录》，兰州大学出版社，2006 年，第 179 页；常青：《炳灵寺 169 窟塑像与壁画的年代》，载北京大学考古系编：《考古学研究》，文物出版社，1992 年，第 416 页。

是《水经注》中所记之"唐述窟"。① 该窟由天然溶洞稍加修整形成，并无特别的布局和规划。其平面呈不规则椭圆形，仅可粗略分为西壁、南壁和北壁。根据这几个壁面上的内容，有学者将塑像和壁画区分为 S 和 B，并分别进行编号。② 此处为方便叙述，按照不区分图像类型、将塑像和壁画一同编为 24 号的方式进行概述，除第 5、8 两号外，其余龛内造像、壁画大部分为西秦时期所造。

图 9 炳灵寺第 169 窟外景

壁面上的小龛一种为在崖壁上开凿的圆拱形浅龛，结构简单。另一种为在造像后泥塑背屏，有圆拱形、长方形、三瓣莲形和半圆形等，与克孜尔等地早期石窟内的形式较为接近。③ 共 24 个小龛的开凿和设置较原始，虽然还未能体现建筑形制层面的意义，但龛内图像布局丰富，且在第 6 号龛内发现"……建弘元年岁在玄枵三月廿四日造"题

---

① 董玉祥:《炳灵寺石窟第169窟》，《敦煌学辑刊》1987年第1期。
② 常青:《炳灵寺169窟塑像与壁画的年代》，载北京大学考古编:《考古学研究》，文物出版社，1992年，第416页。
③ 董玉祥:《调查炳灵寺石窟的新收获——第二次调查（1963）简报》，《文物》1963年第10期；董玉祥:《炳灵寺石窟第169窟》，《敦煌学辑刊》1987年第1期。

记一方，成为断代的标尺（图10）。①

图 10　炳灵寺第169窟第6号龛题记

---

① 以下整理主要依据《炳灵寺石窟内容总录》整理，辅之以现阶段相关书籍、文章。第1号：北壁上层最西侧。现存2身坐佛，通肩大衣，结跏趺坐。二佛项光之间绘半身菩萨像；龛上方一方壁画绘1身佛像，结跏趺坐。第2号：北壁上层中部。现存2身坐佛，通肩大衣，结跏趺坐。第3号：北壁东侧，靠洞口处。造像存一佛一菩萨一金刚。彩绘佛像、菩萨、金刚背项光；外绘7身伎乐飞天；佛背光两侧各1身飞天龛外东侧上方，右上方第一组第一幅1身佛像，斜身而坐于束腰莲座，佛前一面菩萨装贵妇人像，其后一侍女像，佛与贵妇人间一白鹤，表现佛为其母说法，第二幅1身飞天；靠洞口第二组1身菩萨立于莲台上；正上方第三组中间1身佛像，两侧结跏趺坐小佛存4身；背屏后崖壁上第四组1身立菩萨。第4号：北壁中层，第1、2龛中间偏下。造像存1身立佛1身立菩萨（原为一佛二菩萨），立佛右足外侧绘1身供养比丘像。第6号：北壁中层崖壁凹龛内。一佛二菩萨，佛结跏趺坐于覆莲座（"无量寿佛"），左（"得大势至菩萨"）右（"□观世音菩萨"）侧菩萨立于半圆形覆莲台。佛像项光内绘8身小坐佛，背光第三层10身伎乐天；大势至菩萨上方龛壁绘十方佛（墨书题名）；十方佛下绘1身立菩萨（"弥勒菩萨"）；东侧绘1身立佛（"释迦牟尼佛"）；其下绘男女供养人，大体8身；题记上方绘1身 "药王佛"，下绘一立僧人，引导两排供养人。释迦牟尼佛右侧发现题记一方 "……建弘元年岁在玄枵三月廿四日造"（图10）。第7号：东侧较高处。仅存1身立佛，及右侧佛手臂（原为三立佛）。三立佛项光内绘13身坐佛，背光内绘10身飞天；佛东侧1身小坐佛（"阿弥陀佛"）；右侧1身菩萨（"大势至菩萨"），原为一佛二菩萨组合；其后两排供养人，上女下男。第9号：北壁下层。3身立佛，第一身立于覆莲台，后两身立于半圆台。背光、项光内绘纹饰。第10号：北壁下层最东侧佛下。无造像存。壁画分上下两层。上层1身坐佛，结跏趺坐（"释迦文佛"），东侧1身菩萨（"文殊菩萨"），下绘2身供养僧人（"沙弥众之像""沙弥法之像"）；下层绘说法图一铺，1身佛 （转下页）

2. 第1龛、第192窟

第1龛位于大寺沟口，姊妹峰根部崖壁上，为横长方形摩崖龛。

（接上页）结跏趺坐（"释迦牟尼佛"），西侧胁侍菩萨（"维摩诘之像"）。第11号：第7龛下，第9、10龛东。无造像存。壁画由上至下分四组。第一组2身立佛，立于莲花座，右侧下方绘2身供养人；第二组绘一佛二菩萨说法图，佛结跏趺坐于莲座，二胁侍菩萨立于莲花上（"华严菩萨""月光菩萨"），华严菩萨右上方1身飞天，飞天下1供养僧人，其后3女供养人；第三组分西、中、东三组，西侧绘一佛二菩萨说法图，佛结跏趺坐于方形束腰座上（"无量寿佛"），二胁侍菩萨立于莲花上，中间绘一佛说法，结跏趺坐于覆莲上（"无量寿佛"），东侧绘两人，（东"维摩诘之像"，西"侍者之像"）；第四组西侧1身坐佛结跏趺坐，东侧绘二佛并坐说法，均善跏趺坐与莲座（"释迦牟尼佛 多宝佛说法时"），二佛下绘供养人。第12号：第11龛东侧。无造像存。壁画为一佛二菩萨说法图。佛结跏趺坐于覆莲上（弥勒），两菩萨侍立，佛右侧下方胡跪1人，右侧菩萨后2身飞天，飞天下绘1身立佛，说法图上方存11身结跏趺坐千佛，左侧菩萨头顶绘2身供养僧人；画面东侧绘上下2立佛、1身交脚弥勒菩萨坐于束腰座上。第13号：第12龛东侧，第7号龛下。无造像存。壁画原为释迦多宝并坐说法图，现无存，龛外2身胁侍菩萨、2身飞天；最东侧佛左侧莲花化生童子；中间佛下东侧存1身比丘像，右下方绘一佛二菩萨说法图（"定光佛像"）、2身供养比丘；说法图东侧又1身坐佛（"释迦牟尼佛"），佛右下方1身立比丘像（"比丘慧猛之像"）。第14号：第13龛下方，北壁下层近洞口。并排3身佛像，体量由西向东渐小，均结跏趺坐。第一身坐佛西侧绘一佛一菩萨，龛东侧绘一铺说法图，佛结跏趺坐于覆莲上，旁二胁侍菩萨，其后3身男供养人；说法图东侧画面内容不清，题名"□□□像□释迦文佛 弥勒像"；写经东侧1身供养比丘像；写经上二坐佛（东"阿弥陀佛像"）。第15号：下部西壁与北壁之间。无造像存。壁画存784身千佛，18排，每排57身，结跏趺坐于覆莲上；千佛壁西边向南拐角处存一块千佛壁画。第16号：西壁下层，与第15龛千佛壁相接。共9身，分四组：第一组五佛造像，均结跏趺坐；第二组1身思惟菩萨像，右舒坐于筌蹄座上；第三组大小2身立佛并排；第四组，仅存一佛下半身。第四组佛像背光内绘伎乐天5身。第17号：西壁下层第16龛上方。存右侧1身菩萨，原为一佛二菩萨。无壁画。第18号：西壁上部。原为单龛单像，Ⅰ龛1身立佛，Ⅱ龛1身坐佛，Ⅲ—Ⅸ龛、Ⅺ—ⅩⅢ龛1身坐佛，结跏趺坐，Ⅹ龛1身立佛，立于覆莲上；龛北侧零散4身佛像，残损，均结跏趺坐。西壁右侧最高处存2身飞天。第19号：西壁下层中部。无造像存。壁画存198身千佛，9排，结跏趺坐于覆莲上。第20号：南壁下层靠近洞口。并排5身坐佛像，第1、4、5身结跏趺坐，第2身坐姿不明，第3身为释迦苦修像。无壁画。第21号：南壁中层靠近洞口。原为三坐佛，现存两龛内各1身坐佛像，结跏趺坐于莲座上。绘背光、项光。第22号：南壁中层内侧。原为一佛二菩萨，现仅存佛及西侧菩萨，均立于覆莲座上。绘背光、项光。第23号：南壁上层西端。五佛像，均结跏趺坐，东三佛稍早于西二佛。绘背光、项光。第24号：东壁最上部，与窟顶相连。无造像存。壁画正中为一佛二菩萨说法图，佛结跏趺坐于莲座，二菩萨侍立；此图右下方亦为一佛二菩萨说法图；左下部绘释迦、多宝并坐说法图；靠下为文殊问疾品；说法图周围绘千佛，共20排，均结跏趺坐。

原存1身立佛，立于莲台之上。立佛身侧下方似为供养人像，右侧下方绘1僧，左侧下方似为1僧。1窟目前已毁，原位于现说明牌正下方约15米处。

第192窟即野鸡沟一窟，位于下寺大寺沟西岸大佛背后山间，是一个不规则的大型天然洞穴，平面似不规则直角三角形。窟内无造像，壁画均为直接在崖壁上敷泥而作，且保存较零散，现被编号为8龛，其中第1、6、8三龛为西秦时期遗存。

第1龛：北壁最外侧。存18身千佛，5行，第1行5身坐佛，第2、3行4身坐佛，第4行3身菩萨、第5行2身坐佛。

第6龛：北壁。残存1身坐佛，结跏趺坐于节波育上。

第8龛：南壁边缘。存12身千佛，3行，每行4身，结跏趺坐于覆莲座上。

（三）莫高窟

由敦煌市向东南约25公里，在鸣沙山东麓，宕泉河西岸，莫高窟坐西朝东，面向三危山，密布排列在长约2公里的断崖上（图11）。窟群分南北两区，现存洞窟年代上至十

图11 莫高窟及周围环境

六国，下至元。其中最早开凿的洞窟为北凉时期的第 268 窟及附属小窟（271、270、267、269）、第 272 窟及外壁附属小窟（273、272A）、第 275 窟共 3 个洞窟（图 12）。

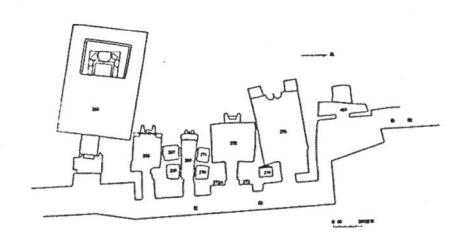

图 12　莫高窟北凉三窟平面图

1. 第 268 窟及附属小窟

第 268 窟位于莫高窟南区中段自下而上第三层崖壁，坐西朝东，北接第 272 窟。271、270、267、269 四个小窟分别位于主室北壁西侧、主室北壁东侧、主室南壁西侧、主室南壁东侧。

主室呈纵长甬道式，后壁开龛，两侧壁对称开四小窟（图 13）。

图 13　莫高窟第 268 窟内景

第 268 窟的图像的布局，西壁以圆券形龛内交脚弥勒佛像为主尊，两侧对称自上而下出现胁侍菩萨、供养菩萨，龛外两侧壁对称出现飞天、供养菩萨。供养人位于壁面最下位置。南北壁对称，上段为飞天，中段为说法图，下段为力士。窟顶平棊中为飞天。

2. 第 272 窟及外壁附属小窟

第 272 窟位于南区中段自下而上第三层崖壁，坐西朝东，南邻第 268 窟，北接第 275 窟。273 和 272A 两个小龛，分别位于 272 外壁甬道口北侧和南侧。

第 272 窟平面近方形，南北边稍短于东西边，圆转穹隆顶上凹方井，窟门外南北两侧各开一龛，东壁中部开圆券形顶甬道（图 14）。

图 14 莫高窟第 272 窟内景

第 272 窟图像的布局，西壁中部龛内善跏趺坐弥勒佛像为主尊，两侧对称出现胁侍菩萨、供养菩萨和弟子，龛外南北侧为供养菩萨。南北两壁对称，上段中央一铺说法图：图内有一佛二菩萨四弟子四飞天及千佛等形象。窟顶四披为天宫伎乐、供养菩萨、千佛、莲花化生以及飞天，方井角处亦为飞天。

3. 第 275 窟

第 275 窟位于南区中段自下而上第三层崖壁，坐西朝东，南邻第 272 窟。第 275 窟为平面纵长方形，正壁不开龛，侧壁列龛，平脊斜披盝形顶的殿堂式洞窟（图 15）。

图 15　莫高窟第 275 窟内景

第 275 窟图像的布局，西壁居中以交脚弥勒菩萨坐像为主尊，两侧由上至下为胁侍菩萨、供养菩萨。南北两壁对称，第 1、2 龛内交脚菩萨坐像、供养天人，第 3 龛内半跏趺菩萨、龛外对称双树，第 1 龛西侧，第 1、2 龛之间，第 2、3 龛之间均为立姿菩萨；中段北壁为佛本生故事画，南壁为佛传故事画；故事画下为供养人。

综上，北凉三窟内出现的单体形象有交脚弥勒佛、交脚弥勒菩萨、善跏趺坐弥勒佛、胁侍菩萨、供养菩萨、交脚菩萨、半跏趺坐菩萨、立姿菩萨、飞天、供养人、金刚力士、弟子、伎乐天、莲花化生、供养天人（立姿侍者）等。

出现及推测的造像组合有千佛、说法图（三坐佛、一佛二菩萨四弟子四飞天）、本生故事画（毗楞竭梨王本生、虔阇尼婆梨王本生、尸毗王本生、月光王本生、快目王本身）、佛传故事画（四门出游）。

三、石窟寺空间形制与功能类型分析

三处十六国石窟寺的形制差异较大，主要洞窟类型有中心柱窟、禅窟和殿堂窟，另有损毁严重的大体量洞窟、无形制规划的天然洞窟等。不仅具体形制不尽相同，而且存在一些特殊结构及细部构件。

（一）中心柱窟

天梯山石窟作为凉州模式之代表，其在形制方面的意义就是开创了新疆以东的融合了印度、中亚与中原文化特征的中心柱窟。

1. 中心柱窟历史特征分析与对比

洞窟的功能类型与窟形本身特点及其形成的历史渊源密切相关。中心柱又称"塔柱"，中心柱窟又称"中心塔柱窟""塔庙窟""支提窟"。其来源存在"南传"和"西传"两种观点。主流观点认为，中心柱窟来源于印度，模仿地面砖木结构的支提殿而建，梵语称 chaityagriha。塔柱是窟室内的主体，佛教徒绕塔诵经，以为礼拜。[1] 此外，另有学者提出，中心柱窟为北凉佛教之首创，是基于"北凉石塔表现的绕塔"修行的需要，以中亚大像窟为基础，引进方形佛塔形制和其上的造像所形成的。[2]

无论中心塔柱窟这种石窟寺形制起源为何，"塔"这种建筑形制起源于印度的窣堵坡（梵文 stūpa）则无异议。窣堵坡原意指坟冢，是一种供奉佛舍利的建筑，一般为寺庙中信徒礼拜的对象，在约公元前

---

[1] 李崇峰：《中印佛教石窟寺比较研究——以塔堂窟为中心》，北京大学出版社，2003年，第7页。
[2] 赖鹏举：《丝路佛教的图像与禅法》，财团法人圆光佛学研究所，2002年，第191页。

1500年成书的古印度诗歌总集《梨俱吠陀》中就已出现。①支提与窣堵坡二者意义大体相同,皆为宗教活动之建筑,是一种多功能的佛教纪念物,皆可理解为"塔"。

东汉末年,塔这种建筑形象伴随着佛教的传入而出现在中国。由于受到中国楼阁等因素的影响,在隋唐成熟期以前,关于究竟什么样的建筑形象为塔仍有争议。笔者认为,石窟寺中的佛塔有广义和狭义之分:从广义来讲,凡是体量垂直向上延伸,由塔基、塔身和塔刹三者全部或部分构成的单层或多层建筑形象,均可称为"佛塔";但狭义来讲,除满足广义的基本特征外,则特别强调建筑本身是一个独立体量,不附属于其他建筑,方可认为是"佛塔"。因此,中心塔柱只能归为广义佛塔。

天梯山石窟中心塔柱第1、4窟以及第18窟,其中的塔柱均与仿木构之楼阁式塔类似,具有早期楼阁式塔的一些基本特征,主要表现在以下几方面:第一,方形;第二,塔身无收分或收分不大;第三,直檐,均无平座层,成为连接东汉和北朝的重要实物资料。

2. 中心柱窟特殊形制与功能组合分析

虽然天梯山第18窟与第1、4窟同为中心柱窟,但其形制表现出两方面的特殊性。

其一,平面形制特殊。第18窟平面呈"凸"字形,是一个复合型洞窟,分前后室,前室矩形、后室方形,二者直接相连,中无甬道。类似平面形制的石窟还有莫高窟西魏第288窟,以及后来隋代的第302窟等。天梯山第18窟与后世这些洞窟在前后两室、后室中立中心柱等方面大体一致,但在甬道的有无和宽窄方面略有差别。

其二,空间形制特殊。第18窟前方存有四根方形列柱,形成"前

---

① 吴庆洲:《佛塔的源流及中国塔刹形制研究》,《华中建筑》1999年第4期。

廊后室"的格局。现在窟前室左壁前方留有1米见方的残柱一段，向右2.8米处存同样大小一段。一方面，从佛教遗迹来源角度思考，这种洞窟前列柱的形式可追溯到印度，比如云冈石窟五华洞列柱形式就明显受到了印度的影响。另一方面，从洞窟实用功能来看，"凸"字形前后两室的格局，凸显了前室较充足、宽阔的空间，为礼拜中心柱正向面的主尊造像提供了一个专门的场所。这种分前后室、中无甬道的洞窟格局，至北朝更为流行，北魏大同雁北师院北魏墓群出土的石质葬具，① 天龙山北齐洞窟、② 麦积山北周第4窟等均为这种形制。③

与单室的中心柱窟不同，前后双室的第18窟在功能上具有复合性，其形制的改变追随于功能的深化。除"绕塔"这一修行方式外，由于中心柱前部空间的加大，第18窟给予信徒一个更加宽敞、可以举行仪式的礼拜空间，使洞窟的使用功能更加丰富，可将礼拜和绕塔两种仪式相结合，由此导致了中心柱窟外部形制与内部流线的变化。

（二）禅窟

禅窟亦称"僧房窟""精舍窟"，即印度之"毗诃罗窟"，梵语为vihara，专供僧人修禅之用。一般分为单体和组合禅窟两类，④ 组合禅窟通常形制为主室呈方形或矩形，主室的除正壁外其他三壁均凿小禅

---

① 大同市考古研究所：《大同雁北师院北魏墓群》，文物出版社，2008年，第176页。

② 太原市文物局：《太原最有文化的三十三处美景》，山西经济出版社，2014年，第88页。

③ 花平宁、魏文斌：《中国石窟艺术·麦积山》，江苏美术出版社，2013年，第147页。

④ 马世长：《中国佛教石窟的类型和形制特征——以龟兹和敦煌为中心》，《敦煌研究》2006年第6期。

室与主室相通。①

莫高窟第268窟是典型的小体量组合型禅窟，主室仅高约1.7米，宽约1.2米，其附属的四个小窟（271、270、267、269）各自内部仅容一人打坐。正如文献中所记在禅窟中修行之情状，"自静观理，三十余年……所止龛室，才容头膝"②。禅窟是莫高窟北区的主要洞窟类型，占到总数的三分之一，③但在南区且时代最早者，仅此一例。以268窟为主体的这一组禅窟，可在龟兹地区5世纪前半叶的石窟中看见类似的形制。如苏巴什石窟第5窟、吐峪沟石窟第42窟等（图16）。其

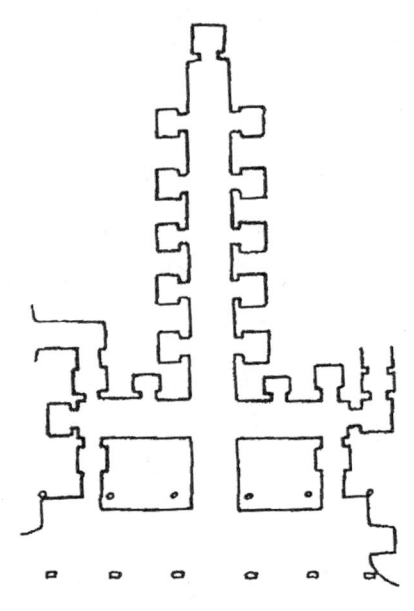

图16 苏巴什石窟第5窟平面图

---

① 王濛桥：《印度佛教石窟建筑研究》，硕士学位论文，南京工业大学，2013年，第24页。
② 道宣：《续高僧传》卷十六，文殊出版社，1988年，第491页。
③ 贺世哲：《敦煌图像研究·十六国北朝卷》，甘肃教育出版社，2006年，第12页。

中，吐峪沟第 42 窟还在龛内绘有禅观图，以供僧人禅修时直接使用。①炳灵寺第 169 窟作为一利用天然洞穴开凿的洞窟，其开凿之时的初衷就是为禅僧在山间选择一处远离喧嚣、可进行清修之所，加之壁面上共 24 号图像，正满足了禅修与观像的双重需求。因此从本质上讲，其功能类型亦属禅窟。

禅窟具有实用功能方面的优势，能够将禅定与居住合二为一。这种石窟形制反映了小乘佛教禅定的修行方式，即在洞窟中端坐冥思，求个人解脱。北朝时，注重宗教修持，主张默坐专念的佛教学派——禅学——在北方地区流行。禅窟正是这种宗教观念下的产物。②

（三）佛殿窟

佛殿窟亦称"殿堂窟"，平面一般呈方形或矩形，在正壁塑主尊，无中心柱，内部为较宽敞的大堂式空间。与上述两种石窟形制不同，佛殿窟本土色彩较强，早期在印度、中国新疆地区，以及国内其他地区并不常见。在敦煌地区最早的例子即为北凉的第 272、275 窟，发展到西魏时期，这种窟型已相当成熟，③ 在北周时基本取代中心柱窟，隋唐时成为各地石窟中普遍流行的窟型，使用延续时间较长。④

殿堂窟由于省去了中心柱及周围小禅室等，窟内空间较为宽敞和完整，观察正壁主尊无视线障碍，便于僧人进行礼拜、讲经及其他较大型佛事活动，与地面佛寺的功能异曲同工。此外，殿堂窟的部分形

---

① 李莉：《新疆龟兹地区中小型石窟调查》，载巫鸿主编：《汉唐之间的宗教艺术与考古》，文物出版社，2000 年，第 168 页；向达：《西域见闻琐记》，《文物》1962 年第 8 期；贺世哲：《敦煌图像研究·十六国北朝卷》，甘肃教育出版社，2006 年，第 10 页。
② 萧默：《敦煌建筑研究》，文物出版社，1989 年，第 43 页。
③ 郑炳林、沙武田：《敦煌石窟艺术概论》，甘肃文化出版社，2005 年，第 70 页。
④ 王惠民：《三危佛光 莫高窟的营建》，甘肃教育出版社，2007 年，第 70 页。

制和内部空间处理相较于中心柱窟和禅窟更灵活，尤其是窟顶和壁面的处理富有变化。

（四）特殊结构及细部构件

1. 窟顶形制

（1）覆斗顶与穹顶

覆斗形顶兼具结构和空间优势：中部上凹，利于顶部稳固，不易塌陷；同时也使窟顶抬高，窟内空间变大。覆斗顶是几处十六国石窟当中最普遍的窟顶形制，出现在天梯山第1、4、18窟和莫高窟第272窟中。同时，它也是与佛殿窟相配的最典型窟顶形制。有学者提出，窟室顶部呈覆斗形是对"斗帐"的模仿，[①] 正如刘熙《释名》载："小帐曰斗，形如覆斗也。"[②] 另有学者指出，覆斗形顶是直接来源于河西地区魏晋墓葬形制，[③] 在嘉峪关新城、酒泉丁家闸、敦煌机场以及祁家湾等地的壁画墓和砖室墓中均可见到，[④] 甚至在新疆阿斯塔纳墓群魏晋墓葬也可见到这种方室覆斗形的墓室。[⑤] 笔者认为，这两种对于石窟中覆斗顶渊源的观点本质上是一致的，即都是对地面建筑这种仿生空间的模仿。首先，"斗帐"作为一种家具，是生者日常使用之物，其次，墓葬的建造是在"事死如事生"观念影响下的对地面建筑的一种移植，在其壁画中可见斗帐形象，或直接将斗帐作为一种陪葬物放入墓室内，都是这种观念的反映。因此，在石窟中出现覆斗顶，是石

---

① 萧默：《敦煌建筑研究》，文物出版社，1989年，第44页。
② 刘熙：《释名》，中华书局，1985年，第94页。
③ 戴春阳：《敦煌石窟覆斗顶的考古学观察（下）——覆斗顶渊源管窥》，《敦煌研究》2013年第4期。
④ 甘肃省文物队：《嘉峪关壁画墓发掘报告》，文物出版社，1985年；甘肃省文物考古研究所：《酒泉十六国墓壁画》，文物出版社，1989年；戴春阳、张珑：《敦煌祁家湾西晋十六国墓葬发掘报告》，文物出版社，1994年。
⑤ 樊锦诗、孙毅华：《创造敦煌》，上海人民出版社，2007年，第123页。

窟传入中国后，在河西走廊一代结合中国传统地面建筑形式出现的一种中国化的石窟形制。

此外，覆斗顶变化灵活，在早期石窟建造中与穹顶相关联。如莫高窟第272窟因其覆斗顶四披坡度很缓和，而形成了介于穹顶和覆斗之间的形制；但第272窟正壁圆拱形龛顶部则为完全的穹隆形，在敦煌石窟中为孤例（图17）。

图17　莫高窟第272窟西壁穹隆形龛

（2）盝顶与人字坡

窟顶出现人字坡形式，这在所调查的几个十六国洞窟内并不普遍，仅出现在天梯山第18窟和莫高窟第275窟，并且仅有的这两处材料存在各自的问题。尽管从窟室内部观察，莫高窟第275窟是盝顶中出现人字坡形式，即两坡之间夹一平顶，两坡上布椽，以浮塑方式出现（图18）；但是这种形式地面四坡平顶之盝顶稍有区别，由于受到石窟山崖本身限制，我们无法从外部得知其形制。因此，并不能将从室内观察到的顶部结构直接称为盝顶，因此严格来讲，应为平綦与峻脚椽的结构。天梯山第18窟原来的窟顶形制是前室人字坡接后室覆斗顶，但由于前室损毁严重，人字坡几乎不见。但至北魏，完全意义上且保存较完整的人字坡在莫高窟中大量出现，以第251、254、257窟为代表的北魏早期洞窟窟顶均为前室人字坡，后室平棊顶。① 因此，在北凉洞窟中发现带有人字坡形制的窟顶形象不甚成熟，应是一种带有早期探索性质的建造尝试，体现出石窟建造在模仿地面仿木构时材质和技术的局限。当然，辩证地讲，这种局限一方面体现了早期形制的不成熟和不确定性，但另一方面也反映出当时人的一种探索意识以及所具有的时代先锋性，也预示着它有可能成为一种普遍和主流形制。

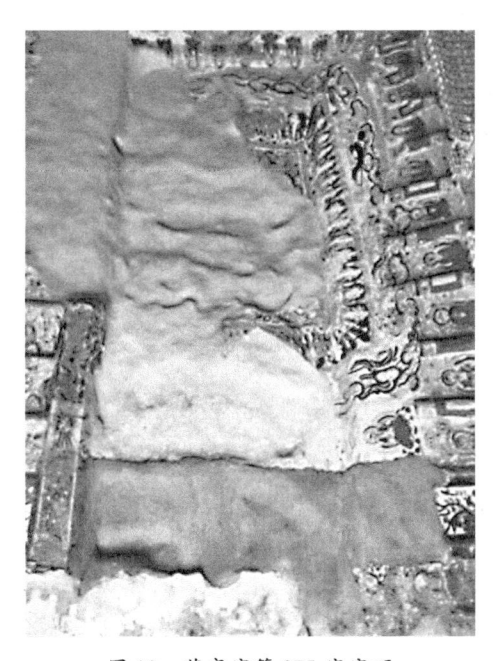

图18　莫高窟第275窟窟顶

（3）装饰

窟顶装饰可分为两类，若顶部向上凹进，则凹进处的装饰为藻井，如在覆斗顶或穹隆顶中，常以单体出现。在汉代墓室顶部已经出现形制成熟的藻井。② 东汉张衡的《西京赋》描述了藻井之华丽："蒂倒茄

---

① 敦煌研究院：《敦煌石窟内容总录》，文物出版社，1996年。
② 刘叙杰：《中国古代建筑史》第1卷，中国建筑工业出版社，2003年，第549页。

于藻井，披红葩之押猎。"① 莫高窟第 272 窟覆斗顶中央为叠涩式藻井，向上凹进，三重浮塑的方格相互套叠。② 若为平顶，其上的装饰则为平棊，多成组出现。平棊又称"承尘"，在地面建筑中兼有防止屋顶架落尘和装饰天花板的作用。莫高窟第 268 窟为平顶，浮塑斗四平棊四组，是莫高窟唯一的仿木构平棊装饰。③

2. 龛形

（1）阙形龛

顾名思义，"阙形龛"即模仿"阙"这种建筑形制的龛。"阙"在文献中出现较早，《诗经》中记载："纵我不往，子宁不来？挑兮达兮，在城阙兮。"④《释名》记："观，观也，周置两观，以表宫门，其上可居，登之可以远观，故谓之观"，"阙，阙也，在门两旁，中央阙然为道也"。⑤ 关于阙和观的关系，晋崔豹《古今注》中说："阙者，观也。古每门树两观于其前，所以标表宫门也。其上可居，登之则可远观，故谓之观。人臣将朝，至此则思其所缺，故谓之阙。"⑥ 这条文献既说明了"阙"的前身是"观"，也表明了"阙"的功能，即在宫门、城门、陵寝入口处等起到标志作用和在早期所兼具的登临望远之用。

莫高窟第 275 窟南北两壁上部各开两个阙形龛，在南壁下段佛传故事画"太子出游四门"中亦绘有两座城门。与阙形龛表现的形象不

---

① 程国政：《中国古代建筑文献精选：先秦—五代》，同济大学出版社，2008 年，第 158 页。
② 王洁：《敦煌早期覆斗顶窟形式初探》，《敦煌研究》2008 年第 3 期。
③ 邵强军：《莫高窟十六国北朝装饰图案艺术研究》，硕士学位论文，兰州大学，2013 年，第 16 页。
④ 葛培岭注译评：《诗经》，中州古籍出版社，2005 年，第 71 页。
⑤ 刘熙：《释名》，中华书局，1985 年，第 88—89 页。
⑥ 崔豹：《古今注》，中华书局，1985 年，第 7 页。

同，两阙之间的城门屋顶高出母阙屋顶之上，成为建筑的构图中心（图19）。①使整座建筑左中右三部分的立面各自独立，高度变换更加丰富。

图 19 莫高窟第 275 窟南壁阙形象

（2）圆拱形龛、双树龛

尖楣圆拱形龛在三处十六国石窟寺中最为普遍。天梯山第 1、4 以及 18 窟中心柱四面均开圆拱形龛；炳灵寺第 169 窟窟内四壁佛龛较多样，虽有三瓣莲式、长方形背屏式等，但以圆拱形为主，结构简单；②莫高窟 268、275 两窟正壁分别开一券圆拱形龛、穹隆顶圆拱形龛。至北朝时期，这种圆拱形龛更为普遍。

双树龛仅出现在莫高窟第 275 窟，南北两壁除对称的四个阙形龛外，另有两个双树龛对称。圆拱形龛口，龛口上方和龛外两侧浮塑菩提双树龛楣和龛柱。在佛教故事中，菩提树不仅是所谓的佛树，而且是成佛的象征，③寓意菩萨在菩提树下作思惟修。

---

① 萧默：《敦煌建筑研究》，文物出版社，1989 年，第 107 页。
② 董玉祥：《调查炳灵寺石窟的新收获——第二次调查（1963）简报》，《文物》1963 年第 10 期。
③ 张学荣、何静珍：《莫高窟第 275 窟内容初探》，《1990 年敦煌学国际研讨会文集 石窟考古编》，辽宁美术出版社，1995 年，第 215 页。

3. 其他构件

第一，柱在石窟中表现较多样，不仅中心柱本身可看作具有支撑作用的实用构件，而且在窟内亦可发现不同形制的装饰性柱子。除上述莫高窟第275窟双树龛两侧的柱子做成树的形式外，还出现了少量西方柱头的形象。第268窟正壁圆券形浅龛的龛柱为爱奥尼亚柱式；第272窟正壁穹隆顶圆拱形大龛两侧龛柱柱头似兽首形，又类似于科林斯式。①

第二，魏晋时期常见的斗栱组合形式出现在莫高窟第275窟南北壁佛龛以及壁画中。主要形制有一斗二升加人字栱、一斗二升加斗子蜀柱、一斗三升加人字栱、一斗三升加蜀柱等组合形式。②

第三，壁带出现在莫高窟第275窟南壁城楼壁画中。壁带，又称"壁穿"，"壁之横木露出如带者也"③，是早期加在厚重的夯土墙中的横木，在增加墙体承重性能的同时又具有一定装饰作用（图20）。

综上，甘肃十六国时期石窟寺形制多样，以中心柱窟、禅窟、佛殿窟为主，另有天然溶洞和大体量洞窟。部分结构与细部构件，如人字坡、平棊、柱子、斗栱和壁带等，已失去其在地面建筑中的实际结构作用，演变为只具有较单纯的装饰作用。这些不同类型的洞窟为僧人的各类宗教活动提供了相应的场所，除进行礼拜、供养外，在窟内禅修并观像则是这几种不同类型洞窟的共性功能体现。

---

① 萧默：《敦煌建筑研究》，文物出版社，1989年，第218页。
② 宿白：《莫高窟现存早期洞窟的年代问题》，载氏著《中国石窟寺研究》，文物出版社，1996年，第277页。
③ 班固：《汉书》，颜师古注，中华书局，1997年，第3988页。

图20 莫高窟第275窟斗栱及壁穿形象

四、洞窟图像布局与思想信仰分析

相对于空间形制，三处十六国石窟寺在图像布局方面虽然仍呈现出多样的特点，但是相互之间的共通性增多，通过几种造像组合的表现形式，反映出十六国时期存在和流行的佛教思想信仰特征。

天梯山洞窟图像布局的分析具有很大局限性。由于几个洞窟的正壁均毁，不知全窟的中心——主尊造像为何，因此不能通过以主尊为中心展开图像布局的思路分析，故只能根据现有遗存推测中心柱上的造像组合、排布位置和表现形式，再结合其他类比项，进一步分析其传达的思想信仰；炳灵寺第169窟图像表现具有多样性，以24个小龛为依托进行塑绘，将多种信仰融入其中；莫高窟北凉三窟图像保存较完整，造像与壁画经过统一规划，规律性强，主旨明确，均是西壁以弥勒为主尊，南北两壁图像布局基本对称的格局。

通过上述对三处十六国石窟寺各洞窟内的图像布局的梳理，可发现这一时期在甘肃境内出现的单体形象有坐佛、药王佛、善跏趺坐弥勒佛、苦修像、交脚弥勒、交脚菩萨、思惟菩萨、半跏趺坐菩萨、立式菩萨、胡跪菩萨/人、供养人、供养天人、弟子、莲花化生、飞天、比丘、僧人、伎乐天、金刚力士等，造像组合有一佛说法、一佛一菩萨、一佛一菩萨一弟子、一佛二菩萨、一佛一菩萨一金刚/天王、二佛并坐、二立佛、三立佛、三坐佛、五佛、七佛、十方佛、千佛、佛与菩萨装贵妇、维摩诘之像与侍者之像、文殊问疾等。这些造像和组合形式，反映了三佛、弥勒、净土、法华、千佛以及维摩诘等信仰。

（一）三佛信仰

以三佛为表现形象的造像组合是佛教艺术中的一种古老题材，它虽然起源于古代印度，但是也作为我国佛教艺术的主要题材之一，其组合形式及内涵更加丰富。① 其中，受犍陀罗影响的七佛一菩萨组合，在有确切纪年和造像题名的北凉石塔中大量出现，成为三佛造像在甘肃十六国时期遗存中的典型组合形式。北凉石塔迄今为止共发现14座，出土于武威、酒泉、敦煌、吐鲁番等地。② 其共性特点是在覆钵塔腹一周开八个圆拱形龛，七个内各造佛一身，另一龛内菩萨一身。根据426年敦煌□吉德塔题名，八尊造像分别为维卫佛、式

---

① 贺世哲：《关于十六国北朝时期的三世佛与三佛造像诸问题（一）》，《敦煌研究》1992年第4期。
② 殷光明：《北凉石塔述论》，《敦煌学辑刊》1998年第1期。

佛、随叶佛、拘留秦佛、拘那含牟尼佛、迦叶佛、释迦牟尼佛以及弥勒。① 其中，现在释迦牟尼佛之前的为过去六佛，之后的弥勒是未来之佛；② 有时，释迦牟尼佛与过去六佛合为过去七佛，以此来表示过去、现在和未来的三世之义（图21）。

图 21 武威石塔

① 暨远志：《北凉石塔所反映的佛教史问题》，载颜廷亮、王亨通：《炳灵寺石窟学术研讨会论文集》，甘肃人民出版社，2003年，第275—290页。
② 另有一种观点将北凉石塔上造像重新认定，并认为其反映的是转轮王思想。见古正美：《再谈宿白的凉州模式》，《敦煌研究》1988年第2期。

但与北凉石塔表现三世佛的形式不同，石窟中出现的主要是由形象类似的三佛组成的三世佛造像组合。天梯山第 18 窟虽然毁坏较严重，但中心柱尚存。中心柱中下层每面开三个圆拱形浅龛，龛内各造一结跏趺坐佛（图 22）。在有西秦建弘元年题记的炳灵寺第 169 窟内，第 1、7、9、14、16、21 龛亦存有或残存有三世佛题材的造像组合。[①]这种三佛并列，形象基本一致的三世佛造像组合可能受到三世论的影响。三世论是佛教思想的理论基础之一，《魏书·释老志》中概括佛经："大抵言生生之类，皆因行业而起。有过去、当今、未来，历三世，神识常不灭。"[②] 因此，将三佛造成大小、形象基本一致的样子，

图 22　天梯山第 18 窟正面及左向面清理后面貌

---

① 其中，除第 9 龛并排三立佛，第 14 龛并排三坐佛外，其余龛仅残存 2 身佛，推测原为三佛。
② 魏收：《魏书·释老志》，中华书局，1974 年，第 3026 页。

目的是强调过去、现在、未来三世佛的平等性与承继性。① 此外，还存在以洞窟三个壁面整体来表示三世佛信仰的情况。莫高窟272窟西壁的主尊佛和南、北两壁说法图内的主尊佛共同组成了三世佛。②

三世佛造像与三佛信仰的发展与禅观息息相关。据佛经叙述："若念一切三世佛，广能观察佛境界"，"入于现定前，普见三世佛"。③ 因此可知，僧人坐禅观像时需要观三世佛，三世佛造像对僧人坐禅观像有重要意义。

（二）弥勒信仰

三世佛造像组合形式不尽相同，最核心的目的之一就是通过三世思想来宣传弥勒信仰，强调的都是过去、现在和未来三佛当中的未来之佛弥勒。④ 过去佛已经过去，现在的释迦佛已经涅槃，故信众将希望寄托在未来佛弥勒身上。

2至3世纪时，在印度西北部弥勒信仰已经形成，后由西北陆路传入中国并流行起来。北凉时期，"弥勒三部经"均译出。⑤ 其中包括"上生"和"下生"两方面的信仰内容，分别由弥勒菩萨和弥勒佛代表。"下生"思想主要表现地上人间乐土，相信弥勒将来下生到这个世界，在龙华树下，三会说法，以救度众生。⑥ "上生"思想在北凉时

---

① 贺世哲：《关于十六国北朝时期的三世佛与三佛造像诸问题（二）》，《敦煌研究》1993年第1期。

② 东山健吾：《敦煌莫高窟佛树下说法图形式的外来影响及其变迁》，贺小萍译，《敦煌研究》1991年第1期。

③ 《大方广佛华严经·世间净眼品》，《大正藏》第9册，第401页上；《大方广佛华严经·入法界品》，《大正藏》第9册，第722页下。

④ 殷光明：《北凉石塔研究》，财团法人觉风佛教艺术文化基金会，2000年，第287页。

⑤ 西晋竺法护初译《佛说弥勒下生经》、后秦鸠摩罗什译《佛说弥勒下生成佛经》、北凉沮渠京声译《观弥勒菩萨上生兜率天经》。

⑥ 弘学：《净土信仰》，巴蜀书社，2011年，第158页。

期表现更为显著,《观弥勒菩萨上生兜率天经》由沮渠蒙逊的弟弟沮渠京声译出,结合遗存中表现兜率天、交脚弥勒菩萨等内容可知,其目的主要是展示一种天宫乐土。①

天梯山第 18 窟,中心柱中下层每面各开三龛,并列塑三佛表现三世佛信仰,其中必有未来之佛弥勒。莫高窟北凉三窟共存 9 尊塑像,基本都认定为弥勒。就主尊而言,第 268 窟为交脚弥勒佛,第 275 窟为交脚弥勒菩萨。第 272 窟有争议,一说体现前述之三佛信仰,主尊为释迦牟尼佛,结合南北两壁说法图主尊过去迦叶佛和未来弥勒佛,共同组成前述之三世佛;②另一说则为善跏趺坐弥勒佛,③则不是上生的弥勒菩萨,必定为下生的弥勒佛。据《弥勒下生经》,弥勒在成佛后,在华林园华龙树下举行了三次说法,故正壁主尊造像结合两侧壁的说法图,构成弥勒三会。④

弥勒信仰亦与禅观关系密切。僧人一般通过习禅去往兜率天咨询弥勒,求弥勒决疑的信仰,如罗汉"乃为严入定,往兜率宫咨弥勒"⑤,"达摩曾入定往兜率天,从弥勒受菩萨戒,后以禅法授览"⑥。弥勒净土本身巨大的吸引力,以及弥勒的决疑功能,更加促进了禅观这种修行方式的盛行。

---

① 杜斗城:《试论北凉佛教的影响》,《民族研究》1997 年第 4 期。
② 贺世哲:《敦煌图像研究·十六国北朝卷》,甘肃教育出版社,2006 年,第 152 页。
③ 东山健吾认为第 272 窟主尊为释迦佛或弥勒佛,见东山健吾:《敦煌莫高窟佛树下说法图形式的外来影响及其变迁》,《敦煌研究》1991 年第 1 期。
④ 星云大师监修,佛光大藏经编修委员会:《佛光大藏经 净土藏经部佛说弥勒下生经 外十部》,佛光出版社,1999 年,第 48 页。
⑤ 释慧皎:《高僧传》卷三《智严传》,中华书局,1992 年,第 100 页。
⑥ 释慧皎:《高僧传》卷十一《慧览传》,第 418 页。

（三）净土信仰

净土即佛国，全称清净土、净妙土等等，在佛经中与秽土——我们生活的现实世界相对存在，被描绘为脱离一切恶恼和污垢的处所。①公元1至2世纪时，西方净土信仰产生。在中国明确的西方净土信仰始于4世纪，自5世纪起普遍流行，成为中国大乘佛教的主要特色之一。②

净土信仰的分类和表现形式多样，一佛对应一净土。在甘肃十六国时期的石窟寺中主要为弥勒净土和弥陀净土。这两种净土，除其中的主尊佛不同外，佛经里对其景观的描述大体一致。其中，莲花化生是最具代表性的背景形象，在天梯山第4、18窟中心柱柱檐、莫高窟第268、272窟窟顶和炳灵寺第169窟第6、13龛中均有出现。

北凉三窟以宣传弥勒信仰为核心，因此在三窟内分别构成了一种早期的弥勒净土空间。第268窟虽仅存主尊一身交脚弥勒，但六身供养菩萨皆跪于莲花座上，窟顶的平棊中亦绘莲花、飞天，并结合正壁，将净土世界的空间要素表达出来。第272窟菩萨的表现形式与第268窟相似，其主尊若定为弥勒佛，再结合背光中的天人，则亦带有弥勒净土的性质，而南北壁说法图的呈现，使整个洞窟构成了弥勒三会之场景。第275窟在背景形象的表现上仍与第268、272窟基本一致，但此窟的净土信仰表达得更加明显。南壁的佛传故事虽是描写释迦成佛的佛传故事，但若配合洞窟的整体思想背景，则可将其视为未来下生成佛的弥勒；这样，北壁的本生故事则可解读成弥勒菩萨的本生故事，以表现弥勒上生行菩萨道时的精神，第275窟内容从时间和空间两方

---

① 张敬全：《从西域净土信仰到中原净土宗的转变》，硕士学位论文，新疆师范大学，2008年，第7页。
② 王惠民：《敦煌西方净土信仰资料与净土图像研究史》，《敦煌研究》2001年第3期。

面，表现了弥勒菩萨的兜率净土世界。① 以上洞窟对弥勒净土的表达虽不甚完整，但却是后世完整净土变的先驱。

在现存遗迹中，弥陀净土信仰保存完好并明确可辨的为炳灵寺第169窟第6龛内一佛二菩萨造像组合（图23）。根据题记可知，主尊为无量寿佛，两侧为观世音与大势至，合为西方三圣。此外，还有第11、12、14号龛内主尊亦有阿弥陀佛（无量寿佛）之榜题。这种有明确题名的西方三圣形象在早期其他石窟中未有先例。西方三圣是以一佛二菩萨为中心发展出来的经典三圣形式之一②，在相关佛经《般舟三昧经》《无量寿经》《阿弥陀经》《观无量寿经》中，无量寿佛即阿弥陀佛为主尊，统领西方极乐世界，反映出弥陀净土世界之景象。虽然十六国时期弥陀净土信仰在中国的这种早期形态是后来净土宗发展的源头。但是至北朝，昙鸾首次较系统地注释并论证了弥陀净土，才基本建立起弥陀净土的教义体系。③ 在北侧大势至菩萨上部，为现存最早的十方佛造像，分上下两排，每排5身，均结跏趺坐。虽然十方佛与三世信仰、法华信仰、千佛信仰等均有联系，但十六国时期遗存中现仅存此一例，应与主尊无量寿佛有密切关系，表现的应是西方净土无量寿化，明十方佛化。④

净土是大乘经典中普遍存在的度己和度人观念的综合体现。但在十六国时期，从现有遗存看，不论是弥勒净土还是弥陀净土，都

---

① 杨明芬：《莫高窟早期净土思想表现——以北凉三窟为中心》，《敦煌学辑刊》2006年第4期。

② 此外，经典三圣还包括药师三圣和华严三圣。释见脉（黄淑君）：《佛教三圣信仰模式研究》，博士学位论文，中国社会科学院研究生院，2010年，第13页。

③ 李慧波：《汉唐间净土信仰研究》，硕士学位论文，青海师范大学，2009年，第1页。

④ 贺世哲：《敦煌北朝洞窟中之十方佛造像新探》，载敦煌研究院编：《段文杰敦煌研究五十年纪念文集》，世界图书出版公司北京公司，1996年，第56页。

图 23　炳灵寺第 169 窟第 6 龛西方三圣

只是净土信仰在中国的孕育和准备阶段。此后直至唐代，净土思想达到全盛。同时，与前述信仰类似，弥勒、西方三圣，以及莲花化生等背景，均为僧人禅修时观像的客体对象。由于禅观这种修行方式本身的结构特征，净土信仰亦被引入这一修行方式当中，为坐禅观像而服务。

（四）法华信仰

法华信仰以《法华经》为基础义理，是大乘佛教中主张人人皆可成佛观点的集中体现。《法华经》全称《妙法莲华经》，形成于公元1世纪前后，当时大乘佛教作为一种新兴的派别正与旧有的小乘佛教之间展开激烈的辩论。《法华经》从大乘佛教的立场出发，调和大、小乘间的矛盾，最终将小乘思想融合进大乘思想，成为在中国普遍流传、影响深远的重要经典。[①]

法华信仰在甘肃十六国时期石窟遗存中，主要通过释迦和多宝二

[①] 贺玉萍：《北魏洛阳石窟文化研究》，河南大学出版社，2010年，第136—137页；樊锦诗：《解读敦煌：法华经故事》，华东师范大学出版社，2010年，第19页。

佛并坐来表现。据《法华经·见宝塔品》："尔时多宝佛于宝塔中分半座与释迦牟尼佛，而作是言，释迦牟尼佛可就此座。即时释迦牟尼佛入其塔中，坐其半座，结跏趺坐。尔时大众见二如来在七宝塔中师子座上结跏趺坐。"[①] 在炳灵寺第169窟，二佛并坐之壁画图像出现在第11、13、24龛内（图24）。影响延续至北朝时期，则出现了释迦和多宝并列为窟内主尊，莫高窟北魏早期第259窟正是如此。

图24　炳灵寺第169窟第11龛二佛并坐

释迦、多宝二佛作为禅观的对象是随着"法华三昧"禅法产生而实现的。鸠摩罗什于后秦弘始八年（406）在长安译出《法华经》后，

---

① 宋先伟：《法华经》上，大众文艺出版社，2004年，第282页。

依其中的"见宝塔品"展开"法华三昧"这种禅观修行方法,并影响了当时的禅修和开窟造像活动。如僧人修禅时,通过观过去多宝佛和现在释迦佛共处宝塔,再配合周围三世十方分身诸佛,来传达过去、现在、未来融通的思想。①

(五) 千佛信仰

"千佛"一词在汉译佛经中始见于西晋竺法护翻译的《贤劫经》卷六《千佛名号品》,即所谓的"贤劫千佛",后含义逐渐扩大,千佛泛指佛之数多。表现为图像,特指一种高15—20厘米,造型雷同、结跏趺坐、排列有序的小坐佛群像,②具有集中成组排列的形式特征。从思想方面来讲,千佛作为大乘佛教多佛信仰的产物,其在时间上纵贯三世,在空间上遍及十方,涉及多种大乘经典思想。③

在不同历史时期,千佛在石窟中往往有比较固定的分布位置。在早期的中心柱窟中,常被绘制于四壁,而在方形洞窟中,四壁,尤其是南北壁和东壁为最常被选择的位置。④

千佛作为石窟中重要的造像题材,在早期石窟中出现频率较高。至北朝时,成为中国北方石窟造像的主要特色。⑤论及十六国时期千佛图像遗存,天梯山第4窟右壁中部靠前残存千佛2排19身;炳灵寺第169窟第24龛是我国现存最早的有确切纪年的千佛图像,目前残存19排,另外,第12、15、19龛壁,野鸡沟一窟第1、8龛,亦有千佛

---

① 张元林:《敦煌北朝时期〈法华经〉艺术及信仰考察》,《敦煌研究》2006年第5期。
② 贺世哲:《敦煌图像研究·十六国北朝卷》,甘肃教育出版社,2006年,第114页。
③ 李静杰:《敦煌莫高窟北朝隋代洞窟图像构成试论》,《2005年云冈国际学术研讨会论文集(研究卷)》,2005年,第366页。
④ 梁晓鹏:《敦煌莫高窟千佛图像研究》,民族出版社,2006年,第18页。
⑤ 沙武田:《千佛及其造像艺术》,《法音》2011年第7期。

图像（图25）；莫高窟中与其他思想相结合表现得更加成熟，第272窟南、北、东三壁和第275窟南、北壁均存在。

图25 炳灵寺第169窟第15龛千佛壁

千佛信仰的意义多样，运用广泛，且与多种思想信仰相交织，如由三世十方发展而来、围绕二佛并坐出现，而与法华信仰相关、由法身观化佛而成等。由此，导致了其表现形式亦较为丰富。与说法图结合，以及单纯的千佛壁面，是甘肃十六国时期石窟寺中主要的两种表现形式。天梯山第1窟右壁由于残损仅留千佛2排19身，不可知其原状；炳灵寺第169窟第12、24龛，莫高窟第272、275窟南北两壁，均为在说法图的周围或上部绘制千佛；炳灵寺第169窟第15、19龛为千佛壁。无论与何种信仰相结合，无论以何种方式呈现，在佛教信仰中，千佛都是具有广泛功德的观念，构成僧人禅观的重要对象。这是各洞窟不同形式千佛造像的共同意义。

（六）其他信仰、造像组合及单体

除上述主要图像与信仰外，甘肃十六国时期石窟寺中亦有其他信仰开始出现。

首先，维摩诘信仰出现，且与法华信仰同处一窟，并峙流行。^① 炳灵寺169窟中三处出现了维摩诘造像。第10龛壁画分上下两层，下层绘一佛一菩萨说法图一铺，释迦牟尼佛结跏趺坐，西侧胁侍菩萨提名为"维摩诘之像"；第11龛第三组壁画东侧绘两人，题名东为"维摩诘之像"，西为"侍者之像"；第24龛文殊问疾品中，维摩诘与文殊对坐。又如，与法身观相对的生身观出现，表现为莫高窟第275窟南壁佛传故事画"四门出游"。

其次，一些造像组合因形式表现特殊，而存在一些与主流观点相异的解读。比如常见的一佛二菩萨组合中的两胁侍菩萨被解读为佛教中的护法神——大梵天和帝释天，大梵天均为菩萨装、帝释天为武士装或菩萨装，因此武士装的帝释天又被认定为一佛一菩萨一天王的组合部分，如炳灵寺169窟第3龛（图26），而第14、24龛的帝释天均为菩萨装。^②

图26　炳灵寺第169窟第3龛

---

① 肖建军：《论南北朝至隋时法华造像与维摩诘造像的双弘并举》，《考古与文物》2012年第5期。
② 张宝玺：《河西石窟以大梵天帝释天为胁侍的造像》，《敦煌研究》2016年第4期。

最后，单体造像个别形象出现，或具有特殊姿势。如受犍陀罗艺术影响的苦修像出现在炳灵寺第169窟第20龛内。① 又如，莫高窟第275窟南北壁双树龛内出现了半跏思惟菩萨，这类形象在公元2世纪的秣陀罗艺术中即已出现。天梯山第4窟中心柱正面飞天之下出现有胡跪菩萨，即呈胡跪状的供养菩萨。胡跪原为西域民族的一种跪拜形式，一腿跪、另一腿蹲，后演变为菩萨的一种姿态。② 在莫高窟第268窟西壁龛外两侧即绘有类似4身呈胡跪状的供养菩萨。

天梯山、炳灵寺、莫高窟三个石窟虽同为十六国时期，同处甘肃境内，同受"凉州模式"的影响，但其蕴含的思想信仰类型不一，表现出多样性。莫高窟北凉三窟为统一规划开凿，其设计思想以弥勒信仰和净土信仰为主线，但炳灵寺第169窟之思想信仰与其形制类似，种类相对较多。同时，各种信仰在单一出现的同时，往往与其他思想相互交织，表现出复杂性。三世、弥勒、净土、千佛等均相互关联和嵌套。尽管如此，各洞窟图像都为僧人禅观的对象，均反映大乘佛教思想，表现出统一性。

五、以禅观为核心的空间形制与图像布局综合分析

甘肃十六国时期石窟寺空间形制和图像布局两方面分别具有特征与规律。然而，一方面从洞窟内部空间角度考虑，每个单体洞窟才是完整将形制与图像相融合的空间。这个空间的营造，一方面是形制的设计，另一方面则是思想的注入，它们之所以能相匹配在同一个洞窟，

---

① 魏文斌：《丝绸之路佛教及佛教艺术的交流》，《丝绸之路》2014年第15期。
② 谢生保、凌元：《敦煌艺术之最》（修订版），甘肃人民美术出版社，1993年，第128页。

是以禅观为其核心纽带的。另一方面，从石窟外部地域角度考虑，三个石窟虽分属两个政权统治之下，但均在凉州模式辐射范围内，显示出既相离又相交的文化表征。

（一）佛教空间与主题思想之营造

1. 天梯山残损洞窟及炳灵寺不规则洞窟

天梯山由于损坏严重，仅能根据现有遗存状况勾勒出其部分空间布局形态。第1、4窟窟内均以中心柱为礼拜修行之核心。中心柱顶接覆斗形窟顶，中下层每面开一龛，龛内一坐佛，结合龛外不同姿势和装扮的菩萨，组成主要的绕塔礼拜时的禅观对象，配合基座和檐间的莲花化生，体现了大乘佛教净土信仰的萌芽。关于壁面上的造像情况，由第1窟右壁残存部分可推知，左右两壁面以阶梯式斜台塑绘千佛，作为辅助的禅观对象，体现千佛信仰（图27、图28）。

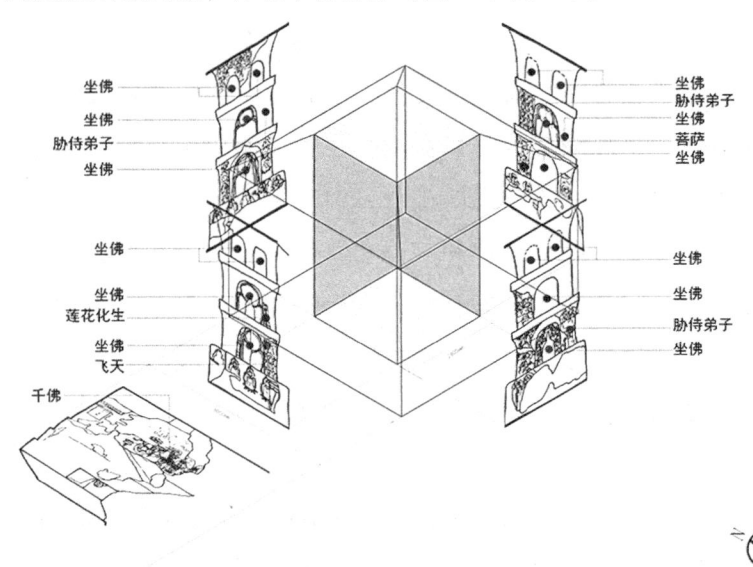

图27　天梯山第1窟空间形制与图像布局轴测图

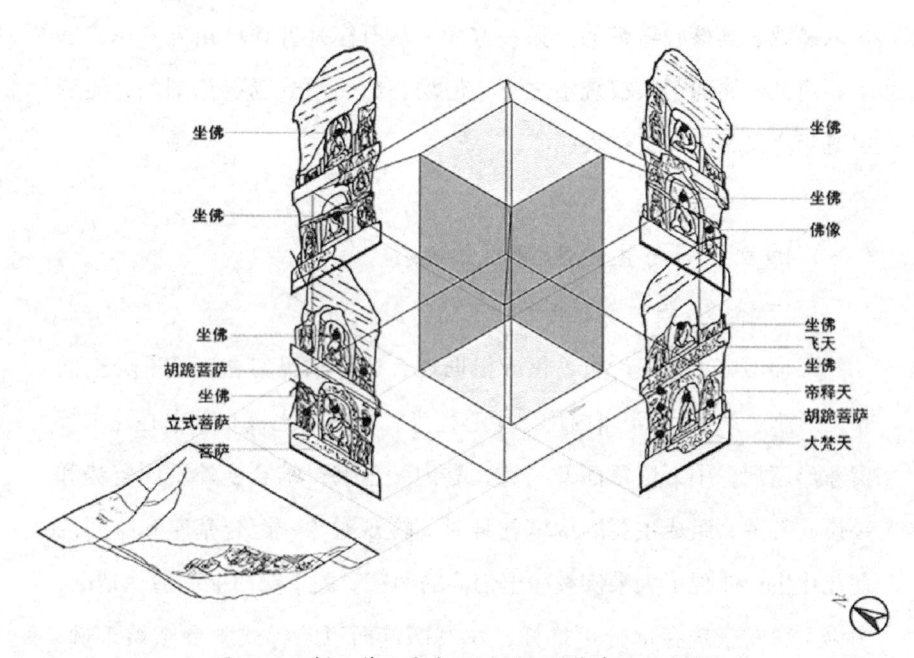

图 28　天梯山第 4 窟空间形制与图像布局轴测图

第 18 窟由前室平面矩形、人字坡顶和后室方形、覆斗顶两个空间体块拼接构成。前室主要作为中心柱窟的一个扩展空间，为僧人提供一个除绕塔这一修行动作之外的集中礼拜的空间。后室中心柱上造像统一为结跏趺坐佛，中下层和上层每面开三龛和五龛的组合体现出三佛信仰和五分法身信仰。由于五分法身分别代表了释迦牟尼佛的五项基本思想，因此，第 18 窟在表现过去、现在、未来三世信仰的同时，更加强调的是现在佛释迦牟尼的重要性和佛法的永恒性，与中下层的三世佛一同表现大乘佛教的思想（图 29）。

此外，天梯山石窟作为凉州模式统治核心区的典型石窟，其在洞窟营造的过程中体现出几点先锋性。如第 1 窟左、右及后壁自 2 米高处各有阶梯式通壁斜台三级，以加固直接贴上壁面的影塑千佛。这种

甘肃十六国时期石窟寺空间形制与洞窟图像布局研究

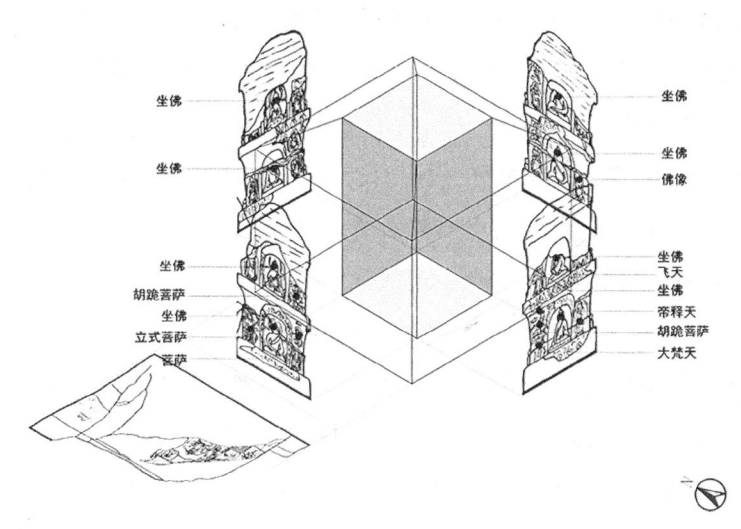

图29　天梯山第18窟空间形制与图像布局轴测图

由单纯的功能需要而做出的形制的变化在克孜尔石窟中亦可见到，但不是很发达，① 至麦积山北魏时期洞窟，这种做法已非常成熟。② 第18窟首见前室人字坡、后室盝顶的窟顶形制组合，在莫高窟北魏早期的几个洞窟中多表现为前室人字坡、后室覆斗的组合形式，这在一定程度上表明了天梯山石窟的先锋性与开创性。

炳灵寺以第169窟为主的西秦洞窟因未经过统一的规划和设计，只能将其定义为一个包含了多样思想信仰的有利于清静禅观的空间，相对于特定空间形制的洞窟。它的功能更加单纯，禅修时固定的程式

---

① 在克孜尔石窟第8、77、196、224窟均可见到，几个洞窟的年代，据阎文儒分期，均属第三期南北朝到隋代（5世纪初—7世纪初）；按宿白分期，属第二、三阶段。阎文儒：《新疆天山以南的石窟》，《新疆考古三十年》，新疆人民出版社，1983年，第562页；宿白：《克孜尔部分洞窟阶段划分与年代等问题的初步探索——代序》，《中国石窟·克孜尔石窟1》，文物出版社，1989年，第10页；新疆龟兹石窟研究所：《克孜尔石窟内容总录》，新疆美术摄影出版社，2000年。

② 麦积山第80、89、100、114、115、133等北魏洞窟均有类似形制出现；魏文斌：《麦积山石窟初期洞窟调查与研究》，兰州大学博士学位论文，2009年。

化仪式较少,仅为静坐禅观;但其禅观对象却相对多样,整个洞窟中同时出现了三佛、净土、法华、法身、千佛、维摩诘等信仰。

2. 莫高窟北凉三窟

莫高窟北凉三窟经过统一规划设计,一次性开凿,以洞窟主尊为核心,在主题思想方面表现出较强的一致性。第 268、272、275 窟三窟均以弥勒信仰为主题思想,虽然其中仍辅助有一些其他思想信仰,但是三个洞窟都营造了一个弥勒净土的佛教空间。

第 268 窟作为一组禅窟,以近似长方体的主室连接四个小禅室,窟内虽然十六国造像及壁画保存不多,但西壁圆券形龛内主尊为交脚弥勒佛,再结合龛外跪于莲花座上的供养菩萨,窟顶的平棊中的莲花、飞天,营造了"下生"思想中描绘的地上人间乐土的佛教空间(图 30)。

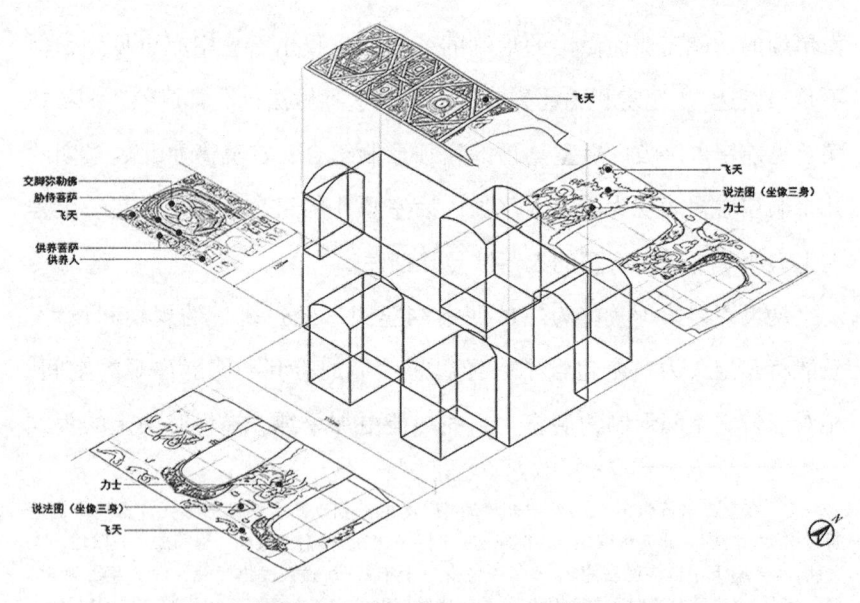

图 30　莫高窟第 268 窟空间形制与图像布局轴测图

第 272 窟虽有争议,但作为一个平面近方形,顶部介于穹隆形和覆斗形之间的佛殿窟,其主题思想的构成主要依靠正壁和两侧壁来进行。三个壁面的造像与壁画应具有关联性，出自同一部佛教经典，统一于一个核心主旨思想。因此，笔者认为，第 272 窟主尊为善跏趺坐弥勒佛，而非释迦牟尼佛。结合两侧壁的说法图，根据《弥勒下生经》，第 272 窟表达的应是下生弥勒佛三次说法这一事件的场景，即"弥勒三会"（图 31）。

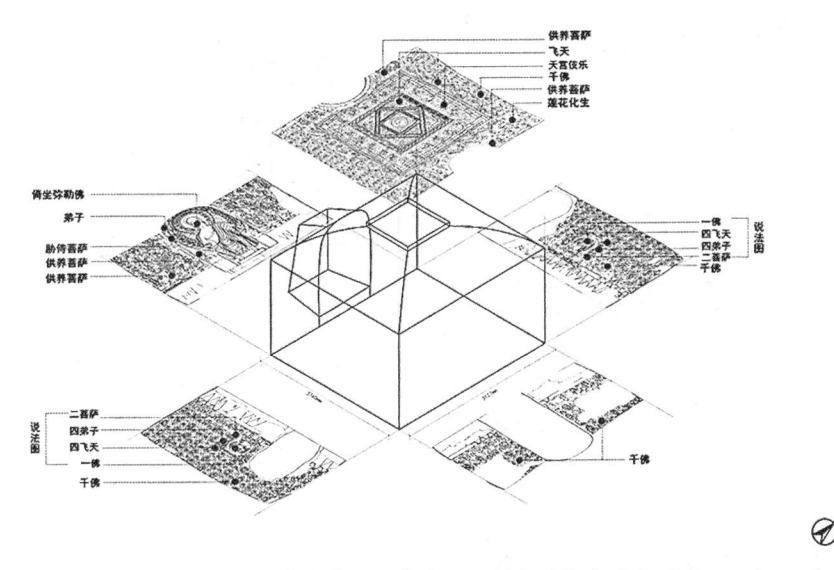

图 31　莫高窟第 272 窟空间形制与图像布局轴测图

与另两个北凉洞窟不同，第 275 窟在表达弥勒净土信仰的同时，融入了法身观与生身观。第 275 窟体量较大，正壁不开龛，直接依壁塑交脚弥勒菩萨一身，奠定洞窟的主题基调，再配合两侧壁六龛内共六身弥勒菩萨，描绘了弥勒菩萨所在的兜率天净土世界。同时，南北两壁分别表现佛传和本生故事画，正好对应了《五门禅经要用法》中由生身观到法身观的禅观思路。[①] 此外，南北壁三龛之间还绘有千佛，

---

① 李静杰：《敦煌莫高窟北朝隋代洞窟图像构成试论》，《2005 年云冈国际学术研讨会论文集（研究卷）》，2005 年，第 376 页。

因此整个洞窟为佛教故事、千佛与弥勒菩萨的图像构成,反映了生身观、法身观、十方佛观,弥勒兜率天净土的一系列主题(图32)。

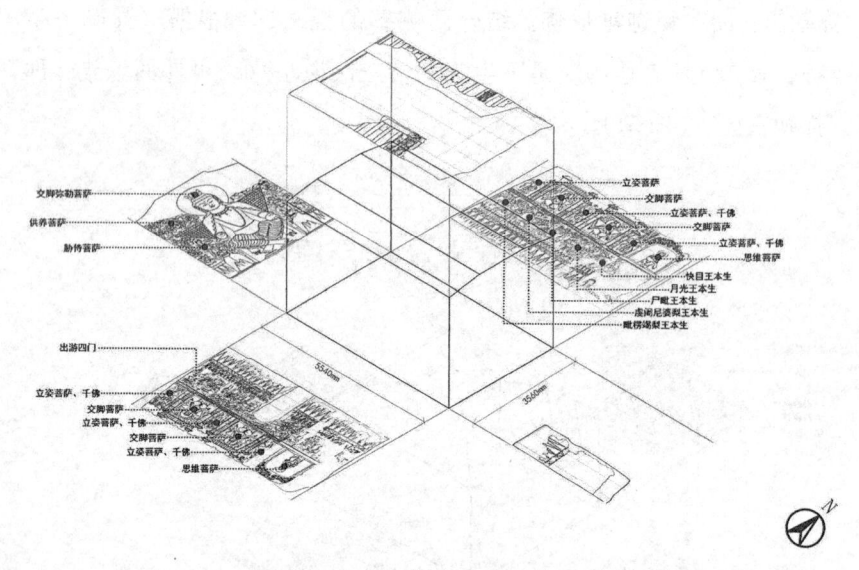

图32　莫高窟第275窟空间形制与图像布局轴测图

(二)佛教系统与"凉州模式"之表征

天梯山、炳灵寺、莫高窟三个石窟分属于两个佛教文化系统:天梯山、莫高窟属北凉佛教,而炳灵寺属西秦佛教;因此各有特征,相互之间不可避免有分歧和差异。然而,三个石窟又同在"凉州模式"辐射范围之内,三者在发展过程中又逐步渐进、融合。总体而言,三个石窟显示出既相离又相交的文化表征。

1. 分歧与差异

一方面,北凉和西秦石窟在空间形制选择营造时差异明显。北凉的天梯山、莫高窟表现更加成熟、规范,出现了中心柱窟、禅窟以及佛殿窟三种标准的石窟形制。而西秦的炳灵寺则无固定标准的形制出现。虽然有这样明显的差异存在，并且洞窟的空间设计可能借鉴当地不同的墓葬或地面建筑形制作为类比项，但是石窟开凿所依附的山崖的可利用性，以及对石质材料处理的技术限制是不可避免的；加之西秦佛教石窟遗存本文中着重讨论的仅限炳灵寺第169窟，该窟是个不规则的天然洞穴。因此，对于北凉石窟和西秦石窟在空间形制方面的差异，无法做更深层次的原因探究。

另一方面，从主要流行的思想信仰看，北凉和西秦佛教最明显的差异，体现在北凉的佛像信仰体系较为单纯，虽有多种信仰出现，但北凉对弥勒信仰最为推崇，以此作为其主流信仰。莫高窟北凉三窟为典型的弥勒窟，天梯山第18窟尽管并列三佛，但其表现三世信仰的同时必定包含了未来之佛弥勒。相对而言，西秦佛教的信仰体系则较庞杂、多样，除与北凉重合的几种外，还出现了法华、维摩诘等在北凉佛教石窟遗迹中不曾出现的信仰类型。之所以出现这样的分歧，原因可从地域、文化、政治三个方面进行分析。

首先从地域因素考虑，三个石窟所在地理位置差异明显。天梯山、莫高窟分别位于河西走廊的中部和西端，不但是东西方交通要冲，更是佛教自西向东传播的门户所在，其佛教信仰受中国西北、中亚地区影响较大。晋末以来，在中原地区陷入战乱之时，这里战争相对较少，社会形势较稳定，为北凉佛教的繁荣提供了良好的地域环境。炳灵寺位于河西走廊的最东端，接近关中地区，它在信仰选择方面与鸠摩罗什在长安翻译及重译的《无量寿经》《法华》《维摩》等共性更多，反映大乘佛教思想，与当时长安佛教相联系，因此，在一定程度上，炳灵寺应是5世纪前半叶长安佛教向西影响的产物。[1]

---

[1] 宿白：《凉州石窟遗迹与"凉州模式"》，载氏著《中国石窟寺研究》，文物出版社，1996年，第44页。

其次从文化因素考虑，北凉和西秦具有不同的文化渊源，并使其各自凝聚成不同的风俗和信仰群体。统治集团的族属是地域和政治发挥作用的中间因素。北凉的沮渠氏属匈奴支系，而西秦乞伏氏为鲜卑支系。十六国时期，各少数民族建立的政权纷纷效仿汉族的文化制度，北凉与西秦虽然自上而下接受相同的宗教信仰——佛教，匈奴和鲜卑本身的信仰体系中或许带有选择何种佛教信仰的意愿，但是两者最终选择不同的具体信仰可能就是由其民族的本源文化决定的，由此构成了一个民族区别于另一个民族的一种重要特征。

最后从政治因素考虑，北凉与西秦政权统治的分歧，导致其推行不同的统治思想，因此展现出不同的图像组合。北凉实施"佛教政治"，其程度可与北魏相提并论，在石窟方面，甚至对北魏早期遗存产生了深远影响。当时，北凉宗教势力常积极投靠政治势力，以求得到皇权的庇护，而统治集团试图依靠宗教巩固其政权。北凉所盛行的弥勒下生信仰就与佛教政治、皇帝崇拜关系密切。[①] 进而言之，"凉州模式"之所以出现在北凉统治范围之内，不可单从沮渠蒙逊尚佛的宗教层面理解，[②] 其中的政治性因素亦不可不言。以沮渠蒙逊因丧子而废佛兴国这一事件，[③] 可知北凉佛教思想信仰的推崇是为其政治统治服务的，增添其政权的合法性和合理性，形成对人民形成精神上和政治上的双重束缚。与北凉不同，西秦借西邻北凉政权中心姑臧，东邻后秦政权中心地理位置的优越性，成为广纳往来高僧之地。统治者崇信

---

① 殷光明：《北凉石塔研究》，财团法人觉风佛教艺术文化基金会，2000年，第292页。

② 古正美：《再谈宿白的凉州模式》，《敦煌研究》1988年第2期。

③ 据《高僧传》记载："伪承玄二年，蒙逊济河伐乞伏暮末于抱罕。以世子兴国为前驱，为末军所败，兴国擒焉。后乞伏失守，暮末与兴国俱获于赫连定定，后为吐谷浑所破，兴国遂为乱兵所杀。逊大怒，谓事佛无应，即遣斥沙门，五十已下皆令罢道。蒙逊先为母造丈六石像，像遂泣涕流泪，谶又格言致谏，逊乃改心而悔焉。"（释慧皎：《高僧传》卷二《昙无谶传》，第78页。）

佛法，并采取一系列招贤纳士的措施，使当时中西方僧人聚集于西秦都城枹罕。如乞伏国仁冯清东晋名僧圣坚译经，西域僧人昙摩毗来此弘扬禅法，任命著名禅僧玄高为国师，① 使得西秦成为佛教思想融会贯通之地，因此呈现出净土、法华、三佛、千佛、法身等多种信仰同在一窟的状态。从当时佛教在政治中的渗透情况来看，北凉和西秦政权带有一定的政教合一性质，因此，政治统治策略的不同是影响二者差异的重要因素之一。

2. 渐进与融合

天梯山、炳灵寺和莫高窟三者作为"凉州模式"系统之内的十六国遗存，分散在河西走廊的中部、东端和西端。其在渐进融合的过程中，必然存在方向性的问题。这个方向性问题实则为地域和文化传播方向的问题，即由"凉州模式"之核心——"凉州石窟"所在地，由中心分别向东西两端扩展。北凉佛教文化向东延伸至河西走廊最东端，向西传播至河西走廊最西端，甚至影响到新疆地区。②

三处石窟的融合，实为两种佛教文化系统相互借鉴的结果。这种借鉴首先体现在西秦向北凉单向的借鉴。虽然从地理位置看，炳灵寺更接近关中地区，其图像多反映法华、维摩、净土等大乘佛教思想，但其中也见有北凉佛教文化因素。如第169窟中出现了三佛信仰、弥勒信仰，在北凉佛殿核心区域的天梯山石窟第18窟虽然损毁严重，但推测其中心柱中下层开三龛的三佛中必定有未来佛弥勒。又如，人的流动亦为借鉴传播文化之过程，第169窟供养人中出现有敦煌人的形象，北凉译经大师昙无谶一路从中印度至敦煌、至姑臧，又在第169窟南壁壁画中出现。西秦在向北凉借鉴的同时，还从东边长安佛教中

---

① 张宝玺：《炳灵寺的西秦石窟》，载炳灵寺文物保管所编：《炳灵寺石窟研究论文集》，1998年，第194页。
② 吐峪沟第44窟与莫高窟北凉第275窟的佛教故事图像具有一致性。

汲取营养，例如出现了释迦和多宝二佛并坐这类表现东来的法华信仰的造像组合。

另外，融合与借鉴还体现在北凉、西秦同时向西域的借鉴。例如，从西域输入了半跏思惟像、交脚菩萨、胡跪菩萨、苦修像等单体造像形式，以及佛教故事、千佛、弥勒菩萨相结合的图像构成方式等，都受到了来自西域文化因素的影响。① 又如，从信仰基础佛经来看，北凉译经《观弥勒菩萨上生兜率天经》虽由沮渠蒙逊的弟弟沮渠京声译出，但在西域犍陀罗早已出现，这表明在5世纪前半叶，中国佛教的诸多文化因素的图像表征还是以输入为主，并在佛教文化传播、渐进的过程中逐步融合。

六、结论

北方佛教具有重行为、修行、坐禅与造像之特点。② 开凿于十六国时期的各类型洞窟，从空间形制和图像布局两方面为这一特点提供了实现的场所和对象。石窟作为一个佛教空间，其营建目的多样，禅观、供养、礼拜等多种需求促成了它的开凿。本文所述之洞窟，在满足基础的供养佛祖和礼拜祈福的同时，将坐禅观像作为主要功能，并以此为核心进行洞窟形制和窟内图像的设计。

甘肃十六国时期石窟寺空间形制与图像布局均围绕"禅观"这一主题思想展开，并将禅观作为联系空间形制与图像布局之核心纽带。禅观，即坐禅而观念真理的一种实践修行方式。天梯山、炳灵寺和莫高窟三处石窟寺的空间形制都是为满足禅观这一功能需求而设计开凿：

---

① 李静杰：《敦煌莫高窟北朝隋代洞窟图像构成试论》，《2005年云冈国际学术研讨会论文集（研究卷）》，2005年，第367页。
② 汤用彤：《汤用彤讲佛学》，中国工人出版社，2015年，第165页。

开凿禅窟的目的本身就是用于禅观，僧人在其内禅修并进行生活起居，相对而言，这是一个私密性较强的静态空间。另两种洞窟——支提窟和佛殿窟，虽非专门用于禅修的禅窟，但可进行禅观及宗教活动，融入相关仪式，是一个公共性较强的动态空间。同时，禅观时最重要的一项活动为观像。因此，洞窟内的图像是重要的禅观对象，其种类和布局方式均为禅观服务。不同供养人或群体选择具有禅观特征的图像，以三佛、弥勒、净土、法华、法身、千佛等信仰集中体现了大乘佛教思想。

　　禅观作为一种实践修行的方法论，是以佛经为原理依据的。而本文所论述的空间形制和图像布局，正是原理和方法论二者之间的沟通途径，将佛教仪式行为与思想信仰统一在一个空间内完成。同处于5世纪前半叶的甘肃石窟，在从炳灵寺至莫高窟一线范围内，虽在形制和信仰的选择方面各不相同，但其最终核心目的均指向禅观，具有鲜明的共性。这些石窟在营造了一个个佛教立体空间的同时，还显示了在甘肃十六国时期这个特定时空范围内崇佛、重禅、善修的社会特征，是南北朝时最终形成南朝重义学、北朝重禅修的佛教文化格局之先声，在早期石窟寺研究中具有举足轻重的地位。

青齐地区北朝晚期单体菩萨头冠研究

杨晓慧

(北京服装学院)

在青齐地区的单体菩萨造像中,其所佩戴的冠饰在种类上可谓多样化,但在翻阅佛教典籍时,我们无法找到其具体样式,这也许就是青齐地区范围内工匠在制作佛教造像时发挥其艺术创造力与想象力的结果。我们在观察菩萨造像样式时,应结合图像艺术与佛典经文,从物质形态追溯艺术精神本质,以期还原当时的宗教艺术情景。笔者就以菩萨头冠为出发点,通过对头冠类型的分析及其年代的划分,掌握北朝晚期青齐地区内菩萨头冠的发展脉络,找出其变化规律,探求青齐地区单体菩萨头冠样式的渊源与流变问题。

一、青齐地区菩萨头冠的类型分析

笔者通过对山东省博物馆、青州市博物馆、诸城市博物馆、临朐县博物馆、博兴县博物馆、东营市历史博物馆的实地考察所收集的图像资料的整理,针对其类型特征进行分析。这几个博物馆所涉及的地区包含有青州市、临朐县、诸城市、博兴县、广饶县、惠民县、济南市等地,青州市出土的造像,部分收藏至青州市博物馆内,少数收藏至山东省博物馆内，还有零星几件外借展出。笔者通过对各博物馆内展出造像的收集，整理出的北朝时期菩萨造像有33件；临朐县博物馆北朝时期的菩萨像有16件，图版资料补充13件，共计29件的菩萨造像；博兴县收集的北朝时期菩萨造像有16件，根据出版的图册所补充的共计有39件；诸城市博物馆藏18件北朝时期较为完整的菩萨造像；山东省博物馆北朝造像中，惠民县出土菩萨造像有4件，济南地区出土的菩萨造像有2件。青齐地区北朝时期菩萨造像共计139件，通过对头冠类型的分析可知，菩萨头冠大致可分为束发式、折巾冠（皮弁）、花蔓冠、高宝冠、方形冠等类型，其中花蔓冠又可依据特征分为三叶、三角饰冠、连珠纹宝冠、透雕花蔓冠、化佛冠等等多种样式。根据材质类型，可分为石灰石、青石、白玉、铜、铁、陶等等，文章首先针对不同材质类型的菩萨造像，对其头冠样式进行梳理，分析其不同材质类型的风格样式特征，以期对青州地区的菩萨头冠类型有不同层面的了解。

（一）石菩萨造像

青齐地区的石质造像数量很多，目前所整理造像质料，包括汉白玉、石灰石、滑石及少量砂岩，其中以石灰石最多。[①] 石质造像中所见的菩萨造像占很大比重，目前统计的石质造像有105件，特别是青州、临朐、诸城等地较为集中，工艺水平较高，尤其是大型的单体造像的头冠样式，灵活多变，具有特色。石质菩萨造像中，头冠的类型主要有束发式、折巾冠、花蔓冠等，束发式有10件，折巾冠有9件，花蔓冠的数量有59件，其余除了有残缺的头冠外，还有如矮冠、方形冠等等。

---

① 夏名采：《青州龙兴寺佛教造像窖藏简报清理》，《文物》1998年第2期。

1. 折巾式冠

折巾式冠①是一种类似于世俗男子所带的纶巾式②冠（图1），形状上似是皮弁③（图2），有的似一个头盔状或是圆帽状，冠顶一般雕刻出梁，冠前或装饰有圭形状配饰④，额前刘海梳成五个或是多个花瓣状（有的无刘海），无宝缯或是有宝缯的在冠两侧扎花结（较小如翅）后折叠垂下（或是不扎花结直接垂下），发辫覆肩而下，在肩膀处由圆形状物体固定住。折巾冠可分为四种类型，分别用Ⅰ、Ⅱ、Ⅲ、Ⅳ来表示（表1）。折巾冠最早出现在北魏晚期，东魏时期数量增多，北齐时期折巾冠出现多样化，以青州博物馆藏贴金彩绘石雕菩萨立像为例，菩萨头绾高髻，长发披肩，发髻用折巾缠绕，折巾上有黄金饰件点缀，饰件为花形，中心有一方形，宝缯自花形向两侧固定，绾花结后垂下至耳边。博兴地区的折巾冠上装饰有花蔓，如龙华寺遗址出土北齐大势至菩萨像，冠呈山丘状，正前饰三个圆形状饰物，浅浮雕刻莲花，两侧圆形由穗结相连，正中间圆形垂下花结，宝缯在冠两侧扎花结后刻出花纹，前面部分刻出连珠纹并饰有蝴蝶结，额前黑发梳中分，发辫分两股随肩而下。观世音菩萨的头冠正前方部分雕刻一化佛，两边由连珠串固定在冠上，宝缯在冠两侧扎花结，并雕刻出圆圈，正中间

---

① 这种说法是依照考古报告中对于北齐时期一件单体造像头冠样式的称谓，但并未对其做具体详细描述，笔者通过对图像的观察与对比分析，分出这一类类型，特此说明。参见夏明采：《青州龙兴寺佛教造像窖藏清理简报》，《文物》1998年第2期。

② 纶巾，为青丝带的头巾，但此说法并不准确，据马里扬：《"纶巾"考》，《寻根》2010年第3期。纶巾是魏晋时期世俗男性较为流行的一种冠饰，同于绶的丝带与幅巾的结合，是两物样式的综合称法，简言之，可以列出这样的等式：纶巾=纶+巾。它的样式，应该类同于"竹林七贤图刻砖"中的"襞积丝带式"，即以一整副头巾将额头以上层层包住，而将余留在脑后的部分纠结成一股股丝带。

③ 《释名·释首饰》："弁，如两手合抃时也。"可见弁的外形犹如两手扣合，或者像一只翻转过来的耳杯，即是一下丰上锐的椭圆形帽子。

④ 圭，是一种玉，作为礼器使用，其形状为上下方形，也有上端作三角形、下端方正等，本文中的圭形装饰物为上端为三角形、下端方正的形状。

为蝴蝶花结，额前黑发中分，发辫分两股覆肩而下，垂至肩膀处。

图 1　竹林七贤与荣启期砖雕画，南朝，南京市博物院藏

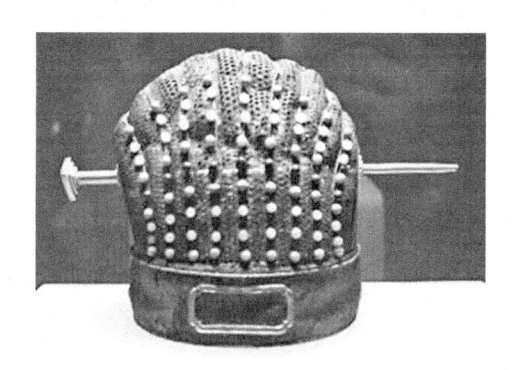

图 2　九缝皮弁，为明代鲁王朱檀所戴，笔者拍摄于山东省博物馆

表 1　石质菩萨头冠类型（折巾冠）

样式	I			II	
	a	b	c	a	b
年代	北魏晚期	北魏晚期—东魏	东魏	东魏—北齐	东魏
出土地	青州	青州	青州	青州	青州
例图					

续表

样式	III		IV	
	a	b	a	b
年代	北齐	北齐	北齐	北齐
出土地	青州	青州	博兴	博兴
例图				

注：表1所用线描图均为笔者所绘。

2. 花蔓冠

关于花蔓冠的说法并没有一个统一的定义，一般来说，花蔓是指以花草植物装饰的藤蔓，顾名思义，花蔓冠为有花朵、藤蔓装饰的头冠，本文中的花蔓冠是一种广义上的说法，主要是指头冠中装饰有花、花朵或是冠呈花朵型（如莲花）的样式都被归入花蔓冠的范畴之内。"花蔓"在佛教研究文献资料中不常见，而有"华鬘"一说，主要是指印度风俗男女多以花结贯饰首。

> 而华鬘本身，则是梵文 Kusuma-mālā 的意译。其中，Kusuma 原指一种素馨属的植物，音译有"俱苏摩、拘薮摩、须曼那、须末那"等，特指它的花，在佛经中常用作一切花的以部分代全体的统称。mālā 义为花环、环状物。也有用 mālā 来作 Kusuma-mālā 的简化词的。①

---

① 白化文：《汉化佛教法器服饰略说》，商务印书馆，1998年，第179页。

"花蔓"在汉译佛经典中有与"璎珞"混淆的现象，因其区别在于一种为植物，一种为矿物，而常常把Kusuma-mala或mala译成"璎珞"。对于两种物质的用途，玄奘《大唐西域记》卷二提到，无论男女皆"首冠花鬘，身佩璎珞"，特别是贵族："国王、大臣，服玩良异：花鬘宝冠，以为首饰；环钏璎珞，而作身佩。"① 唐慧琳《一切经音义》卷一曰："五天俗法，取草木时花晕淡成彩，以线贯穿，结为花鬘，不问贵贱，庄严身首，以为饰好。"② 我们从描述的情节中大致可以推断出，花蔓主要是指古代南亚次大陆盛行的一种装饰性花环，它主要是由鲜花编织而成，其作用料想和璎珞也差不多，只是多用为头饰或挂在身上作为颈饰类饰物罢了。③ 花蔓冠的说法首先来自《敦煌莫高窟北朝洞窟的分期》一文，文中指出北朝第四期洞窟的特点之一就是"菩萨头戴矮花蔓冠，无宝缯，长耳饰"④。《敦煌学大辞典》中"花鬘"词条也描述"敦煌早期壁画中，许多菩萨以白色鲜花编结为冠，莹洁而美丽"⑤。后赵声良先生在其文章中说到，花蔓冠是一种多以三个花瓣形为冠叶的形式，并在花瓣之间点缀忍冬纹装饰为标准。⑥ 在笔者实地调查的范围内，不常见这种形式的花蔓冠，但是作为青齐地区内普遍出现的一种头冠类型，其样式上多有不同之处，笔者依据其特征整理出了五种主要形式，分别用A1、A2、A3、A4、A5表示（表2）。青齐地区的花蔓冠极具地方性特征，基本样式A为三个（花朵形）冠叶组成或是三个部分（三角形、莲瓣状等），正中间冠叶

---

① 玄奘：《大唐西域记》卷二，商务印书馆，1936年，第156页。
② 慧琳：《一切经音义》，《大正藏》第54册，第317页中。
③ 白化文：《汉化佛教法器服饰略说》，商务印书馆，1998年，第184页。
④ 樊锦诗、马世长、关友惠：《敦煌莫高窟北朝洞窟的分期》，载《中国石窟·敦煌莫高窟》第1卷，文物出版社、平凡社，1981年，第190页。
⑤ 季羡霖：《敦煌学大辞典》"花鬘"词条，上海古籍出版社，1998年，第232页。
⑥ 赵声良：《敦煌石窟北朝菩萨的头冠》，《敦煌研究》2005年第3期。

最大，冠叶之间装饰有忍冬纹、花朵或是带有莲花座的火焰纹摩尼宝珠，且有宝缯扎花结装饰。

表2 石质菩萨头冠类型（花蔓冠）

样式	A1（三角形）		A2（纹饰）	
	①	②	①	②
年代	北魏晚期—东魏	北齐	东魏	东魏
出土地	青州	诸城	博兴	青州
例图				

样式	A2（纹饰）	A3（筒状）		
	③	①	②	③
年代	北齐	北魏晚期—东魏	东魏—北齐	北齐
出土地	诸城	青州	临朐	临朐
例图				

样式	A4（透雕花蔓冠）			A5（方形）
	①	②	③	①
年代	北齐—隋	北齐	北齐	北齐
出土地	青州	青州	青州	青州

续表

样式	A4（透雕花蔓冠）			A5（方形）
	①	②	③	①
例图				

样式	A5（方形）	基本样式 A		
	②	①	②	③
年代	北齐	北朝晚期	东魏	北齐
出土地	青州	青州	诸城	青州
例图				

注：表2所用线稿图均为笔者所绘。

3. 束发式

束发式主要是指不戴冠的菩萨的一种头饰。本文中为了便于归纳分析，把束发式也归于头冠类型的一种，跟冠一样都是起装饰的作用。赵声良先生称这种类型为束发型，其主要形式为以较宽的带子束发，在两侧垂下一段称作"冠披"①的装饰，简单来说，就是用带子把头发扎起，形成一个高耸的髻，带子（或宽）上画出装饰性的小圆点

---

① 樊锦诗、马世长、关友惠：《敦煌莫高窟北朝洞窟的分期》，载《中国石窟·敦煌莫高窟》第1卷，文物出版社、平凡社，1981年，第190页。转引自赵声良："敦煌石窟北朝菩萨的头冠"，《敦煌研究》2005年第3期。

（或是在带子上部增加儿朵花形装饰）。① 龙忠在探讨弥勒发冠的演变过程中提到，犍陀罗式弥勒菩萨的发式主要分为束发式②和肉髻式③，贵霜王朝马图拉弥勒菩萨头饰分三个类型，为无肉髻螺发型④、发髻型⑤、宝冠型⑥。而本文中所说的束发式是一个广义上的概念，仅指不戴宝冠的一种头饰（发髻装饰），其中既包含犍陀罗弥勒菩萨的束发式与肉髻式，同时也存在贵霜王朝马图拉弥勒菩萨头饰中的无肉髻螺发型、发髻型。笔者所考察的青齐地区的束发式，菩萨头发往往束成各种形状的髻，用发带扎系（表3）。

表3　石质菩萨头冠类型（束发式）

样式	a	b	c	d
年代	北魏晚期	北魏正光六年（525年）	北魏晚期	北魏晚期
出土地	青州	青州	青州	临朐
例图				

① 赵声良：《敦煌石窟北朝菩萨的头冠》，《敦煌研究》2005年第3期。
② 这里说的束发式是将头发梳起来扎住，上端分两股，一股作环状，一股垂下来，有的两股均作环状，此种束发式源于印度婆罗门行者发型。参见宫治昭：《涅槃与弥勒图像学》，文物出版社，2009年，第235页。
③ 肉髻式指将头发梳起，在头顶绾成圆形发髻。肉髻式源于佛陀肉髻，因为弥勒菩萨必将成佛，将弥勒预想为未来的佛陀，所以采取佛陀肉髻的造型。
④ 此种发式演变为未来世下生的弥勒佛头饰，由于弥勒菩萨还未成佛，所以按照佛陀形象制作，但又通过不表现肉髻而区别于佛陀。
⑤ 将头发绾起成髻，髻通常散开成扇形，如同宝冠，又称"发髻冠"。
⑥ 这里说的宝冠型就是本文中除了束发式之外的头冠样式。

续表

样式	e	f	g
年代	东魏天平四年（537年）	北齐	北齐
出土地	惠民	临朐	青州
例图			

注：表3所用线稿图均为笔者所绘。

（二）素烧白陶菩萨像

以博兴县博物馆所藏的，编号为标本754－281，背屏单体白陶菩萨像[1]为主要代表样式，菩萨头冠由三部分组成，正中间为火焰纹摩尼宝珠，两侧各有一宝珠，宝缯在冠两侧扎扇形花结（浅浮雕线刻）或是花瓣样式的花结，垂至肩膀。山东省出土的白陶制菩萨像所戴的冠饰都遵循这个特征，白陶菩萨造像属于模制，因此造像的大小、规模、样式均属同一类型，冠饰亦然。这类菩萨造像有15件，其中1件为临朐出土，其余14件为博兴龙华寺遗址或是在附近范围内出土，[2]

---

[1] 白陶菩萨像，主要是以素烧白陶佛教造像，是以瓷土为原料，模制成坯后入窑素烧而成的小型单体陶造像，在别的地区十分少见，迄今为止仅见于山东省和河北省，其中以山东省境内出土数量最多。目前山东发现的此类造像，主要集中在博兴、高青、临朐境内，数量较少。有关"白陶佛教造像"这一名称的确定，多位专家、学者通过反复的考察、实验与研讨，最终统一定名为"白陶佛教造像"。详细过程见山东博物馆、博兴县博物馆：《山东白陶佛教造像》，文物出版社，2011年，第1页。

[2] 山东省博物馆、博兴县博物馆编：《山东白陶佛教造像》，文物出版社，2011年，第4页。

通过对比发现，临朐县博物馆现藏白陶造像样式、尺寸大小均与博兴出土的白陶造像接近，且在对其头冠样式分析的基础上，将其归于博兴白陶造像同一类型。

这批白陶菩萨像所戴的头冠，对于正中间部分的摩尼珠雕饰，可分为两种形式：一式为三角形状，内嵌宝珠；一式为似"人"字形的细高状，下面嵌入宝珠。除此之外，有两件（编号为963-320、759-286）为山形冠样式，冠为山形，上无装饰（可能之前有彩绘图案，还须进一步考证），宝缯为圆形花结（上面浅浮雕线刻），额前装饰有三个圆形状物体，宝缯垂下。因此，笔者认为白陶菩萨造像的头冠样式可分为三种样式（表4）。

表4 素烧白陶菩萨像头冠主要类型

样式	B1	B2	B3
例图			

注：表4所用线稿图均为笔者所绘。

因无确切纪年，有学者通过对比出土地的其他材质的佛教造像，推测其造像年代大致为北齐时期。[①] 白陶佛造像皆为单体，尺寸较小，一般集中大批量的制作，其功用可能与寺院某项重大活动相关，造像

---

① 山东省博物馆、博兴县博物馆编：《山东白陶佛教造像》，文物出版社，2011年，第10页。

目的主要表现个人的修行和功德方面，据肖贵田先生的文章《白陶佛与脱佛考》中对白陶佛造像渊源的考察，白陶佛或由中国本地制造，这种以模子制作小型佛像的方式可以从中国早期的佛像实物资料中追寻到蛛丝马迹。[①] 从白陶佛造像的自身的特点与制作方式来看，头冠样式的模式化也有了由来，在追溯其烧制产地时，有专家学者通过对白陶佛造像的检测数据进行分析，以及在以往发掘资料的基础上对龙华寺遗址出土和青瓷器的产地进行探讨，通过类比说明，龙华寺遗址出土的素烧器和青瓷器可能来源于以临淄寨里窑为中心的窑址群。[②] 从目前的收集的资料中，虽不能确定白陶佛的确切产地，但通过山东境内白陶出土地点来看，可确定其主要分布区域，进一步可知，博兴、高青一带为使用白陶造像的中心地区。[③] 博兴属于古青州范围之内，佛教造像大部分也属于青州造像样式的系统，虽博兴出土白陶佛造像有自己的特点，但从造像的总体样式上看，特别是所戴花蔓冠的形式特点，与青州北齐时期的石质造像还是比较一致，从头冠残留遗迹中发现的彩绘颜色，也进一步说明，白陶在制作上同样流行贴金彩绘装饰，所以应该是有相同的渊源。

（三）鎏金铜菩萨像

在笔者整理的材料中，铜质菩萨造像有36件，除了一件是青州市博物馆藏之外，其余均出土于博兴，菩萨的头冠类型主要有束发式、三叶冠等类型，因材质与用途的特殊性，在制作上不同于石质造像的

[①] 肖贵田：《白陶与脱佛考》，载山东省博物馆、博兴县博物馆编：《山东白陶佛教造像》，文物出版社，2011年，第45页。

[②] 徐波：《龙华寺遗址素烧器和青瓷器产地试析》，载山东省博物馆、博兴县博物馆编：《山东白陶佛教造像》，文物出版社，2011年，第35页。

[③] 肖贵田：《白陶与脱佛考》，载山东省博物馆、博兴县博物馆编：《山东白陶佛教造像》，文物出版社，2011年，第46页。

用料与雕刻，往往体形较小，便于携带，在冠饰的表达上就不如石质菩萨像的精细与繁琐，呈简洁、单一的趋势。束发式菩萨造像有9件，其中包括三种发式：肉髻状、鸡冠状（额前饰一宝珠）、呈扇形或为花朵状。三叶冠的样式分为有宝缯C1型和无宝缯C2型（表5）。C1型有四种样式：一式以北魏永平四年明敬武造观世音像为代表样式，冠分为三叶，饱满细长呈分开状，为莲花瓣样式，宝缯呈鱼鳞状垂至肘部。二式头冠为三叶，以北齐刘树□为例，形状较小，为莲瓣状，宝缯垂肩或宝缯扎花结后垂下，肩膀处或有圆形状饰物。三式冠叶为透雕莲花瓣，莲花瓣呈半圆形，宝缯在冠两侧扎花结后垂下至肩膀处的圆形状饰物上。四式以北齐天保五年（554），薛明陵造单身菩萨像为代表样式，冠为矮圆柱冠，上雕刻有莲花花纹，宝缯在冠两侧扎扇形花结后垂下至肩膀。C2型有三种样式：① 主要以北魏正始二年（505）朱德元、北魏太和二年（478）落陵委造观世音像为代表样式，冠型较小，束高髻绾进冠内，冠叶分为三叶，形式较为简洁，不见多余装饰。② 以北齐武平元年（570）孙天□造像为例，菩萨头冠呈莲花型，比头部略小，顶在头上，无宝缯。

表5　鎏金铜菩萨像菩萨头冠类型（三叶冠）

样式	C1			
	①	②	③	④
年代	北魏永平四年（511年）	北齐武平二年	北齐	北齐天保五年（554）
出土地	博兴	博兴	博兴	博兴
图片				

续表

样式	C2	
	①	②
年代	北魏正始二年（505年）	北齐武平元年
出土地	博兴	博兴
例图		

注：表5所用线稿图均为笔者所绘。

表6　鎏金铜菩萨像菩萨头冠类型（束发式）

样式	h	i	j	
年代	北魏普泰二年（532年）	东魏	北魏普泰二年（532年）	东魏
出土地	博兴	博兴	博兴	博兴
例图				

注：表6所用线稿图均为笔者所绘。

二、青齐地区菩萨头冠的发展脉络

在论及青州地区菩萨头冠的样式方面，结合前一部分对菩萨头冠的分类及材质类型方面的分析，可以说铜质菩萨像的头冠样式比石质菩萨造像的头冠样式要早出现三四十年，在北魏早期就已经出现并流行较广，石质菩萨头冠样式出现在北魏晚期并在东魏北齐时期逐渐发展，白陶佛造像大致出现在东魏晚期，在北齐时期得到发展，这跟青州地区整体佛造像的发展进程相一致，这可能跟宗教造像的传统风尚有关①。笔者参考这几个地区的考古报告及相关研究资料中各学者对出土佛造像的年代分期②，通过对菩萨头冠的类型样式梳理，发现其在各个时期的变化规律，笔者认为菩萨头冠样式的发展脉络与整体佛造像样式略有不同，可分为两个发展时期：第一期为北魏中晚期到东魏前期，第二期为东魏中晚期到北齐末年。

（一）北魏中晚期至东魏初期

北魏中晚期至东魏时期的菩萨造像中大部分是没有纪年的，菩萨的头冠类型主要有束发式、折巾冠、花蔓冠及其他类型，束发式的样式为a、b、c、d、e、h、j，折巾冠的样式为Ia、Ib、Ic式，花蔓冠的样式为A1①、A2①、A2②、A3②、A5①。

1. 第一发展阶段（北魏中期—晚期）

北魏中晚期的菩萨造像总体数量不多，最早出现的是北魏太和二

---

① 宿白先生在其文章《青州龙兴寺窖藏所出佛像的几个问题》提到，"公元469年青齐入魏之前，其他造像同于江表，仅闻铜木，不见石雕。此种差异，即在469年以后，长达半个世纪似亦无显著变化。博兴、诸城之发现可资旁证。至于较多石质佛像的出现，已迟至北魏正光（520—525）之后。就龙兴寺之窖藏言，有明确纪年最早的石像，是永安二年（529）韩小华造弥勒及胁侍三尊立像。该像晚于青齐以西的北魏地区石质佛教造像出现的时间，约有八九十年之久，可见有关宗教传统风尚的转移，不是一件容易之事"。

② 青齐地区各地出土造像的年代分期，参照夏名采、王瑞霞：《青州龙兴寺出土背屏式佛教造像分期初探》，《文物》2000年第5期。李少南：《山东博兴出土百余件北魏至隋代铜造像》，《文物》1984年第5期。宫德杰：《临朐县博物馆收藏的一批北朝造像》，《文物》2002年第9期。诸城县博物馆：《山东诸城出土北朝铜造像》，《文物》1986年第11期。

年（公元478年）落陵委造鎏金铜观世音菩萨像头冠样式为三叶冠C2①式，这种样式在北魏正始二年（公元505年）仍出现，说明鎏金铜菩萨造像的头冠C2①式在公元478—505年间一直流行。北魏永平四年（公元511年）明敬武造观世音像头冠样式为C1①，相比C2①式，冠体型变大，冠叶呈舒展状，出现宝缯。大致在公元511年的时候，菩萨头冠样式才有所发展，且此阶段没有出现石质菩萨造像。笔者认为北魏太和年间至北魏永平年间为第一期的第一发展阶段。

2. 第二发展阶段（北魏晚期—东魏初期）

这一阶段的造像数量明显比第一阶段多，北魏神龟元年（公元518年）孙宝憘在背屏三尊像为最早纪年的石质造像，此像头冠残缺，从宝缯部分来看与正光年间菩萨头冠的宝缯样式不同。北魏正光六年（公元525年）的贾智渊造像的菩萨头冠样式为束发式b，北魏永安二年（公元529年）韩小华三尊像中胁侍菩萨头冠为束发式d②，对比两种冠饰，额前都梳花瓣状刘海，而永安三年（公元530年）贾淑姿造像中宝缯的样式与贾智渊造像的宝缯样式相同，可说明正光年间至永安年间的菩萨头冠类型的束发式无大的变化。北魏建明二年（531）背光式石雕佛菩萨三尊像的胁侍菩萨头冠样式与北魏普泰二年（532年）孔雀造鎏金铜弥勒菩萨造像左胁侍菩萨都为束发式j①，与东魏早期的j②式相比，两种样式只在形状上略有差异。青州地区的折巾冠样式带有纪年的为东魏天平三年（536年）智明石雕三尊像，菩萨头冠样式为Ib式，宝缯的样式与Ic式、IIb式、IIIb式相同，说明折巾冠类型中这种宝缯的形式的较为普遍。由此可知，Ib式的年代应不晚于东魏天平年间，Ia式早于Ib式为北魏晚期的样式，Ic式略晚于Ib式应为东魏早期的作品。据此，笔者认为第二阶段的大致年代为北魏永平年间至东魏天平年间。

(二) 东魏中晚期—北齐末年

笔者认为从东魏武定年间（中后期）开始为第二期，因为从这一阶段开始菩萨造像数量明显增多，特别是到了北齐时期，菩萨头冠类样式变化较大，这一时期的菩萨头冠类型主要有束发式、折巾冠、花蔓冠、三叶冠等。束发式的样式有 d、f、g、i，在数量及种类上都不如第一期的丰富多样化，但有一例较为特别，临朐出土的一件北齐时期的菩萨造像中，发髻的形状似为头冠型，缯带从发髻中穿出垂下至肩膀且额前发带上装饰有三个同心圆。北齐时期的菩萨造像明显带有笈多样式的特点，如青州出土的造像中有一例菩萨的发辫呈螺旋状，部分盘在头上其余垂下至肩膀以上，发辫从耳后垂下至肩膀并由圆形状物体固定。折巾冠的样式有 IIa、IIb、IIIa、IIIb、IVa、IVb，从整体特征上来看，折巾冠的形状犹如盔帽状，宝缯的表现形式有所变化，特别是到了北齐时期折巾冠呈现出两种形态：一是在材质上的改变，有用贴金彩绘布帛缠绕头部后扎系花结有宝缯垂下；二是在冠正前方加入花蔓装饰。前一种应该是受到世俗中折巾冠变化的影响，后一种，据笔者观察可能是受到东魏北齐时期青齐地区内较为流行的花蔓冠的影响。

提到花蔓冠，我们需要对花蔓冠样式进行详尽的梳理，从东魏中后期花蔓冠逐渐取代其他样式成为青齐地区主要流行的头冠类型。这一时期的花蔓冠样式有 A1②、A2③、A3②、A3③、A4①、A4②、A4③、A4④、A5①、A5②，数量上约占这一时期总数量的 1/2，第一期虽然就有花蔓冠类型的出现，但无论是在艺术表现形式上还是制作手法上都不及这一时期。第一期的花蔓冠样式的主要特征为花蔓冠的基本样式，东魏早期出现的以纹饰为主要形式的花蔓冠样式 A2①、A2②式在北齐时期演变为 A2③式及 A5 式方形花蔓冠，筒状类的花蔓冠 A3①式演变为 A3③式，A3②式无大的变化，三角形饰的花蔓冠 A1

①式演变为 A1②式，此外在北齐时期出现两种新的花蔓冠样式：一为透雕花蔓冠 A4 式，这种形式主要雕刻在单体圆雕造像上，完全体现了工匠制作者高超的技艺与巧妙的构思能力。二为集中出现在博兴、高青、临朐一带的素烧白陶造像的火焰纹摩尼宝珠花蔓冠。三叶冠样式主要有 C1②、C1③、C1④、C2②式，鎏金铜菩萨像头冠的这种样式较第一期稳定的发展状况相比，出现新的形式变化，冠的体型变大，如圆柱状的冠帽罩在头上，发髻束进冠内，宝缯扎系花结后垂下，而三叶冠不再单为鎏金铜菩萨造像所穿戴，在临朐、诸城一带的石质菩萨造像中也开始出现戴三叶冠饰的胁侍菩萨造像，但与鎏金铜菩萨造像所戴的三叶冠样式有所区别。以北齐清河年间的张海波造思惟像为例，头冠的冠叶似为分散的三叶莲瓣状，宝缯样式直接由冠顶直接垂至肘处，这种冠饰在青齐地区并不常见，反而与邺城地区东魏北齐时期较为流行的三叶冠相似，至于其原因，需要进一步的探讨与分析。

总的来说，青州地区在北朝晚期首先出现的头冠类型为三叶冠，这种冠饰与后期出现的三叶花蔓冠有所不同，反而与河北邺城、曲阳造像中北魏晚期大量出现的三叶冠样式类似。束发式在第一阶段就开始出现，在北魏晚期至东魏时期出现有不同的样式（桃形、鸡冠状、扇形、花朵状），除了是受佛像肉髻发式的影响外，最大的可能性是受青齐地区本土世俗发饰的影响。折巾冠首先出现在第一期第二发展阶段的石质菩萨造像上，这种折巾冠正是汉代世俗男子所戴冠饰，并在第二期有所改变，这种冠饰不常见于附近的河北地区，反而在麦积山石窟中有发现。北齐时期可能是由于青齐地区内花蔓冠样式的普遍流行，折巾冠开始出现新的表现形式。花蔓冠的是青州地区的主流形式，其种类之多、样式之复杂，是其他地区所不及，与石窟寺中菩萨的头冠类型相比，虽然有相似之处，但绝不雷同，这是青齐地区所独具的风格样式。艺术家们凭借着自己对菩萨经典形象的理解，借用外来造像的艺术形式与当地流行的样式的相结合，融入多种因素，创造出富有变化多端的花蔓冠饰。

三、有关青齐地区菩萨头冠的几个问题的探讨

通过对青齐地区菩萨头冠样类型的分析，笔者发现几个问题值得思考：1. 古代青齐地区包括现在行政划分的青州①、临朐②、博兴③、广饶④、诸城⑤、高青⑥、惠民⑦等地，笔者在整理这几个地区出土的菩萨头冠样式时发现，这几个地区之间的头冠样式特征有所差异，因此笔者认为可以从青齐各个地区着手，对比分析冠饰之间的差别来探究其根本原因。2. 笔者在梳理有关青齐地区的研究资料时发现，多位学者在论述青齐地区的造像来源时都提到与南朝造像之间的联系⑧，那

---

① 山东省青州市博物馆：《青州龙兴寺佛教造像窖藏清理简报》，《文物》1998年第3期。
② 临朐县博物馆：《山东临朐明道寺舍利塔地宫佛教造像清理简报》，《文物》2002年第9期。
③ 常叙政、李少南：《山东省博兴县出土一批北朝造像》，《文物》1983年第7期。
④ 赵正强：《山东广饶佛教石造像》，《文物》1996年第12期。
⑤ 诸城县博物馆：《山东诸城出土北朝铜造像》，《文物》1986年第11期。
⑥ 常叙政，于丰华：《山东高青县出土佛教造像》，《文物》1987年第4期。
⑦ 惠民县文物事业管理处：《山东惠民出土一批北朝佛教造像》，《文物》1999年第6期。
⑧ 对于青州造像艺术的形成，众多学者都做过较为深入的分析，无论是造像特征、题材，还是历史因素，都与南朝造像样式离不开关系。杨泓先生也提到龙兴寺造像是南朝与北朝双重影响下结合地方特色的产物，南朝前期文化在青州地区的影响，也可能使后来这一地区的物质文化，比北朝其他地区更早地感受到南方艺术新风。罗世平先生认为还可能是受到印度笈多时期造像的影响。而赵玲女士在论及青州造像的样式的来源问题上提出，北齐时期青州造像所形成的独具当地特色的造像样式风格可能跟"笈多样式"造像关系不大，虽仍有迹可查，但已经不占主导因素，反而离不开阿玛拉瓦蒂的造像样式的传播。刘凤君先生先后发表了3篇有关青州造像风格渊源的文章，系统地分析了山东地区及青州地区的造像艺术，探寻"青州风格"佛教艺术的特点及形成的几点原因。金维诺先生指出青州地区受到南朝和南海诸国造像样式的综合影响。宿白先生通过对青州城及龙兴寺沿革进行详细系统全面的考证，提出了青州龙兴寺造像风格行成影响因素的可能性原因，论及史料及出土造像样式也与南朝造像有很大的关联。

么，青齐地区与南朝之间的联系是否会体现到菩萨头冠样式上呢？这还需要从南朝与青齐地区菩萨头冠类型样式上进行对比说明。3. 青齐地区单体菩萨造像的发髻表现上与河北地区略有不同，额前刘海往往梳成花瓣状，为三、五瓣或多瓣，这种形式见于山西沁县南涅水出土的四面造像石菩萨造像上及石窟寺菩萨塑像中，这是为什么？笔者在第二节的最后提到折巾冠样式普遍出现在山东青州地区，不见于附近地区的单体造像上，反而是在相隔较远的麦积山石窟中有发现，这是否跟佛教造像的流传路线有一定的关联？4. 青齐地区的菩萨头冠上的宝缯多有彩绘，宝缯的材质一般多为布帛，宝缯的颜色是否与所穿服饰形成映衬关系，这是工匠在塑造佛像之时故意而为之，还是当地本来就具有的传统？5. 菩萨造像的题材类型上，明确出现有名号的有弥勒、观音、大势至等，那么这些具有尊号的菩萨在头冠样式的表达上是否会有特殊？6. 菩萨头冠出现的以装饰纹样为主的花蔓冠样式，是否会对冠型产生影响？在青州地区出现有一定数量的以装饰纹样为主的头冠样式，如蝉、花朵、连珠纹等等，这种冠饰首先出现于北魏晚期，但是头冠的形状并无规律可言，北齐时期有出现不规则方形的冠饰，头冠被分割成五个面且有彩绘纹样，这两种冠饰是否有一定的联系？这些问题都需要进一步的思考及论证。

（一）青齐各地区菩萨头冠特点

青州的33件菩萨造像中均为石质，大部分为石灰石，东魏时期开始采用贴金彩绘手法装饰，头冠的类型有折巾冠式、束发式、花蔓冠等，折巾冠的主要样式为Ia、Ib、Ic、IIa、IIb、IIIa、IIIb，花蔓冠的样式主要为A1①、A2②、A3①、A4①、A4②、A4③、A4④、A5①、

A5②式，束发式为 a、b、c、d、g 式。博兴的菩萨造像约有 39 件，材质类型包括白陶、鎏金铜、青石、石灰石等，鎏金铜菩萨造像的头冠类型样式主要为三叶冠的 C1、C2 式，束发式 h、i、j、k，石质菩萨造像头冠类型样式为折巾冠 Ⅳ 式、花蔓冠 A4①式及白陶菩萨造像的 B1、B2、B3 式。诸城的 18 件菩萨造像中，材质多为石灰石、鎏金铜、白石等，其中除了 4 件菩萨头冠有残缺外，均戴花蔓冠，样式包括 A1①、A2③、A3②、A3③、A4①、A4③式。临朐有 29 件菩萨造像，头冠类型有束发式的 c、d、f 式，花蔓冠的 A3②、A3③、A6、B2 式。通过对青齐各地区目前出土菩萨头冠类型的统计，我们明显可以看出，折巾冠主要分布在青州、博兴，其中青州为主要流行区域。束发式在每个地区均有发现，但样式不同，均有各自的特点。花蔓冠的样式分布地域较广，但每个地区主要流行样式不同，青州、诸城的样式较为接近，博兴的样式具有独特性，而临朐菩萨花蔓冠的样式较少。三叶冠 C3 式仅有几例，分别出现在诸城、临朐、惠民等地。

从以上菩萨头冠类型样式在青齐地区的分布情况中，可以清晰地看出各地的头冠样式有很大的差异，产生这种差异性的最根本原因，在笔者看来，是其材质类型的不同。换句话来说，即不同的材质所呈现出的艺术形态与效果是不同的。从这四个地区的选材来看，可能是就地取材，例如临朐的石质造像大多选用的是当地存在的石灰石雕刻，因石材硬度较低，可以用钢铁刀工轻松加工，因而菩萨头冠的塑造就比模制的鎏金铜造像显得精致细腻，而其用材、制作方法所反映的艺术风格一脉相承，多为当地工匠用当地所产石材雕刻而成，这与青州石质菩萨造像的情况相一致。[①] 由于白陶、鎏金铜造像出现临朐、博

[①] 李振光、倪克鲁、吴双成、姚秀华：《临朐"白龙寺"佛教遗存探析》，载《齐鲁文物》第 1 辑，北京科学出版社，2012 年，第 40—53 页。

兴、诸城等地，使得这三地区的菩萨造像情况在某些方面相同，笔者认为这绝不是偶然的现象，可能与造像风尚及当地风俗文化有关。青州、诸城多为石质造像，且体型较大，因此在整体造型样式的表达上呈现出相同的表现手法与雕刻技术。所以，这两个地区的菩萨头冠样式虽不是完全相似，但艺术风格为同一来源。通过对比分析四个地区菩萨头冠的样式，虽不能断定它们的制作工匠为同一批，但是其对艺术造像的塑造属于同一造像系统来源。

（二）与四川地区出土南朝菩萨像造像比较

南朝时期的造像在文献记载中虽有不少，但目前研究南朝佛教造像石刻者多视成都地区造像为南朝佛教石刻造像的典型，许多人研究南朝佛教造像，实际上就是研究成都的南朝石刻造像，[①]因此笔者把对南朝菩萨头冠类型的梳理集中在四川成都地区。自20世纪以来，四川地区先后出土了几批南朝造像[②]，但其出土的造像数量远远少于北朝地区。笔者通过整理这批菩萨造像的头冠类型样式，认为可分为三种类型即D、E、F（表6）。D型的整体特征主要为冠为圆筒状，

[①] 雷玉华：《四川南北朝造像的分期及渊源诸问题》，载四川博物院编：《四川出土南朝造像》，中华书局，2013年，第210页。

[②] 其中包括万佛寺先后出土的41件，1990年成都市商业街的9件，1995年西安路出土10件，成都宽巷子出土的1件造像，1994年彭城龙兴寺出土1件，四川大学博物馆藏2件造像，重庆中国三峡博物馆藏1件，还有四川博物馆藏非万佛寺出土的造像1件，1921年茂县出土1件，1989年汶川出土4件。详见袁曙光：《四川省博物馆藏万佛寺石刻造像整理简报》，《文物》2001年第10期。张肖马、雷玉华：《成都市商业街南朝石刻造像》，《文物》2001年第10期。成都市文物考古工作队、成都文物考古研究所：《成都市西安路南朝石刻造像清理简报》，《文物》1998年第11期。彭城市博物馆、成都市文物考古研究所：《四川彭城龙兴寺出土石造像》，《文物》2003年第9期。霍巍：《四川大学博物馆收藏的两尊南朝石刻造像》，《文物》2001年第10期。袁曙光：《四川茂县南齐永明造像碑及有关问题》，《文物》1992年第2期。雷玉华、李裕群、罗进勇：《四川汶川出土南朝石刻造像及相关问题》，《文物》1990年第6期。

又可分为8种样式：D1以四川省博物馆藏1号为例，左胁侍菩萨头戴的冠型上是雕刻成三叶形式，宝缯垂肩；D2同样以四川省博物馆藏1号为例，靠近主尊像的右胁侍菩萨的头冠样式主要为筒状素面，上面没有装饰花纹，宝缯垂下；D3以靠近主尊像的左胁侍菩萨为例，冠正面上侧装饰有日月、花蔓等，宝缯垂下至肩膀处；D4以四川省博物馆藏3号背屏造像为例，冠正面为三个带背光的化佛，化佛之间装饰有花蔓，顶端为日月；D5式以四川博物馆藏1号造像碑为例，冠正前方为三个连珠纹，顶部装饰有日月；D6式以四川博物馆藏1号造像碑为例，冠正前方为三个花朵纹样，之间用波浪纹样相连，上端为日月装饰，宝缯垂至肩膀。E型主要特征为菩萨头发梳成螺旋状高髻后戴花蔓宝冠，发带束冠，在两侧扎花结后垂下至肩膀处，又根据装饰纹样的不同分为4种样式：E1主要为三叶火焰纹花蔓；E2为两层的花蔓装饰，顶部为日月装饰；E3为五个椭圆冠叶；E4下层为五个冠叶，正面为一带背光的结跏趺坐化佛，化佛顶部为日月装饰。F型主要特征为冠为山丘状，正面装饰三个连珠纹圆环，且有方形状饰物的发带束冠，在两侧雕刻成菱形花结后垂下，额前发髻呈人字形并装饰有连珠纹。

表7 四川成都地区出土菩萨头冠类型

类型	D						
样式	D1	D2	D3	D4	D5	D6	D7
年代	梁普通四年（523）	梁普通四年（523）	梁普通四年（523）	梁中大通五年（533）	南朝（不详）	南朝（不详）	南朝（不详）
编号	川博1号背屏式造像	川博1号背屏式造像	川博1号背屏式造像	川博3号背屏式造像	川博1号造像碑	川博1号造像碑	川博6号背屏式造像

续表

类型	D						
样式	D1	D2	D3	D4	D5	D6	D7
例图							

类型	D	E（螺旋高髻）				F
样式	D8	E1	E2	E3	E4	
年代	南朝	梁中大通五年（533）	天监十年（511）	天监三年（504）	南朝（548—553）	南朝（不详）（520—526）
出处	汶川所1号造像	川博3号背屏式造像	商业街8号造像	西安路6号造像	汶川所1号菩萨造像	川博1号造像碑
例图						

注：表中图片来自四川博物院等编著：《四川南朝四川出土南朝佛教造像》，中华书局，2013年。

通过对四川地区菩萨头冠类型样式的整理，对比青齐地区的菩萨头冠，其在形制上并无过多的相似或是直接继承的关系。但从造像年代上来看，四川成都地区的造像样式发展远远早于青齐地区，最早出现的是D1式造像年代从齐永明八年（490）直至梁普通年间，D2、D3式出现在梁普通四年（523），D3式后演变为D4式，D5、D6式的造像年代从梁普通年间（520—527）[①] 一直延续至梁大同十一年

---

① D5、D6式以川博1号造像碑胁侍菩萨所戴的头冠为例，据李裕群《试论成都地区出土的南朝佛教石造像》中推测此造像碑的年代约为520—526年。详见李裕群：《试论成都地区出土的南朝佛教石造像》，《文物》2000年第2期。

(545), D7 式造像流行于梁普通年间或稍后①, D8 式出现在（502—526）年间②, E1 式出现在梁中大通五年（533）, 一直延续至太清二年（548）, E2 式出现在天监十年（511）, E3 式出现在天监三年（504）, E4 式的流行年代大致为（548—553）③, F 式大致为 520—526 年间。从整个四川地区出土造像情况来看，其造像大致可分为三个时期④，第一期为齐永明元年（483）至梁普通年间，第二期约为梁普通年间至梁益州为西魏所占前（553），第三期为西魏至北周时期（553—581）。从菩萨头冠的类型样式发展来看，四川成都地区造像的发展年代主要集中在第一期、第二期的前期，这一段时期为南朝造像的发展、成熟期，头冠类型样式的延续年代由公元 490 年至 553 年，跟成都地区造像的整体发展状况相符。而这一时期的青州地区的造像情况远远不及四川成都地区，前期只有少量的鎏金铜菩萨像，而石质造像出现年代最早为公元 518 年，发展时期为北魏正光之后（530 年之后），这一段时期的四川地区的菩萨头冠样式为高潮期。这方面来看，这两个地区虽不是直接继承与发展的关系，但在前期（518—530）的几十年间，青齐地区势必吸收了很多南朝造像样式的艺术元素，起码在三叶冠、圆筒状花蔓冠等头冠样式上可以看出一丝借鉴与参考。

---

① D7 式主要以汶川出土 2 号造像碑右胁侍菩萨头冠为例，因无纪年，主要依据雷玉华等《四川汶川出土的南朝佛教石造像》一文中推测为大致为梁普通年间或稍后。详见雷玉华等：《四川汶川出土的南朝佛教石造像》，《文物》2007 年第 6 期。

② D8 式主要以汶川出土 1 号坐佛的右胁侍菩萨头冠为例，因无纪年，主要依据雷玉华等：《四川汶川出土的南朝佛教石造像》一文中推测为大致为梁普通年间或稍后。详见雷玉华等：《四川汶川出土的南朝佛教石造像》，《文物》2007 年第 6 期。

③ E4 式主要以汶川出土 1 号菩萨像的头冠为例，因无纪年，主要依据雷玉华等《四川汶川出土的南朝佛教石造像》一文中推测双观世音造像应是梁晚期的作品，也有可能到了西魏占领成都（553 年）以后的西魏北周时（548—553 年）或稍后。详见雷玉华等：《四川汶川出土的南朝佛教石造像》，《文物》2007 年第 6 期。

④ 年代分期依据详见李裕群：《试论成都地区出土的南朝佛教石造像》，《文物》2000 年第 2 期。

李裕群在《试论成都地区出土的南朝佛教石造像》的年代分期中提到在第一期菩萨像头戴三叶宝冠或束发髻①。从青齐地区的头冠样式上无法找到这种样式的延续，但是在河北邺城地区、曲阳修德寺出土的白石菩萨像所戴的头冠上发现其为成都地区 D1 式的发展。李裕群在其论文中还提到在第二期出现有双身造像，题材多为观音、释迦、释迦多宝佛。②这个时期的青齐造像中很难找到这种组合形式，而常见于河北邺城、曲阳等地，此外在南涅水出土四面造像塔也有双身像的出现。

四川成都地区菩萨造像的头冠构成样式过于复杂，纹饰多样，这可能与其渊源有关，多位学者都认为成都地区的造像风格来源于江南③，与位于长江下游的佛教中心地区建康（今南京）有密切的联系，但成都地区的造像样式相对于南京地区来说，发展相对滞后④。至于其原因，并不是文章的重点论述，但可以肯定的是，青齐地区的菩萨头冠样式并不是直接来源于四川成都的南朝造像，而是在其传播过程中受到了间接的影响。青齐地区的菩萨头冠样式虽然华丽精美，但形式复杂程度远不及成都地区，成都南朝造像应为笈多秣陀罗式和褒衣博带式并存的形式⑤。青齐地区虽然隐含大量南朝政治与文化因素，但在其行政变迁之后，会直接影响到思想文化的改变，因此，笔者认为青齐地区的造像虽不能直接抛开南朝造像（这里主要是指成都造像）因素，但是可以肯定地说，青齐地区的菩萨头冠类型样式是独具当地特色的

---

① 李裕群：《试论成都地区出土的南朝佛教石造像》，《文物》2000 年第 2 期。
② 李裕群：《试论成都地区出土的南朝佛教石造像》，《文物》2000 年第 2 期。
③ 王剑平、雷玉平：《6 世纪至 7 世纪初的四川造像》，载麦积山石窟艺术研究所编：《麦积山石窟研究》，文物出版社，2010 年，第 399 页。
④ 李裕群：《试论成都地区出土的南朝佛教石造像》，《文物》2000 年第 2 期。
⑤ 袁曙光：《四川省博物馆藏万佛寺石刻造像整理简报》，《文物》2001 年第 10 期。

冠饰。

(三) 世俗艺术的影响

　　青齐地区的菩萨头冠中出现世俗中所常见的类型样式，以折巾冠类型为例，这种冠饰流行的年代跟区域大致集中在北魏晚期至北齐时期的青州、博兴一带，菩萨头戴的折巾冠样式从造型、材质、佩戴方式来看，明显是吸收了魏晋南北朝时期世俗所常见的巾、冠、帽的样式特征，杂糅而成的新样式。就其形式而言，折巾冠Ia式为"皮弁"与"巾"的结合形式，Ib式与相传为三国诸葛亮所戴的"诸葛巾"[1]较为接近，Ic式又似为帽类与"弁"的结合，IIa、IIb式为半圆帽状，IIIa、IIIb式则为裹首式幅巾，后加入彩绘装饰。其实巾、冠、帽的制作材质、性质、功能、日常用途等有很大的差别，但工匠们在对菩萨头冠类型的样式塑造上，并没有对其进行区分，只是吸取多种创作元素，构成新的菩萨头冠类型样式。由于冠类首服是社会身份的象征，多为上层社会所使用，赋予的象征意义超过本身的实用性[2]，因此冠所代表的意义具有其特定的内涵。折巾冠样式除了其形状与世俗冠饰接近之外，正前方的圭形装饰也有特殊的含义，笔者在整理相关资料时发现，扬之水在《奢华之色》中提到，"流行与南北朝的金饰，还有名作金珰的一类，原为皇帝近臣或王室贵戚所服"[3]。笔者观察其形制与菩萨头冠正面的"圭形"无二（如图3）。

　　据文献记载，金珰上常附"蝉"装饰在冠前，正所谓"附蝉为

---

[1] 伏兵：《中国古代的巾、帽弁和帻》，《四川丝绸》2000年第4期。
[2] 贾玺增：《中国古代首服研究》，东华大学博士论文，2006年，第20页。
[3] 扬之水：《奢华之色：宋元明金银器研究》卷一，中华书局，2010年，第54页。

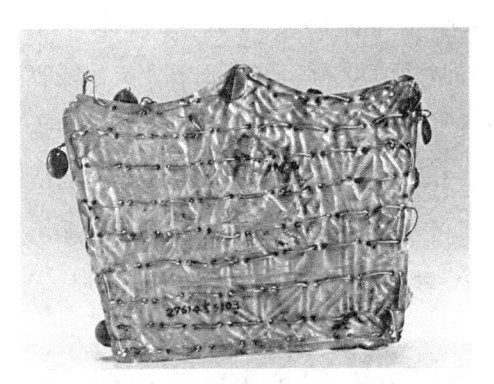

图3 金珰，南京仙鹤观，东晋六号墓出土

文，貂尾为饰。① 在南北朝时期的墓葬中多有附蝉的金珰出土②，而十六国时期北燕冯素弗墓出土的布面遥叶的金珰上装饰图案为一佛二菩萨③（如图4），应是具有佛教象征意义或是汉代墓葬形制受到佛教思想的影响所产生的。笔者最关注的是附蝉的金珰在佛教造像中的运用，蝉是中国古人喜爱的昆虫之一，常常作为装饰纹样雕刻在饰物上，青齐地区出土了两件戴蝉纹饰冠的菩萨像，一件现藏于青州市博物馆（如图5），而另外一件出土于博兴地区（如图6）。④ 在世俗中，秦汉以降有在冠前附蝉装饰的传统，和赵武灵王的"胡服骑射"有关，亦

---

① 《续汉书·舆服志》曰："武官，侍中、中常侍'加黄金珰，附蝉为文，貂尾为饰'。"也就是说加黄金珰附蝉纹于冠前最初是武官，因其形制高大，故称为"武弁"或"大冠"。"貂尾"是貂鼠之尾，故冠上的饰物兼有实际的保暖用途，引入后只有代表身份高贵之意。后逐渐成为身份的象征。

② 1. 十六国时期辽宁北票北燕官僚贵族冯素弗墓出土的2件金牌饰。2. 后又在甘肃敦煌新店台601号前凉升平十三年墓出土1件金牌，此牌上所饰蝉纹清晰。3. 在甘肃敦煌新店台601号前凉升平十三年墓出土1件金牌，此牌上所饰蝉纹清晰。4. 2011年南京江宁区西晋墓出土有精美金冠饰，包括蝉形和瑞兽形的镂空金珰1组四件等。1出自黎瑶渤："辽宁北票县西官营子北燕冯素弗墓"，《文物》1973年第3期。2出自马世长等：《敦煌晋墓》，《考古》1974年第3期。王志高等：《江苏南京仙鹤观东晋墓》，《文物》2001年第3期。《南京江宁西晋大墓发现罕见金器》，《金陵晚报》2011年12月15日。

③ 黎瑶渤：《辽宁北票县西官营子北燕冯素弗墓》，《文物》1973年第3期。

④ 常叙政、李少南：《山东省博兴县出土一批北朝造像》，《文物》1983年第7期。

被称为"赵惠文冠"。① 最初是用于武冠,后来特指皇帝的近臣的冠饰,是一种荣誉的象征,实际上它真正的含义往往容易被忽视,成为一种权力的象征。② 因此,在笔者看来,蝉饰用在菩萨头冠上除了来自世俗对佛教造像的影响外,应是对菩萨身份地位的认同。从古代文献的记载中,"蝉"本身具有"居高食洁"和"清虚识变"的特性,换句话说"蝉"是一种超脱离俗、纯洁不染的精神代表,同时也和儒家

图4 佛像金珰,北燕冯素弗墓出土

---

① 相传,赵武灵王为富国强兵进行了我国历史上的第一次服饰改革,效胡服、弃深衣,也把北方游牧民族的冠帽引进并稍加改制,将冠帽上用于御寒下垂至胸的貂尾改为冠上饰物而插于冠的两侧,上以黄金为饰,以表尊贵。后赵武灵王传位于子赵惠文王,即以此命冠名为"赵惠文冠"。参见吴爱琴:《古代冠蝉考释》,《中原文物》2013年第2期。

② 晋代崔豹在《古今注》中道:"貂蝉,胡服也。貂者,取其文采而不炳焕,外柔易而内刚劲也。蝉,取其清虚识变也。在位者有文而不自耀,有武而不示人,清虚自牧,识时而动也。"可见貂和蝉的品格应当是近臣宦官具备的。金珰、金蝉与貂尾皆属于贵重之物,它们加饰于宦官近臣的冠上是一种荣誉的象征,表示了帝王对他们的恩宠,也是和其他官员相区别的一种标志。以蝉为饰,其实是暗示了君主对他们的一种希望和要求,即越接近于权力中心,更应廉洁自律,俭节守信。饰之貂尾也有同样意义,不恃权嚣张,有文采而不张扬。但这种含义不被人理解,反而误认为是帝王的荣宠,而成为权力的象征。参见吴爱琴:《古代冠蝉考释》,《中原文物》2013年第2期。

修身标准相吻合，为儒家君子人格物象化的寄托。① 蝉的高洁恰恰与菩萨的纯洁高尚仁爱相融合，是佛教思想与中国本土儒家思想相结合的最好例证。

笔者仍有一丝的疑惑，折巾冠前的"圭形"装饰除了与金珰在形状上相似之外，似乎没有更多的联系。一件保利博物馆藏疑似为青州地区的菩萨造像所戴的折巾式冠上装饰有蝉纹，但是因其真伪的存疑性，并不能作为直接的证据，只能说，如果其为真的青州地区出土造像，那么就更加印证了折巾冠式的来源。另外，目前出土的这两件蝉饰冠并不是在冠前方附加金蝉珰，而是直接把蝉纹雕刻在冠的正面。这可能是工匠在制作菩萨头冠的一种替换形式的再创造，但蝉的象征意义并没有消除，而是被赋予新的含义，变成一种更接近佛教造像艺

图5 蝉冠彩绘菩萨立像，东魏

---

① 《史记·屈原贾生列传》中有："蝉脱于浊秽，以浮游尘埃之外，不获世之滋垢。"《毛诗陆疏广要》："蝉之大而黑色者有五德：文清廉俭信。"《寒蝉赋》序中写道："至于寒蝉，才齐其美，独未之思，而莫斯述。夫头上有緌，则其文也；含气饮露，则其清也；黍稷不享，则其廉也；处不巢居，则其俭也；应候守节，则其信也；加以冠冕，取其容也。君子则其操，可以事君，可以立身，岂非至德之虫哉？"

图 6　蝉冠彩绘菩萨立像，东魏

术语言形式。

（四）青齐地区的佛教文化传播路线

笔者在整理青齐地区的菩萨头冠样式的时候发现，菩萨所戴的折巾冠样式在麦积山石窟寺中也有出现，笔者就以麦积山石窟寺中菩萨戴的折巾冠样式为切入点，与青齐地区的这种样式做比较分析，以此来探讨青齐地区与麦积山石窟的造像关系及佛造像的传播路线等相关问题。

麦积山石窟寺中的折巾冠样式主要出现在西魏时期，例如第 127 窟正壁龛内右侧菩萨所戴的冠饰及左壁龛内右侧菩萨，这两种样式与青州地区的折巾冠 Ib 式为同一样式，由前文可知，Ib 式的流行年代为北魏晚期至东魏天平年间（534—537），而第 127 窟的开凿年代为北魏

青齐地区北朝晚期单体菩萨头冠研究

晚期至西魏时期（535—556 年）[①]，准确地说应该为西魏早期，而第 102 窟中右壁，文殊（部分）的胁侍菩萨所戴的折巾冠样式（如图 7）出现时期比 Ib 式略晚，从整体特征上来看应为 Ib 式的演变形式，冠变低，额前装饰变大。麦积山石窟中出现的这三件折巾冠样式均没有宝缯，这似乎与世俗男子所带的皮弁冠样式相同。遗憾的是，从麦积山石窟寺中无法找到更多的例证来对折巾冠样式做类比分析，从而无法归纳出折巾冠样式的演变规律。因此，我们只可以推测出麦积山石窟中的折巾冠样式的流行年代很短，大致出现在北魏晚期至西魏初期。

图 7 麦积山石窟第 102 窟中右壁，文殊（部分）的胁侍菩萨

李裕群在对麦积山北魏晚期的石窟寺做分期之时，提到在第三期

---

① 金维诺先生在《麦积山石窟的兴建及其艺术成就》一文中推测第 127 窟应为西魏早期的洞窟，而傅熹年先生从建筑的角度提出第 127 窟的顶作盝形顶与第 43 窟西魏乙弗后墓窟后室相同，金先生也提到第 127 窟内的壁画中的七佛之侍从中有落发女尼形象，当为尼寺，似为乙弗后所建。详见金维诺：《麦积山石窟的兴建及其艺术成就》，载《中国石窟·麦积山石窟寺》，文物出版社，2002 年，第 172 页。傅熹年：《麦积山石窟所见古建筑》，载《中国石窟·麦积山石窟寺》，文物出版社，2002 年，第 201 页。

较为流行世俗装束的菩萨装。① 这一点我们从第 43、127 窟中的造像情况可以看出，在西魏时期这种现象仍较为流行。这种流行于北魏晚期至西魏初期的世俗装束的造像样式应与洛阳龙门石窟有很大的关系②，背后可能有多种原因。其一，位于秦州的麦积山石窟是长安以西丝绸之路东段南道上的重镇，由洛阳、长安前往河西走廊和西域，秦州是必经之道，洛阳等中原石窟造像样式自然会通过丝绸之路传播到秦州③。其二，麦积山与地处关中东部的青齐地区同时受到来自成都地区南朝造像艺术的影响，虽然其对两者的影响效果不是很大，但是从菩萨头冠样式上来看，似乎可以产生一些联系。其三，麦积山石窟寺与甘肃泾川、陇西一带的石窟寺造像无论是在造像题材还是表现艺术特征上表现出惊人的相似性。④ 由此三点，笔者大胆推测出一条北魏晚期至东魏、西魏时期的一条佛教文化的传播路径（图8），形成由南朝（成都）—秦州—西安—洛阳—青州的交通路线。另外秦州吸收来自平城、长安、洛阳及凉州、西域等地的造像风格特征，再加上长期以来成都地区对秦州地区文化或多或少的影响，麦积山石窟就形成了

---

① 李裕群：《麦积山北魏晚期洞窟分期研究——兼论与洛阳石窟造像的关系》，载麦积山石窟艺术研究所编：《麦积山石窟研究》，文物出版社，2010年，第128—148页。

② 李裕群在其论文中有很详细的论述，参见《麦积山北魏晚期洞窟分期研究：兼论与洛阳石窟造像的关系》，载麦积山石窟艺术研究所编：《麦积山石窟研究》，文物出版社，2010年，第128—148页。

③ 参见《麦积山北魏晚期洞窟分期研究：兼论与洛阳石窟造像的关系》，载麦积山石窟艺术研究所编：《麦积山石窟研究》，文物出版社，2010年，第128—148页。

④ 陕北、陇东北魏中晚期的石窟寺造像样式与云冈石窟有千丝万缕的关系，参见李静杰：《陕北陇东北魏中晚期之际部分佛教石窟造像考察》，载麦积山石窟艺术研究所编：《麦积山石窟研究》，文物出版社，2010年，第345页。泾州地区的南石窟第1窟明显模仿、继承了云冈石窟二期洞窟，而北魏末、西魏时期的泾州地区部族石窟寺造像样式，仍然流行北魏太和—永平之际（490—509）矮壮敦厚型的部族风格，并未吸收长安地区秀骨清像、褒衣博带的佛教主流艺术风格。参见暨远志：《北朝泾州地区部族、世族石窟的甄别、分期与思考》，载麦积山石窟艺术研究所编：《麦积山石窟研究》，文物出版社，2010年，第377页。

融合多种造像风格的特征。而青齐地区的造像渊源较为复杂，其与南朝之间的造像关系一直是众多学者关注的问题，但从菩萨头冠样式上来看，青齐地区造像艺术风格形成原因为当地文化传统影响下所形成，而非直接来自外来因素。笔者认为，青齐地区与麦积山石窟中都出现折巾冠样式并非偶然，而是在此交通路线上产生过佛教造像互动，但麦积山石窟中的这种折巾冠样式并没有像青齐地区一样延续下去。因此，麦积山石窟寺中出现的折巾冠样式是多种艺术风格相互影响下所产生的，是青齐佛教造像对南朝的反作用，也是青齐地区与成都之间佛教文化互动的佐证。

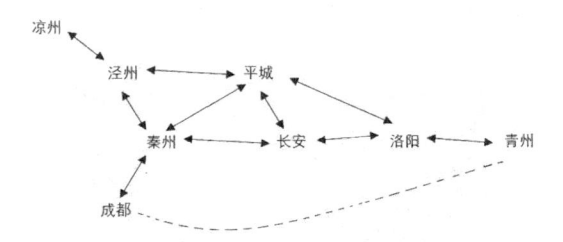

图8　北魏晚期—东魏、西魏时期佛教文化传播路线推测（笔者所绘）

（五）问题再思

以上，笔者对于本小结提出的问题，就其中几个做了详尽的探讨，但仍有诸多的疑问，还需要新的证据来着手来处理。其一，青齐地区出现的花瓣状刘海应是北方地区流行的一种额饰（如图9），[①]《北齐校书图》中有二女子额饰所三垂或二垂圈卷式额饰（如图10），山东博物馆藏北朝墓葬出土侍女陶俑中也见有这种额饰（如图11），这种额饰普遍出现在石窟寺菩萨造像上。此外在南涅水地区的菩萨造像上见到，但邺城、曲阳白石造像几乎见不到，这需要对三个地区头冠类型

---

① 周锡保：《中国古代服饰史》，中央编译出版社，2002年，第154页。

样式做对比分析后才能找到根本原因。其二，青齐地区的石质菩萨造像多为贴金彩绘，菩萨头冠上宝缯的彩绘颜色一般多与菩萨所穿服饰互为映衬，如青州龙兴寺出土一尊北齐时期的菩萨立像的宝缯贴金彩绘绿色，服饰中也同样出现有贴金彩绘绿色，两者形成互映关系，这种现象在素烧白陶菩萨造像也有出现。在青齐地区出现的这种彩绘贴金现象并非孤立，在邺城地区的白石菩萨造像中也有贴金彩绘的现象，但并没有像青州地区这样注重细节（即服饰与配饰的搭配关系）。在笔者看来，这应该是当地工匠艺人在造像方面所独有的艺术素养与追求完美艺术形象塑造的结果①。此外，头冠的宝缯材质与服饰所用的材质应为同一种，因而在一定程度上能够反映出北朝晚期青齐当地人

图 9　菩萨头像，北齐

---

① 有一点值得注意的是，李森从金石文献、逻辑推理和实物分析三个方面探讨，认为青州至少在五代、北宋时期便存在着不间断重妆古代佛像的功德活动，龙兴寺造像贴金彩绘并非均系北朝造像时的装饰，其中有大量佛像曾被后世重妆过。也就是说青州造像的贴金彩绘并非全部属于北朝时期的装饰，可能经后世多次重塑。笔者想说明的是，这种现象应当存在，但贴金彩绘塑像这一装饰手法应早在北朝时期就存在。

民所穿戴衣物、服饰所选用材质的喜好。当然这只是笔者的猜测，并无确凿的证据。其三，青齐地区在北魏晚期至北齐时期一直存在以装饰纹样为主的头冠类型，但这些头冠的形状并不统一，到了北齐时期，出现不规则方形花蔓冠，同样以装饰纹样为主。笔者认为此种样式应是前期头冠类型的演变，即由无形状到不规则方形的改变，但主要特征为以装饰纹样为主。

图 10　北齐校书图（宋摹本残卷画芯），杨子华，北齐

图 11　北朝女俑

试论"灵龛"
——隋唐至宋元时期的演变与发展

李 澜

(龙门石窟研究院)

一、文献材料中的"灵龛"

通过翻阅相关的传世文献和出土文献材料可得知,"灵龛"一词最早出现于隋唐时期,并一直沿用至宋元明清的佛教和世俗文献中,以下就对不同文献中所记载"灵龛"的不同含义进行分类和分析。

(一) 传世文献中的"灵龛"

根据传世文献所记载的内容,大致可将"灵龛"划分为以下几种含义:

1. 佛教名胜或寺院的名称

多具有某种佛教圣迹,如循州东北兴宁县灵龛寺、灵龛山、灵龛镇等;

(1)《集神州三宝感通录》卷二《唐循州灵龛寺佛迹缘四十四》[①]:

---

① 《大正藏》第 52 册,第 422 页上。

唐循州东北兴宁县灵龛寺北，石上佛迹三十余，大者五尺许以下。循州在一川中东西二百南北百里。……古传云，晋时此僧在此山隐，游大洪岭至佛迹处，有大石窟花果美茂，遂住经宿。山神为怪怖之心，卓不动曰。……贞观三年又现一迹，并放光明轮相具足。今有看者多少不同，囚置灵龛厥取其异。又访其本，宋时王家舍栗园为寺，即今古堂尚存云。

(2)《四川通志》卷二十二下①：

德阳县：……灵龛镇铺，在县北三十里。……

2. 僧人的法号：如西川灵龛和尚
(1)《景德传灯录》卷第二十四《吉州青原山行思禅师第八世七十四人》②：

益州净众寺归信禅师法嗣一人
汉州灵龛山和尚

(2)《传法正宗记》卷第八《正宗分家略传下》③：

大鉴之八世，曰凤翔府青峰禅师。其所出法嗣七人：一曰西川灵龛和尚者。一曰京兆紫阁山端己者。一曰房州开山怀昼者。……

---

① 廷桂等修：《四川通志》卷二十二下，《四库全书》文渊阁版。
② 《大正藏》第51册，第398页上。
③ 《大正藏》第51册，第760页中。

3. 对供奉有佛像的窟龛的统称

(1)《南海寄归内法传》卷第四《四十古德不为》①：

　　大师曾因二月十五日，法俗咸诣南山朗公圣迹之所，观天仓天井之异、礼灵龛灵庙之奇，不远千里盛兴供养。……

(2)《阿毗达摩大毗婆沙论》卷一百一十九②：

　　问此何业果？答如来昔于三无数劫修菩萨行时，……若见佛像菩萨像圣僧像，灵龛制多僧伽蓝等雕落破坏，方便修治，要令如本。由此业故，今得如是相好庄严无疮穴等。

(3)《广弘明集》卷十三《辩惑篇第二之九·内建造像塔指二》③：

　　……尔其百镜灵龛千花妙塔，掌承云露铎韵高风，紫柱红梁遥浮空界，翔鹛跂凤远接虚方，尽壮丽之容，穷轮焕之美。

4. 保存高僧全身舍利的容器
(1)《国清百录》卷三《皇太子敬灵龛文第七十五》④：

　　维隋仁寿元年岁次辛酉十二月十七日丙寅，菩萨戒弟子皇太子总持和南，敬告天台山先师智者全身舍利灵龛之座曰……

---

① 《大正藏》第54册，第233页下。
② 《大正藏》第27册，第620页下—621页上。
③ 《大正藏》第52册，第181页下。
④ 《大正藏》第46册，第813页上。

5. 荼毗前盛放圆寂僧人肉身的灵柩

(1)《宋高僧传》卷第二十六《唐湖州大云寺子瑀传》①：

  释子瑀，字真瑛，姓沈氏，吴兴德清人也。……以（天宝）十一年秋禅坐而终。十二年春将启灵龛欲焚之，容色不变如生。

(2)《敕修百丈清规》卷六《送亡》②：

  凡出丧库司预分付监作行者，办柴化亡，差拨行仆，铙钹鼓乐幡花香烛抬龛丧仪一切齐备。……粥罢报堂云（请首座大，闻钟声延寿堂讽经）鸣僧堂钟众集维那念诵，宜略紧念云（欲举灵龛赴荼毗之盛礼，仰凭大众诵诸圣之洪名，用表攀违上资觉路，念清净法身毗卢遮那佛）……

6. 其他概念的"灵龛"

在某些文献材料中，"灵龛"一词的概念较为模糊，既可视为荼毗前盛放僧人肉身的灵柩，又可指代盛放高僧全身舍利的窟龛。

(1)《华严经传记》卷第一《传译第三》③：

  中天竺国三藏法师地婆诃罗，唐言日照，婆罗门种。……以垂拱三年十二月二十七日，体甚康休，告门人曰：吾当逝矣。右胁而卧，无疾而终于神都魏国东寺。……香华辇舆瘗于龙门山阳，伊水之左。门人修理灵龛，加饰重阁，因起精庐其侧，扫洒供养

---

① 《大正藏》第50册，第876页下—877页上。
② 《大正藏》第48册，第1148页中。
③ 《大正藏》第51册，第154页下—155页上。

焉。后因梁王所奏请，置伽蓝，敕内注名为香山寺。危楼切汉，飞阁凌云，石像七龛，浮图八角，驾亲游幸，具题诗赞云尔。

（2）《宋高僧传》卷第十二《唐洪州云居山道膺传》：

释道膺，姓王氏，蓟门玉田人也。……以天复元年辛酉秋示疾，至明年正月三日而化焉。豫章南平王钟氏供其丧葬，时诸道禅子各，依乡土所尚者，随灵龛到处列花树帐幔粉面之馔，谓之卓祭。……

（二）石刻文献所见的"灵龛"

值得注意的是，许多石窟的碑刻题记和出土墓志也提及了"灵龛"一词，含义与传世文献的记载大部分吻合，以下就对这些石刻材料中的"灵龛"的含义进行分类。

1. 对佛教窟龛的统称

（1）敦煌《唐陇右李府君修功德碑》记载[①]：

敦煌之东，有山曰三危。……凿为灵龛，上下云矗，构以飞阁，南北霞连。

（2）《伊阙佛龛之碑》：唐太宗贞观十五年（641）魏王李泰为文德皇后（长孙皇后）做功德续修宾阳南洞，并刊刻了《伊阙佛龛之碑》，碑文即为文德皇后造像的发愿文，由中书舍人岑文本撰，起居郎

---

① 李永宁：《敦煌莫高窟碑文录及有关问题（一）》，《敦煌研究》1982年第1期。

褚遂良书。碑文中描述龙门石窟窟龛密布的场面①：

> 王乃罄心而弘喜舍，开藏而散龟贝。楚般竭其思，宋墨骋其奇。疏绝壁于玉绳之表，而灵龛星列；雕□石于金波之外，而尊容月举。……

（3）《唐故赵郡君太原王氏墓志铭》：从开元年间润州刺史徐峤为其夫人王琳所撰写的墓志可知，他与夫人王琳都是禅修者，王琳更是长期修习佛教，她于开元二十九年（741）七月二十八日在润州去世，其墓志中记载②：

> 以今辛巳之年秋七月二旬有八日，薨于润州之正寝。呜呼哀哉！载惟平昔，禅寂为行，暨属纩之际，真性转明。泯苦空，绝恩爱，慧心普至。挥手谢时，犹托以祀绝荤血，敛唯缦素。卜宅龙门之上，幽凭净境之缘，敢怀雅言，宁忍夺志。危旌旅榇，溯江而回，男行女随，哀哀不绝，万里孤帆，爰届洛都。即以七年十一月二日安厝于龙门西岗清河王岭，从遗语也。前瞻伊阙，傍对伊川。宝塔灵龛，尽为极乐之界。鲸钟鱼梵，常送大悲之声。即是楞伽之峰，自然解脱之岸。岂比夫北邙之垄、西陵之原，白杨萧萧，夜杂鬼哭。苍烟漠漠，昼掩魂游者乎？

从为王琳选择葬地，以及其夫不远千里从润州送葬至龙门这一现象来

---

① 刘景龙、李玉昆主编：《龙门石窟碑刻题记汇录》，中国大百科全书出版社，1998年，第20页。
② 徐峤：《唐故赵郡君太原王氏墓志铭》，载赵振华：《洛阳古代铭刻文献研究》，三秦出版社，2009年，第331页。

看，说明当时龙门两山宝塔林立，窟龛密布，在佛教徒看来是极乐世界，不同于别处葬地，于是成了他们魂牵梦绕的地方。

2. 特指瘗窟瘗穴

（1）龙门石窟第1850号窟（萧元礼夫人的瘗窟，俗称"张氏瘗窟"）上方的题记①：

> 故赠使持节相州刺史萧元礼夫人张氏，少归佛□，频涉真如，知诸法之有为，不□有□□□晤金□□□无无□□无礼之源。似存□□，为□若丧，自因□□，载此灵龛，庶使幽容，长垂不朽。乃为铭曰：大哉至尊，立教无报，既空彼相，焉有此身，扶□□累，长为其□。

（2）龙门石窟编号2169号龛，即"卢征龛"，保存有贞元七年（791）户部侍郎卢征发愿造救苦观世音菩萨像龛的题记②：

> 救苦观世音菩萨石像铭并序
> 　　□□建中□年，自御史谪居夜郎，贞元二祀自□官贬□南北，皆为权臣所忌，实□不□□□□□东□再□□□□□□苦□人□神行如梦，亦不知其所如往也。夜宿龙门香山寺，灵龛天眼，亿万相对，稽首悲嘿，如暂降临。因发诚愿归旋之日于此造等身像一躯，此乃夜郎之黜也。……今为镌刻，常为依怙。其庄严相好，

---

① 张乃翥：《龙门石窟唐代瘗窟的新发现及其文化意义的探讨》，《考古》1991年第2期。又《龙门石窟碑刻题记汇录》一书中所收录此条题记内容缺失较多，部分文字有出入，经过作者本人的实地考察，确认碑刻表面已大部分风化不清，根据摘录题记时间的先后顺序，遂决定以张乃翥先生录入的题记为准。

② 此处的"灵龛"也可理解为一般的石窟，或特指瘗窟，结合"卢征龛"所在的龙门东山万佛沟区域，笔者更倾向于此处的"灵龛"可能指代瘗窟。

花鬘璎珞，悉凭经教，岂无感通。……贞元七年岁次辛未二月八日……

3. 几种均可作为瘗窟解释的"龛"：

由于石窟瘗葬在唐代洛阳地区的大量兴起，除了在文献中发现的指代埋葬佛教僧尼和信徒瘗窟的"灵龛"一词，在部分唐代的碑刻题记和墓志中也可见"造龛""凿龛""窆之……悬岩"等词，可明显确认为采用石窟瘗葬的方式。

（1）龙门石窟敬善寺区编号第440号洞窟，俗称"娄氏瘗窟"题记①：

大唐龙朔元年十一月二十三日洛阳县文林郎沈里为亡妻娄氏敬造优填王像一龛，……其月二十八日薨于私第，遂延僧请佛，度建法坛，设供陈香，累七不觉。筮卜日，休兆叶从，宝幢香车，送归伊滨，尸陈戟崖，魂藏孤岩，实曰尸陀法，礼也。……

（2）龙门石窟编号1338号洞窟《内道场供奉尼惠灯和和石龛铭并序》（开元十九年，731）②：

大唐□□□尼和和……讳惠灯……以开元十九年正月/十日忽告其妹曰吾哀久矣尽期将至澡/浴焚香坐而便化于时春秋八十有二冥/变逾月爪（髦）更长面色如生凡瞻礼者［莫］/不差异焉于是

---

① 张乃翥：《龙门石窟唐代瘗窟的新发现及其文化意义的探讨》，《考古》1991年第2期。
② 刘景龙、李玉昆主编：《龙门石窟碑刻题记汇录》，中国大百科全书出版社，1998年，第384页。

右金吾将军崔瑶及妻永/和县主武氏伤梵宇之摧构痛津梁之永/绝遂于龙门西岩造龛安置呜呼朝野悲/哀缁素号恸……

(3) 龙门石窟编号 887 号洞窟《唐都景福寺尼灵觉和上□□铭》①：

> 大唐都景福[寺威仪]和上□□铭/和上讳灵觉俗姓[武氏]□□□□/之次[女]也[外父]泗[州]刺史□□□□/国太[平]长公主□□□□补□□之/……以开[元]廿[年]□□忽谓门人令具汤水/澡浴换衣焚香端[坐]□□□无常于景[福]伽蓝时春/秋五十二也呜呼生□□□□□第处荣贵而能舍行苦/行而能动自非百劫千□□□□习熟能至此哉遂于龙门/西岩造龛即以其月□日□□□礼也……

(4)《大周故封府君墓志铭并序》②：

> ……府君讳抱，字义，河南洛阳人也。……粤以证圣元年五月七日遘疾于绥福里第，归全知命，寝疾不医，正而已矣，勹忽永辞。其月廿日卒于私第，春秋六十有八。嗟乎！千载所以疑生，九原于焉遂作，即以天册万岁元年十月廿八日窆于龙门山之悬岩。……

---

① 刘景龙、李玉昆主编：《龙门石窟碑刻题记汇录》，中国大百科全书出版社，1998年，第304—305页。

② 周绍良、赵超编：《唐代墓志汇编》，上海古籍出版社，1992年，第880页。

(5)《故润州刺史王美畅夫人长孙氏墓志铭并序》①：

  ……夫人长孙氏，河南郡人也。……以大足元年六月廿六日薨于汝州私第，春秋五十有四。夫人宿得本，深悟法门，舍离盖缠，超出爱网，以为合葬非古，何必同坟，乃遗令于洛州合宫县界龙门山寺侧为空以安神埏。子昕等孝穷地义，礼极天经，思切风枝，哀缠霜露。从命则情所未忍，违教则心用荒然。乃询访通人，敬遵遗训，遂以长安三年，梯山凿道，架险穿空，构石崇其基，错絮陈其隙，与天地而长固，等灵光而岿然。乃为铭曰……

(6)《唐故荣州长史薛府君夫人河东郡君柳墓志铭并序》②：

  夫人讳□字，河东人也。……春秋七十有六，开元六年四月廿三日终于洛阳县尊贤里之私第。夫人悟法不常，晓身方幼，苟灵而有识，则万里非艰；且幽而靡觉，则一丘为阻。何必顺同穴之信，从皎日之言。心无攸住，是非两失，斯则大道，何诗礼之□束乎？乃遗命凿龛龙门而葬，从释教也。有女故朝散大夫、行洛州来庭主簿柳府君夫人，攀慕罔极，号叩无从，虔奉顾命，式修厥所。以其年八月廿九日自殡迁葬于龙门西山之岩龛，顺亲命礼也。……

(7)《续高僧传·释法顺传》有一段文字叙述法顺在长安东郊马

---

① 周绍良、赵超编：《唐代墓志汇编》，上海古籍出版社，1992年，第1029—1030页。
② 周绍良、赵超编：《唐代墓志汇编》，上海古籍出版社，1992年，第1204—1205页。

头开凿修禅的石窟，圆寂之后全身葬于樊川北原的瘗窟之中①：

> 释法顺，姓杜氏，雍州万年人。……京室东皋，地号马头，空岸重邃，堪为灵窟。……以贞观十四年，都无疾苦，告累门人，生来行法令使承用，言讫如常坐定。于南郊义善寺春秋八十有四，临终双鸟投房，悲惊哀切。因即坐送于樊川之北原，凿穴处之，京邑同嗟。制服亘野，肉色不变经月逾鲜，安坐三周枯骸不散，自终至今，恒有异香流气尸所。学侣等恐有外侵，乃藏于龛内，四众良辰赴供弥满。弟子智俨名贯至相，幼年奉敬雅遵余度，而神用清越振绩京皋，华严摄论寻常讲说，至龛所化导乡川，故斯尘不终矣。

（二）从文献材料中看"灵龛"概念的发展

1. 隋唐时期

通过对记载有"灵龛"文献的年代进行梳理，可以发现，在隋唐时期，"灵龛"一词的使用范围较广泛，除作为地名和人名之外，主要有以下几种含义：

（1）指代供奉有佛教造像的窟龛

唐代释慧琳所撰《一切经音义》第六十九《第一百一十九卷》中记载②：

> 灵龛（苦甘反孝声，凿山壁为坎也，广雅龛盛也，文字典说着佛像处也，从龙今声俗，从合作龛非也）。

---

① 《大正藏》第50册，第653页中—654页上。
② 《大正藏》第54册，第757页上。

说明在唐代，"灵龛"一词还主要指代供奉佛像的造像龛。

另依据敦煌莫高窟《唐陇右李府君修功德碑》和龙门石窟宾阳南洞的《伊阙佛龛之碑》的记载，可以看出碑文中的"灵龛"是用来代表崖壁上密密麻麻、错落有致的石窟。另，《阿毗达摩大毗婆沙论》卷一百一十九所记述的"灵龛制多僧伽蓝"也应指代佛教窟龛。

（2）用以保存全身舍利的容器。如隋代《国清百录》卷收录《皇太子敬灵龛文第七十五》记载："敬告天台山先师智者全身舍利灵龛之座曰……"另据《天台山方外志》卷四记载"真觉寺……隋开皇十七年建，智者大师葬焉，龛前置双石，塔号'定慧真身塔院'，有绘像与所赐放袍，今亡。宋祥符元年改今额，后久废。……"① 可知，此处灵龛的功能较接近石窟瘗葬，但与开凿于石窟崖壁上的瘗窟不同，往往是在灵龛上部或是周边起塔供奉。

（3）特指石窟瘗葬中放置遗体或骨灰的瘗窟瘗穴。依据唐代龙门石窟第1850号窟"张氏瘗窟"题铭和第1338窟"比丘尼惠灯窟"题记的记录，此处"灵龛"即为龙门石窟两山崖壁上开凿的用于埋葬佛教僧人和信徒肉身或骨灰的瘗窟瘗穴。

2. 宋元时期

此时"灵龛""龛"一词的概念趋于单一化，多数都可以理解为"棺"，从《释氏要览》卷三可知②：

龛子

（音堪。唐韵云龛塔也）今释氏之周身。其形如塔，故名龛

---

① 杜洁祥主编：《中国佛寺史志汇刊》第88册，台北明文书局，1980年，第156页上。

② 《大正藏》第54册，第307页下。

(《方志》云受也,《广雅》云盛也,此名盖异俗也)《南山钞》云,作绢棺覆尸,此为无龛子。故制若船,钥子以竹为骨,白绢鞔之。《周礼》曰,周尸曰棺,棺宽也。释名曰棺关也。《白虎通》曰,所以有棺者,以掩藏形恶也。

结合以上的文献资料可知,"灵龛"一词在隋唐期间含义较丰富,基本保留了龛的原意——为供奉佛像所开凿的窟龛。到了盛唐以后,结合石窟碑刻和出土墓志的相关记录可知,随着石窟瘗葬这一丧葬方式的兴起,部分佛教窟龛慢慢具有了丧葬用具,尤其是瘗窟的功能。这一含义到了宋元时期继续演化,大多指代在荼毗仪式或入塔之前,盛放圆寂高僧肉身的灵柩,尤其在禅宗的清规中,往往详细描述了灵龛在佛教丧葬流程中的所使用的环节。最具有代表性的是元代《敕修百丈清规》卷六《送亡》这一环节中记载有灵龛在僧人葬礼中的使用场合和流程。而此时还出现了"龛柩""龛坟"等说法,更强调了龛是为了僧人丧葬而使用的一种用具。

二、考古材料中所见"灵龛"

(一)作为"灵龛"的遗迹与遗物

1. 佛教石窟

参考龙门石窟和敦煌莫高窟的外立面,大大小小的窟龛或沿着山势,或平行分布于陡峭的崖面之上,可以感受到碑刻题记中所形容的"灵龛星列","上下云矗,构以飞阁,南北霞连"等景象。(图1、2)

图1　龙门西山石窟外立面——魏字洞区

图2　敦煌莫高窟北区石窟外立面（敦煌研究院樊雪崧摄）

2. 埋葬全身舍利的灵龛及佛塔

目前文献记载最详细的全身舍利灵龛即为埋葬隋天台山国清寺高僧智𫖮全身舍利的灵龛，《佛祖统纪》卷第三十九记载了智者大师灵龛的位置："（开皇十七年）十一月二十四日为众说法即入三昧。门人奉灵龛归佛陇，藏之西南峰。"① 有学者推测，埋葬智者大师的灵龛大致形状为正方形台基，上立石制柜子，即龛。由于当时的天台山地处偏僻，交通不便，生产力滞后，天台山僧众或许无法在短短的时间里，为智者大师建造精美复杂的安放"肉身"的塔，只能先建造简单的

---

① 《大正藏》第49册，第361页上。

"灵龛"。①

关于龛内的结构，可从部分文献中推测一二，如《佛祖统纪》卷六记载：

> （仁寿元年十二月）设千僧及为文致敬，坟龛开视舍利，见灵体不动如在定中。……（大业元年十一月二十四日忌辰）是日午后使人同大众开视灵龛，唯空床虚帐而已。……②

可知智顗圆寂之后是以坐化的姿态放入灵龛中，龛内还设有床和帐的设施。而在龛内设床帐的做法被延续至唐代的瘗窟中，在龙门石窟发现的瘗窟中，有许多都采用了窟内设石床的做法。

而上文中提及《华严经传记》中地婆诃罗在圆寂之后，遗体被运往龙门东山，也是置于灵龛中，由门人"加饰重阁，因起精庐其侧，扫洒供养焉"。可以推测他的灵龛即为存放全身舍利的容器，随后再在其上起塔，周边建设有供信徒居住的精庐，在武三思奏请重修香山寺之后，进而规模不断扩大，成了当时龙门地区首屈一指的大寺。

（二）"灵龛"与石窟瘗葬——以龙门石窟为例

随着对唐代瘗窟瘗穴的不断深入研究，再结合以上的文献资料，笔者推测"灵龛"一词在唐代的某个阶段在一定程度上成了瘗窟瘗穴的代名词，这在龙门石窟现存唐代的瘗窟瘗穴中就可见一斑。龙门石窟瘗窟现有 40 座，葬灰或遗骨的瘗穴共有 94 个，其时代均为唐

---

① 任林豪：《智者大师疑问二则》，《佛学研究》1997 年 6 月。
② 《大正藏》第 49 册，第 185 页中、下。

代。① 盛唐以降，龙门瘗葬洞窟的数量有了大幅度上升。瘗穴的形制主要分为4类：塔形穴、龛形穴、拱形穴、方形穴。方形穴和拱形穴占龙门石窟瘗穴总数的百分之九十以上，为主要形制。

龙门石窟现存有明确纪年的瘗窟埋葬方式的题记，为宾阳南洞北壁唐贞观廿二年（648）萧氏开窟时在碑文中提及安葬亡儿的"石龛"。② 此外，有几处瘗窟从形制和题记内容来看，均可判断为瘗窟：

1. 敬善寺区娄氏瘗窟（第440号窟）（图3、4）

窟内部平面略近马蹄形，南北宽1.53米，其窟顶微隆，内高1.52米。窟内原有活动优填王像一躯，盛唐有人加刻小型造像三躯，南侧门拱的拱腹间题刻，题记见前文。

图3 龙门石窟第440号窟（娄氏瘗窟）内景（自西向东）

---

① 参见张乃翥：《龙门石窟唐代瘗窟的新发现及其文化意义的探讨》，《考古》1991年第2期；李文生、杨超杰《龙门石窟佛教瘗葬形制的新发现——析龙门石窟之瘗穴》，《文物》1995年第9期。关于龙门石窟瘗窟的数量，随着近年来为了配合龙门石窟东山擂鼓台区和万佛沟区考古报告的编写工作，在这两个区域陆续开展了部分窟前遗址的清理和发掘工作，新发现了若干之前未编入总号的瘗窟瘗穴。此外，结合前人的工作，再加上作者本人对于瘗窟形制的逐渐了解，认为部分曾经被认定为瘗窟的洞窟的功能需要重新商榷，具体成果有待于将来更深入的调查和清理工作。

② 刘景龙、李玉昆主编：《龙门石窟碑刻题记汇录》，中国大百科全书出版社，1998年，第24页。

图 4　第 440 号窟窟门南侧题记（李澜摄）

2. 珍珠泉瘗窟（编号 475 号窟）（图 5）

为前后双室窟，前室呈方形平面，纵券顶，高 121 厘米，宽 126 厘米，深 117 厘米，侧壁设坛，高 18 厘米，深 30 厘米。甬道呈圆拱形。后室呈马蹄形平面，平顶，高 108 厘米，宽 159 厘米，深 135 厘米。窟门方形，高 106 厘米。

3. 惠灯瘗窟（编号 1336 号窟）（图 6）

洞窟主室呈方形平面，穹隆形，高 134 厘米，宽 132 厘米，深 184 厘米。主室三壁设坛，坛高 13 厘米；西壁开一方形瘗穴，高 47 厘米，宽 48 厘米，深 40 厘米。窟门呈圆拱形，窟门外两侧各造一力士像，立山石上。窟门上方存造窟铭记见前文。

试论"灵龛"

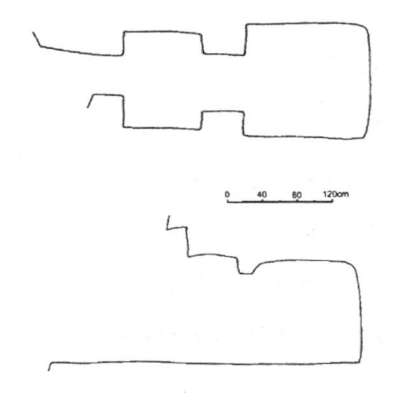

图 5　龙门石窟第 475 号窟平剖面图

图 6　龙门石窟第 1336 号窟（惠灯洞）平剖面图

4. 灵觉洞（第887号窟）

洞窟主室为纵长方形平面，从券顶，高108厘米，宽97厘米，深252厘米，龛右壁外侧存题记见前文。

5. 张氏瘗窟（第1850号窟）（图7）

主室呈方形平面，平顶，高175厘米，宽239厘米。主室后部设一石棺床，高45厘米，深108厘米，棺床距窟门102厘米。方形窟门，窟门外两侧各刻一方形附龛，各刻一持剑门吏，均立方台上。窟门两侧下方各刻一狮子，看上造窟铭参见前文。

图7 龙门石窟第1850号洞窟（张氏瘗窟）外立面

6. 龙门石窟东山万佛沟区瘗窟

龙门石窟东山南段的万佛沟区和中段的香山寺区域为瘗窟瘗穴较为集中的区域，从自然环境来看，东山植被茂密，环境幽静，断崖较多，大部分崖面均朝南，且与西山的佛教窟龛隔河相对，符合佛教徒观像或埋葬的要求，即所谓《续高僧传》中提到的"乘崖漏穴"。宾阳南洞北壁贞观二十二年（648）的题记载[①]：

---

① 刘景龙、李玉昆主编：《龙门石窟碑刻题记汇录》，中国大百科全书出版社，1998年，第24页。

清信女萧为亡儿孝子敬造/阿弥陀佛一躯并二菩萨愿/当来往生无量寿国从今身/见佛身已业永断生死业不/复为怨家眷属然亡儿未/舍寿以前愿亡后即于龙/门山石龛内母子情深不/违本志即以贞观廿二/年八月廿五日从京□/就此寺东山石龛内安/□□。

(1) 第2158—2160号洞窟

这三个洞窟内均凿出石床，无造像雕饰，可以推测为瘗窟。

第2158号洞窟（图8）：

窟内平面呈方形，宽275厘米，进深297厘米。窟内无造像，紧贴正壁下方凿出一长方形石床，床高23厘米，长267厘米，进深123厘米，正壁及左右两壁均为磨光素面垂直壁面。

图8　龙门石窟东山第2158号洞窟主室

第2159号洞窟（图9）：

主室平面呈方形，宽249厘米，进深200厘米，窟顶中心略上凸，形成穹窿顶。窟内无造像，紧贴北壁下方凿出一长方形石床，床高28厘米，长240厘米，进深127厘米。石床表面靠近边缘处凿有一圆形槽孔。石床与左、右壁相连接处各向下凿有一道浅槽，用于排水。

图 9　龙门石窟东山第 2159 号洞窟窟内石床

第 2160 号洞窟：

窟内平面呈方形，宽 208 厘米，进深 83 厘米，窟顶略微呈穹窿状。窟内无造像，紧贴北壁下方凿出一长方形石床，坛床基本遍布整个主室地面，外沿与左、右前壁相连接，床高 5 厘米，长 208 厘米。

（2）万佛沟新发现瘗窟（万佛沟第 1 窟）

在这里需要重点介绍龙门石窟东山万佛沟区新发现的一个唐代瘗窟，其主室呈方形平面，宽 189 厘米，高 160 厘米；正壁向后开一方形龛，龛高 106 厘米，宽 91 厘米。此外从窟内地面和正、左、右三壁现存遗迹来看，主室内原来应凿有一宽 189 厘米，高约 24 厘米的石床。（图 10）

考古工作人员对窟前遗址和遗迹进行了清理发掘，出土了当时用于修饰窟檐及窟前平台的大型石构件及用于封堵窟门的石门，形制类似唐代墓葬中的石墓门。关于这一组窟龛的性质和窟主，根据洞窟形制和窟前平台的设计，推测万佛沟第 1 窟应为窟主专门开凿的瘗窟，东侧洞方形龛内或曾放有活动像，窟主可能为在龙门一带活动的高僧或是社会地位较高的佛教徒，圆寂或过世之后，其门人或亲属直接将其舍利放入窟内并将窟门封上，形成瘗窟。（图 11、12）

试论"灵龛"

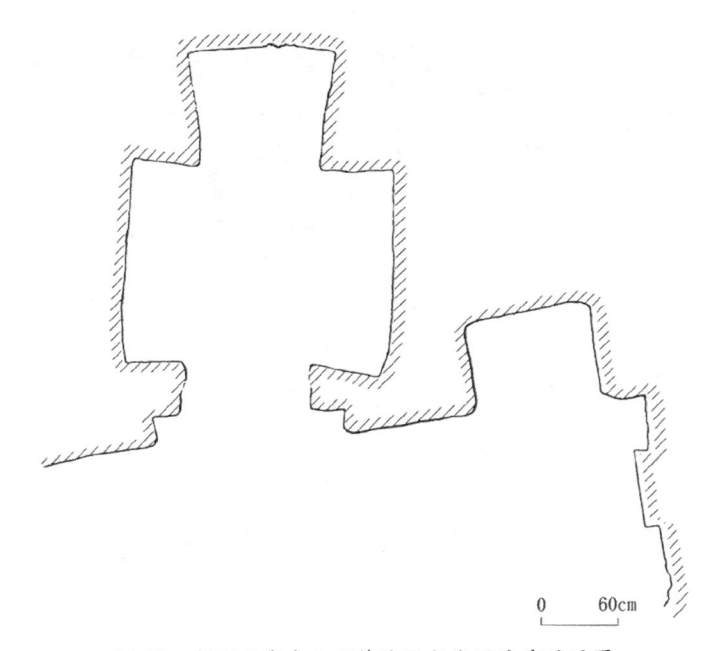

图10 龙门石窟东山万佛沟区新发现瘗窟平面图

图11 龙门石窟东山万佛沟区新发现瘗窟窟前遗址出土石门

图12　龙门石窟东山万佛沟区新发现瘗窟窟门复原图

从此区域卢征龛碑文的记载（编号2169，题记内容见前文）可以判断，灵龛应为唐代香山寺范围内的一处重要的遗迹，而根据考古调查和清理，确实在唐代香山寺遗址以东的万佛沟区域发现了若干瘗窟。随着学者们对于唐代石窟瘗葬的深入研究，还可以确定龙门东山中段清代香山寺下方崖面上，有一批曾经被划定为禅窟和空龛，应是作为瘗窟瘗穴使用。（图13、14）

图13　龙门石窟东山中段香山寺下方瘗窟瘗穴群

图14　龙门石窟东山第2343号洞窟

关于龙门石窟唐代瘗窟形制的演化，初唐时期的龙门瘗窟保留了前后室格局，如珍珠泉上方第475号的洞窟。高宗时期龙门瘗窟平面布局由前后室改变为单一窟室，部分窟内还塑有佛像，死者的葬法由卧式改为坐式，如开凿于龙朔元年（661）的第440号洞窟"娄氏瘗窟"。到了开元二十三（735）的比丘尼惠灯瘗窟，内部造像已取消，窟内设环坛，同属于开元年间的比丘尼灵觉瘗窟（开元二十六年，738），其竖长方形平面又说明了当时部分瘗窟的葬法应为仰身直肢葬。[1] 第1850号洞窟"张氏瘗窟"窟内的形制为设一横长方形的石床，死者应横卧其上，此窟年代推测为8世纪初，[2] 这一形制的瘗窟在龙门东山南段的万佛沟以及中段香山寺区的崖壁上多有发现，结合万佛沟区新发现瘗窟的形制以及窟门封以石门的做法，可以基本勾勒出

---

[1] 张乃翥：《龙门石窟唐代瘗窟的新发现及其文化意义的探讨》，《考古》1991年第2期。

[2] 刘未：《龙门唐萧元礼妻张氏瘗窟考察札记》，《中国国家博物馆馆刊》2012年第5期。

唐代龙门地区瘗窟的形制发展以及埋葬方式。

三、讨论:"灵龛"的形式演变

(一) 隋唐时期的发展
1. 佛教丧葬观念及用具的世俗化

隋唐之前,即已有把龛作为僧人往生的处所,《高僧传》中记载的高僧慧韶即有计划地开龛,随后于龛内自焚,见《高僧传》卷第十二《亡身篇·宋临川招提寺释慧绍》①:

> 释慧绍,不知氏族。……至八岁出家,为僧要弟子。精勤懔励,苦行标节。后随要止临川招提寺,乃密有烧身之意。常雇人斫薪,积于东山石室,高数丈,中央开一龛,足容己身。乃还寺辞要,要苦谏不从。即于焚身之日,于东山设大众八关,并告别知识。……执烛燃薪,入中而坐,诵药王本事品。……经三日,薪聚乃尽。……绍焚身是元嘉二十八年,年二十八。

到了隋代,天台山的高僧智𫖮是在圆寂之后置于灵龛之内,且遗体放入龛中时也发生了"流汗遍身"这一灵异的现象,印证了智者大师是采用灵龛盛放全身舍利这一埋葬方法。《佛祖统纪》卷六《东土九祖第三之一》载②:

> ……(智者大师)言讫唱三宝名,如入三昧,实此月二十四

---

① 释慧皎:《高僧传》,汤用彤校注,中华书局,1992年,第450页。
② 《大正藏》第49册,第185页上。

日未时也春秋六十，僧夏四十。安坐在外经历十日，道俗奔赴号泣绕拜，入龛之后流汗遍身。将异归佛陇连雨不休，弟子咒愿乞加神力，才举禅龛应时开霁，乃于寺西南峰起坟奉藏，从先嘱也。

据道宣《集神州塔寺三宝感通录》记载，法门寺舍利曾于显庆五年（660）春三月被迎去东都入内供养，至龙朔二年（662）送还法门寺本塔。皇后武则天为舍利特做容器，造金棺银椁①：

> 显庆五年春三月，敕取舍利往东都入内供养，时周又献佛顶骨至京师，人或见者，高五寸阔四寸许，黄紫色。将往东都驾所，时又追京师僧七人，往东都入内行道，敕以舍利及顶骨出示行道。僧曰，此佛真身，僧等可顶戴供养，经一宿还收入内。皇后舍所寝衣帐直绢一千匹，为舍利造金棺银椁，数有九重雕镂穷奇，以龙朔二年送还本塔。

可见自武后首倡以中国传统的棺椁造型制作瘗埋舍利的容器以来，用金棺银椁做舍利容器已成为定制，并影响到后代。舍利的金棺银椁或置于大石函中，如甘肃泾川大云寺出土的唐代舍利金棺银椁，或置于石材雕成的灵帐之内，灵帐模仿殿堂内的帐顶装饰，这在石窟的帐形龛中可以一窥究竟，或可见于壁画之中某些相关的场景。②（图15）供养之物以法器、供具、衣物和珍宝为主，舍利的供养人除皇家之外，多为当地官吏或僧人。③表明这时期的佛教丧葬用具的艺术造型，彻底拥有中国民族风格的新面貌，开始模仿传统埋葬死者的木质棺椁，

---

① 《大正藏》第52册，第407页中。
② 杨泓：《中国古代和韩国古代的佛教舍利容器》，《考古》2009年第1期。
③ 徐苹芳：《中国舍利塔基考述》，《传统文化与现代化》1994年第4期。

同时，在塔基内修筑模拟墓室的地宫行为也体现了佛教丧葬仪式的汉化。

图 15　敦煌第 148 窟西壁《大般涅槃经·荼毗品》所见棺木及灵帐

2. 禅宗观念对丧葬方式的影响

盛唐以后，随着禅宗的全面兴起，其他宗派兼习禅的僧人也越来越多，采用全身葬法的僧人也有增多，《宋高僧传》中采用全身葬法的僧人占到了唐代僧人中很大的比例，而《续高僧传》中明确提到全身入葬的僧人有 14 位，几乎都是结跏趺坐，"端坐而亡"，范围较之前扩大了很多。而且很多都描述他们死时有如入定，这可能与这些僧人长期习禅有很大的关系。①

《续高僧传》卷第二十九卷《遗身篇·传论》提到僧人处理尸身的几种办法中，也包含了采用佛教窟龛来埋葬遗体的方法②：

> 又有临终遗诀，露骸林下；或沉在洄流，通资翔泳；或深瘗高坟，丰碑记德；或乘崖漏窟，望远知人；或全身化火，不累同生之神；或灰骨涂像，以陈身奉之供。

这表明了隋唐时期的佛教丧葬形式已不再拘泥于印度佛教中流行的火葬与尸陀林葬法，而是结合了中国本地的丧葬观念，并且随着信仰的转变，呈现出更多样的形式。

综上所述，隋唐时期的"灵龛"最初应该是对凿造有佛教造像的石窟的统称，随后用来指代埋葬有高僧肉身或灵骨的瘗窟和瘗穴。隋唐时期僧人和佛教徒石窟瘗葬的数量达到前所未有（以龙门石窟、四川地区石窟为主要代表）的高度，也是受到这些观念的影响，即把佛教石窟作为存放自己遗体的最佳选择，甚至模仿地下的墓室封堵窟门，建造大型的仿木构窟前建筑，以方便门人信徒供养朝拜。从外部来看，不妨把瘗窟视为存放遗体的大型灵柩，由此我们也可以理解把封存有僧人灵骨的石窟称为"灵龛"的说法。

（二）宋元及以后时期的发展

同样，由于禅宗的不断壮大，佛教寺院戒律的加强和统一，丧葬仪式作为僧众社会生活重要的一部分，也在戒律中有了严格的规范和

---

① 王磊：《试论中古时期佛教徒的全身葬法》，《中山大学学报（社会科学版）》2013年2期。

② 道宣：《续高僧传》，郭绍林点校，中华书局，2004年，第1168页。

加强。从元代修订的《敕修百丈清规》及其他的禅宗的文献中可知，僧人圆寂，遗体清洁之后会被放入灵龛，在经历了估衣、念诵、送亡等环节之后，众人抬龛"赴茶毗之盛礼"。抑或是没有茶毗，而是采用"入龛、移龛、锁龛……起龛、提衣、起骨入塔、入祖堂、全身入塔、撒土"这样全身葬入塔中的流程。值得一提的是，禅寺葬礼的入龛仪式既可以看作世俗葬礼中的"大敛"，只不过省去了世俗葬仪中的"小敛"。亡僧从入龛到法堂中接受供养、祭奠、凭吊的过程，与世俗中死者从入棺到吊唁再到钉棺的过程非常相似，两者之间存在着可模拟的关系。① 这些丧葬流程被官方修订进戒律规范之后，遂成为僧人葬仪中的固定流程。"灵龛"作为一种必不可少的丧葬用具，在形制上可能会有所变化，但功能已单一化，沿用至今。

四、小结

隋唐时期，尤其是唐代，是佛教葬俗中国化的一个关键时期，宗派的划分、净土思想的流行，加上皇室和贵族对佛教的支持，无一不推动了佛教世俗化的进程，而其中"六道轮回""往生极乐"的观念也为更多的僧人和信徒所推崇，这也加强了佛教的教义更深刻地渗入中国传统的丧葬礼仪之中，许多信徒选择通过带有佛教意义的丧葬方式来安葬自己（石窟瘗葬、祔葬寺院等）。反之，世俗的丧葬礼仪也在影响着佛教的丧葬流程，开始出现了模仿世俗丧葬用具的做法，"灵龛"一词从之前概念模糊逐渐发展为具体指代佛教丧葬仪式中的用具。随着后世禅宗的影响和佛教戒律的加强，"灵龛"在元代以后最终演变成我们如今所熟知的形式。

---

① 王大伟：《宋元禅宗清规研究》，宗教文化出版社，2013年，第285—286页。

线香考

范 桢

(复旦大学文史研究院)

一、引论

北宋丁谓(966—1037)《天香传》引《妙法莲华经》云"千万种和香、若香、若丸、若末、若涂,以至华香、果香、树香、诸天合之香"①,目前汗牛充栋的研究主要基于后一种分类,从原始香料的生产、传播进入,研究香料贸易所反映的文化交流史。从最早关注中国香的白寿彝②,到山田宪太郎③、林天蔚④、薛爱华⑤、关履权⑥等对唐宋元代中国香料的讨论,着力点都在于香料贸易研究。直到最近20

---

① 丁谓:《天香传》,载洪刍:《香谱》卷下,浙江人民美术出版社,2016年,第34页。
② 白寿彝:《宋时伊斯兰教徒底香料贸易》,《禹贡》1937年第7卷第4期。
③ 山田宪太郎:《东亚香料史》,东洋堂,1942年;《东亚香料史研究》,中央公论美术出版社,1976年。
④ 林天蔚:《宋代香药贸易史稿》,中国学社,1960年;林天蔚:《宋代香药贸易史》,中国文化大学出版部,1986年。
⑤ 谢弗:《唐代的外来文明》,吴玉贵译,中国社会科学出版社,1995年,第344、347、348、352—385页。
⑥ 关履权:《宋代广州香药贸易史述》,载《宋史研究论文集——〈中华文史论丛〉增刊》,上海古籍出版社,1982年,第280—310页。后修订收录于关履权:《两宋史论》,中州书画社,1983年,第217—249页。

年，在继续延续中外交流史的研究路径之外，① 对中国历史上香的使用慢慢有了一些关注，如扬之水和孟晖对一些馆藏、出土和图像所见香、香炉和香事进行的名物考证；② 刘静敏的《宋代〈香谱〉之研究》，从文献切入，进而结合考古、实物资料梳理香的发展，书最后一节着重介绍了宋代《香谱》有所记录的三种形态的香——香饼、香煤和香灰；③ 三位学者主要关注的是香所反映的古代文人生活，另外还有刘良佑、孟晖、傅京亮等则从香道的角度，将文人生活置于当下，对香进行概述。④ 在这些对于香的研究中，常见的用词是"香料"与"香药"，二词是对原始文献用词的直接借用，但也能反映当前学界对香的主要认知：香是消费品，主要用于人，其研究也主要关注于"料"所见的文化交流部分。而对于香的前一种分类，对于香"料"之形——香的物质形态——以及香的制作技术发展则关注不多，因而导致对于香的使用、香料贸易的影响的认知，也不够清晰。

薛爱华在论香料一章的开头即言："中世纪的远东，对于药品、食物、香料以及焚香等物品并没有明确区分——换句话说，滋补身体之物与怡养精神之物之间，魅惑情人之物与祭飨神灵之物之间都没有明确的区别。"⑤ 因此，目前大部分讨论的都是"滋补身体""怡养精神""魅惑情人"的药品、食物、香料，而"祭飨神灵"的焚烧之香在某种程度上被忽略了。在一些宗教著作中，如圣凯便曾按原料和制作方

---

① 相关综述参见涂丹：《香药贸易与明清中国社会·中国海洋文明专题研究第五卷》，人民出版社，2016年，第3—20页。
② 扬之水：《古诗名物新证》，紫禁城出版社，2004年，第8—125页；又见于扬之水：《香识》，广西师范大学出版社，2011年。
③ 刘静敏：《宋代〈香谱〉之研究》，文史哲出版社，2007年，第397—401页。
④ 刘良佑：《香学会典》，东方香学研究会，2003年；孟晖：《画堂香事》，江苏人民出版社，2006年；傅京亮：《中国香文化》，齐鲁书社，2008年。
⑤ 谢弗：《唐代的外来文明》，吴玉贵译，中国社会科学出版社，1995年，第155页。

式进行了两种分类,其中按制作方式可分为"末香、线香、瓣香、盘香等",另外还提到了香丸、散香、抹香、练香。① 在当代中国人的宗教生活中,最常用的是长条状的枝香或线香,它们如何制作?它们有哪些成分?它们何时产生?它们与各种宗教仪式是什么关系?这些内容并不见于以上香料研究者的论述。当然,线香研究的困难也显而易见,它过于常见、廉价,因此极少见于文人笔下,也太容易朽烂,因而难被考古发现。现有的一些论著对线香的出现时间争议很大,扬之水认为线香是在元代出现的;② 宋丙玲以两件画像石为证,将线香的历史追溯到东汉;③ 冉万里则断言线香出现的时间是宋代;④ 范纬认为明代发明;⑤ 李健认为普及在明清。⑥ 但除扬之水与宋丙玲外,其他研究者并未列出太多证据。笔者认为,线香当出现于北宋中后期,到元代完成普及,很大程度上能代替其他类型的香,原因首先在于线香在使用上的便利,线香的出现也使焚香器具发生了改变,与复古审美思潮⑦共同促成了鼎形香炉"香鼎"的产生和普及。

---

① 圣凯:《中国汉传佛教礼仪》,宗教文化出版社,2001年,第153页。
② 扬之水:《莲华香炉与宝子》,载氏著《古诗名物新证》,紫禁城出版社,2004年,第23—25页。另外林毅也持此观点,参见林毅、郑建明:《炉瓶香事——浙江长兴明代墓葬出土香事器物略论》,《文物天地》2015年第12期。
③ 宋丙玲:《汉画中的用香习俗探析——从一块东汉画像石说起》,《民俗研究》2014年第6期。
④ 冉万里:《略论隋唐时期的香炉》,载《西部考古》第9辑,科学出版社,2015年,第136页。
⑤ 范纬编:《香缘:天然香料的制作和使用》,文物出版社,2013年,第14页。
⑥ 李健:《掩华如不发,含熏未肯然——件珍贵辽代铜香具的再发现与研究》,载《首都博物馆论丛》第30辑,北京燕山出版社,2016年,第190页。
⑦ 相关研究参见霍小骛:《宋代香炉形制研究》,硕士论文,复旦大学,2014年;袁泉:《稽古作新:宋以降鼎形容器的社会功能与文化内涵》,载河南省博物馆:《鼎盛中华:中国鼎文化》,大象出版社,2013年,第274—311页;张婧文:《元明清组合式陶瓷供佛器研究》,《中原文物》2017年第5期。

二、印度与中国香的形态

首先必须要说明的是,"香"首先是一种味道,在佛教中是色、声、香、味、触、法六蕴之一。《说文》释:"芳也。"① 隋《大乘义章》亦如是:"芬馥名香。此名不足,于中亦有腥臊臭等,不可备举,且存香称。"② 所以理论上一切有味道,尤其是有芬芳香味之物,均可称之为香。香也被引申为表示美好的形容词,如佛经中常常出现的"香美"一词。

明周嘉胄曾从佛经中摘抄了37条香事,③ 香在佛教中作为一种具体的供养物,与花并列,如《中阿含经》卷八:"我闻世尊初生之时,诸天于上鼓天妓乐。天青莲华、红莲华、赤莲华、白莲华、天文陀罗花及细末栴檀香散世尊上。"④ 花其实也是香原始质料形态的一种,另外还有根香、树香、茎香⑤,它们又被加工成"华香""末香""涂香"等形态。⑥《十诵律》卷十三还提到可食用的"粳米饭香药乳汁":"是乳香美,用好药草煮。"⑦ 其中的香药常常是青木香,可以治眼病,又可放入衣物箱中防虫。⑧ 但用得最多还是涂香,涂香不仅可以指香的形态,也是一种质料,如当时女性会"以好香揩身,复以涂香、胡麻屑、胡麻滓揩身"⑨,除了涂身,还可以涂房、涂塔、"涂舍内、涂

---

① 段玉裁注:《说文解字注》。
② 慧远:《大乘义章》卷八末,《大正藏》第44册,第630页上。
③ 周嘉胄:《香乘》卷六,明崇祯十四年刊本,哈佛燕京图书馆藏。
④ 《中阿含经》卷八,《大正藏》第1册,第470页下。
⑤ 《中阿含经》卷三十四(《大正藏》第1册,第647页下):"犹诸根香,沉香为第一;犹诸树香,赤栴檀为第一。"《杂阿含经》卷三十八(《大正藏》第2册,第278页下):"有三种香,顺风而熏,不能逆风。何等为三?谓根香、茎香、华香。"
⑥ 《十诵律》卷三,《大正藏》第23册,第16页上。
⑦ 《十诵律》卷十三,《大正藏》第23册,第96页下。
⑧ 《十诵律》卷三十九,《大正藏》第23册,第284页上。
⑨ 《十诵律》卷四十七,《大正藏》第23册,第342页下。

床、床髀、床脚、床板、床档、衣橛、衣架、涂地四壁"①，除了纯香涂抹，还可以和泥涂抹。②《长阿含经》卷十三也提到沙门不得用四种香："酥油摩身，香水洗沐，香末自涂，香泽梳头。"③ 又提到了香酥油、④ 香水和香泽。从原始佛教的记载来看，香首先是古代印度人的奢侈生活用品，被佛教徒借来供养佛、法、僧。

佛教传入中国后，焚烧供佛成为主流。笔者对魏晋到北宋三部时间段前后相续的高僧传有关香的词汇进行统计，发现"烧香"出现最多，并且逐级增加，"涂香""香华（花）""香汤""香油"等物质形态或使用方法无论在出现次数上还是增长速度上均不及"烧香"。⑤ 北宋洪刍《香谱》卷下记录了22种"香法"（香方），除14种仅言"如常法用之外"，6种焚烧取香，1种用贮于香囊佩戴，1种饮用。⑥

表1 《高僧传》《续高僧传》《宋高僧传》中的香统计表

僧传 \ 香	烧香/香炉/香火	涂香/香泥	香华	香汤/香水	香油/香乳/香酥/香蜜
《高僧传》14卷	22	1	7	4	2
《续高僧传》30卷	45	6	21	9	11
《宋高僧传》30卷	54	4	10	11	3

---

① 《十诵律》卷三十八，《大正藏》第23册，第279页中。
② 《十诵律》卷三十九，《大正藏》第23册，第280页中。
③ 《长阿含经》卷十三，《大正藏》第1册，第84页上。
④ 酥油又名香酥油，所以也可视为香的一种，见同经卷十五（《大正藏》第1册，第98页下）："王入新舍，被鹿皮衣，以香酥油涂摩其身。"
⑤ 释慧皎：《高僧传》，汤用彤校注，中华书局，1992年；道宣：《续高僧传》，郭绍林点校，中华书局，2014年；赞宁：《宋高僧传》，范祥雍点校，中华书局，1987年。
⑥ 洪刍、陈敬：《香谱（外一种）》，浙江人民美术出版社，2016年，第41—48页。

此外，当时烧的香主要是条块状、粉末状和粉末黏合为固体状或胶状。因为原料不同，一般只有沉香、檀香、降真香等木材类香料和部分根香、树脂香才会用香料原木直接做香，更多的动物香料、果香料、华香料和叶香料则需要晒干、风干或者阴干，并打磨成粉进行和香加工。在香料贸易中，前者可以在砍伐后直接运输，后者则需初步加工方可运输，如1974年泉州湾后渚港南宋沉船出水的4700多克香料，大部分为降真香香料木，① 而船舱底部的5升胡椒则混于黄色沉渣之中，从公布的图片来看，为采摘并风干的胡椒颗粒（图1），并且发掘者提到呈白色颗粒，可能有棕叶、竹编贮存，与之类似的还有乳香，"形态不变，滴乳分明"②。关于香的进一步加工则可以考察传世文献中大量存在的香方，香方除记载原料，许多也会记载和香方法、用香方法。据刘静敏研究，中国现存最古之香方为南朝刘宋范晔的《和香方》，③ 可惜《和香方》只提到原料及其效用，并未提到和香的方法。刘静敏在汉文文献中找到的最早香方见于隋阇那崛多所译之《不空羂索咒经》，取六种香"皆捣之作末细罗之，取水和为丸如大枣"④，是用水和香；唐代以后更多用蜜作黏合剂，如唐王焘《外台秘要》卷十三鬼气方举十三味香料，"捣筛，蜜和丸如梧子"⑤；宋代以后则更见

---

① 陈瑞华、缪细泉、戴金瑞：《泉州湾宋代沉船中降（真）香的鉴定及考证》，《上海中医药杂志》1979年第5期；福建省泉州海外交通史博物馆编：《泉州湾宋代海船发掘与研究》（修订版），海洋出版社，2017年，第26页。发掘者将沉船年代断为南宋末年，约"咸淳七年以后的几年"（同书第67页）。

② 福建省泉州海外交通史博物馆编：《泉州湾宋代海船发掘与研究》（修订版），海洋出版社，2017年，第31、347—348页。

③ 刘静敏：《宋代〈香谱〉之研究》，文史哲出版社，2007年，第253—262页。

④ 《不空羂索咒经》，《大正藏》第20册，第401页下，转引自刘静敏：《宋代〈香谱〉之研究》，文史哲出版社，2007年，第262页。

⑤ 高文柱校注：《外台秘要方校注》，学苑出版社，2010年，第437页，转引自刘静敏：《宋代〈香谱〉之研究》，文史哲出版社，2007年，第263页。

薄（面）糊①、白芨②、苏合油③、皂儿胶④等。应县辽代佛宫寺塔二层与四层主佛像像内曾分别出土檀香木共13块、香泥饼26块、香泥塑1颗和用松香代替的琥珀珠2颗（图2），⑤它们的制作方法见于北宋洪刍《香谱》"造香饼子法"：

> 软灰三斤，蜀葵叶或花一斤半（贵其粘），同捣令匀，细如末可丸，更入薄糊少许，每如弹子大，捏作饼子晒干，贮瓷瓶内，逐旋烧用。如无葵，则以炭中半入红花滓同捣，用薄糊和之，亦可。⑥

观察应县木塔香泥饼，洪刍还未记录制作工序中的模制和模印部

---

① 洪刍：《香谱》卷下；陈敬：《陈敬香谱》卷三，载洪刍、陈敬：《香谱（外一种）》，浙江人民美术出版社，2016年，第48、162页。

② 刘静敏：《宋代〈香谱〉之研究》，文史哲出版社，2007年，第159页。

③ 《宋代〈香谱〉之研究》，文史哲出版社，2007年，第162页。

④ 《宋代〈香谱〉之研究》，文史哲出版社，2007年，第162页。

⑤ 据发掘者研究，入藏时间为辽末金初。山西省文物局、中国历史博物馆编：《应县木塔辽代秘藏》，文物出版社，1991年，第67页。上海松江兴圣教寺塔宋代地宫出土铜卧佛内亦藏有沉香木一块，用纸和丝织品包裹，见上海博物馆：《上海市松江兴圣教寺塔地宫发掘简报》，《考古》1983年第12期。衡阳司前街唐末水井也有沉香木出土，见湖南省博物馆、衡阳市博物馆：《湖南衡阳南朝至元明水井的调查与清理》，《考古》1980年第1期。大理崇圣寺三塔主塔大宝六年（1154）天宫也出有香料，发掘时已粘在一起，云南省文物工作队：《大理崇圣寺三塔主塔的实测和清理》，《考古学报》1981年第2期。更大的发现是南京大报恩寺遗址北宋大中祥符四年（1011）长干寺真身塔地宫出土的大量乳香和其他香料，可惜经水浸泡出土时皆凝结成块状，发掘者推测原为香饼、香块，见南京市考古研究所：《南京大报恩寺遗址塔基与地宫发掘简报》，《文物》2015年第2期。韩国新安沉船也发现了胡椒、巴豆、生姜等26种用于贸易的植物和1017件每件约0.55—2米长的檀木，前者为香料或香药，后者笔者猜测是用作家具材料，见金英美：《新安沉船与海上丝绸之路》，载沈琼华编：《大元帆影：韩国新安沉船出水文物精华》，文物出版社，2012年版，第27、244页；문화재청：《신안선Ⅰ: 본문》（新安船Ⅰ: 文本），국립해양유물전시관，2006年，第291、321页。

⑥ 洪刍、陈敬：《香谱（外一种）》，浙江人民美术出版社，2016年，第48页。

图 1　泉州湾宋代海船舱底出水胡椒

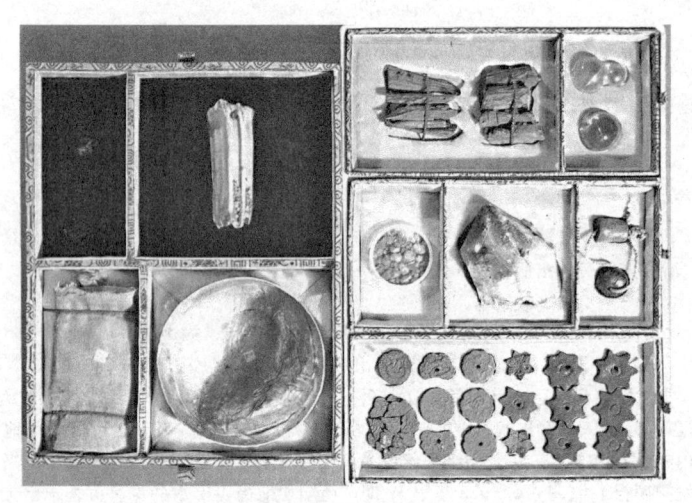

图 2　佛宫寺塔二层主像像内出土佛牙舍利与七珍

分，类似的实物还有江苏武进村前蒋塘宋墓出土的"中兴复古"香饼。无论是香木、末香或香饼，若用作焚烧供佛，香炉可以不需要非常深的器壁贮存香灰，炉盖也是允许的。但到了元代，除了可以制作线香，埋藏佛塔地宫的供物还出现了"香泥小塔"，元至元八年（1271）《圣旨特建释迦舍利灵通宝塔之碑铭文》：

> 又取西方佛成道处金刚座下黄腻真土，及此方东西五台、岱岳名山圣迹处土，龙脑沉笺、紫白旃檀、苏合郁金等香，金银珠玑，珊瑚七宝，共捣香泥，造小香塔一千八个；又以安息、金颜、白胶、熏陆、都梁、甘松等香，和杂香泥，印造小香塔一十三万，并置塔中，宛如三宝常驻不灭，则神功圣德空界难量，护国佑民，于斯有在。①

宿白引刘敦桢的报告和《京西白塔因缘志》《元史·释老志》，认为小香塔即擦擦。② 但碑文专门将两种"小香塔"分开叙述，并且提到后一种为"印造"，除了和香原料有别外，形制也应有别。宿先生引用了刘敦桢一条宣统二年（1910）的记录，并提到其所绘线图二种（图3），但笔者遍查刘敦桢先生的《北平护国寺残迹》，仅有一条民国二十一年（1932）护国寺东舍利塔下部崩塌、塔内发现无数小塔的记录，刘敦桢对之进行了详细描述，并有初步分析：

> 其大小，据著者所见，大抵五公分，径四公分者居多。塔作深褐色，内杂石灰少许，未经窑火，中藏藏经一条，以桑皮纸书之。塔下部作不规则之圆形，上缘稍突出，周围雕壶门式花纹。其上缘施俯莲与联珠各一列。再上塔身用圆锥体，或方锥体，殊不一律，然表面均刻水平线四五层，逐渐收进，若梯级形状，极类印度婆罗门教之塔。又表面浮刻梯级式小塔，附于塔身上，至

---

① 宿白：《元大都〈圣旨特建释迦舍利灵通宝塔之碑铭文〉校注》，《考古》1963年第1期。
② 此后也有许多学者对圆雕小佛塔擦擦进行考证，其在敦煌也称为"脱塔"，参见谭蝉雪：《印沙·脱佛·脱塔》，《敦煌研究》1998年第1期；牛达生：《汉地小泥佛、小泥塔名称考——兼论"擦擦"名称》，《寻根》2008年第1期。

巅，置馒头形宝顶。据文献及近日发现之证物，此类小塔，可自辽与西夏经 Kharakhoto、Khadalik①，追溯至公元九世纪印度遗物，惟所涉范围过于广泛，当于古建筑调查报告专刊内，与喇嘛塔流传中国之经过及其式样之变迁，另文论之。②

从"内杂石灰少许，未经窑火"来看，就是《圣旨特建释迦舍利灵通宝塔之碑铭文》的前一种"小香塔"，刘敦桢观察到的石灰，可能是碑文提到从"西方佛成道处金刚座下""五台、岱岳"取来的土，以及掺杂的"金银珠玑，珊瑚七宝"。藏地和敦煌出土的西夏、元代擦擦有掺杂祖师人骨灰的，但未见有掺杂香料的佛塔擦擦。护国寺掺杂香料的此类"小香塔"高5厘米、直径4厘米，相比应县木塔和"中兴复古"香泥饼体积要大了不少，③ 郭萌研究敦煌莫高窟北区出土的脱塔均为脱模法制作，④ 护国寺"小香塔"可能也是如此。这对和香技术，尤其是对黏合剂，提出了比较高的要求。这种小香塔可能从未设计成焚烧取香，但如果要烧香，可以想象它对香炉是有要求的。

佛教初传时中国出现了两种香炉，一是借用中国已有的博山炉及其变体，⑤ 二是长柄香炉。博山炉带盖，除了营造云烟缭绕的气氛以

---

① 按：即黑水城与新疆于阗卡达里克。
② 刘敦桢：《北平护国寺残迹》，《中国营造学社汇刊》1935年第6卷第2期。大理崇圣寺塔、蓟县独乐寺塔、敦煌莫高窟北区亦出有类似器物，见云南省文物工作队：《大理崇圣寺三塔主塔的实测和清理》，《考古学报》1981年第2期，第257、260—261页，图版二一、二二、二六；天津市历史博物馆考古队：《天津蓟县独乐寺》，《考古学报》1989年第1期。综合性的研究见郭萌：《敦煌莫高窟北区出土擦擦研究》，《文博》2015年第5期。
③ 应县木塔的香泥饼直径2.3—3厘米，"中兴复古"香泥饼边长4.5厘米，总体体积和制作难度均小于护国寺小香塔。见《应县木塔辽代秘藏》，文物出版社，1991年，第67页；王宣艳编：《中兴纪胜：南宋风物观止》，中国书店，2015年，第62页。
④ 郭萌：《敦煌莫高窟北区出土擦擦研究》，《文博》2015年第5期。
⑤ 参见笔者另文《物与人：曹望憘造像底座与佛教传入中国之初的行香礼》，《人文宗教研究》第10辑，宗教文化出版社，2018年。

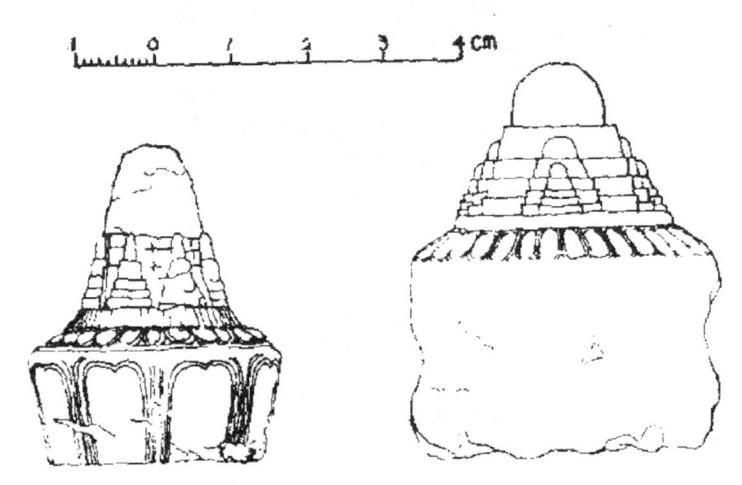

图 3　北京护国寺东舍利塔出土小香塔

外，还有一个容易被忽视的功能是遮盖炉中的香料以及燃烧后产生的香灰，并防止扬灰（图4）。长柄香炉亦是如此，其炉体容积较小（图5），所适用的香也是以粉末状或条块状为主。与焚烧末香的香炉配合的还有香合或香宝子，扬之水对二者进行了区分："凡树脂香料及合和众香制成的香饼香丸，均需放置在香合里"，"香合常常是单独的一具，宝子则多半成对，便是一左一右设在香炉的两边"。① 在扬之水、梁庄爱伦、王惠民、冉万里等②列举的大量南北朝到唐代的图像材料中，都可看到香炉左右香宝子的身影（图6）。

---

① 扬之水：《香合》，载氏著《古诗文名物新证》，紫禁城出版社，2004年，第26页。

② 梁庄爱伦：《中国的供佛香炉和其他供案陈设》，载敦煌研究院编：《1990年敦煌学国际研讨会文集·石窟考古编》，辽宁美术出版社，1995年，第308—335页。王惠民：《敦煌与法门寺得到香供养具——以"香宝子"与"调达子"为中心》，《敦煌学辑刊》2011年第1期；冉万里：《略论隋唐时期的香炉》，《西部考古》第9辑，科学出版社，2015年，第105—152页。

图4　满城汉墓出土博山炉

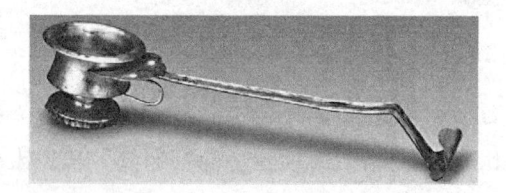

图5　法门寺唐代地宫出土如意柄银手炉

图6　唐咸通九年金刚经卷首木刻版画《祇树给孤独园图》

三、线香的出现

在辽代，皇家为佛宫寺供奉沉香木和香泥饼的时候，线香就已经出现了。对于"线香"一词在文献中的出现，扬之水先生已经有过考辨，所引元《析津志》《俟庵集》和《朴通事谚解》三条文献自然毫无疑问是非常坚实的证据，[①] 苏洵《香》诗载：

> 捣麝筛檀入范模，润分薇露合鸡苏。一丝吐出青烟细，半炷烧成玉筋粗。道士每占经次第，佳人惟验绣工夫。轩窗几席随宜用，不待高擎鹊尾炉。[②]

扬之水认为"捣麝筛檀入范模"描述的"不是线香的制作方法，因尚不足为据"。但是根据明《本草纲目》所记线香制作方法："用白芷、芎䓖……兜娄香末之类为末，以榆树面作糊和剂，以唧筒为线香"，其中的"唧筒"是唐宋间发明的一种水泵工具，[③] 形制类似于现在的水枪或针筒，北宋《武经总要》卷十二绘一唧筒（图7），[④] 现在个人简易制作线香也用形制类似的工具。"捣麝筛檀"描述的是筛选原始香料捣碎磨粉的过程，见于洪刍、陈敬两香谱所记末香、香丸、香饼等

[①] 扬之水：《古诗名物新证》，紫禁城出版社，2004年，第24页。
[②] 苏洵：《嘉祐集笺注》，曾枣庄、金成礼笺注，上海古籍出版社，1993年，第477页。
[③] 孙幼莉：《"瀱筒"释疑》，《汉语史学报》第14辑，上海教育出版社，2015年，第197—204页。
[④] 曾公亮等：《武经总要》卷12，第14a叶，转引自郑振铎编：《中国古代版画丛刊》第一集，影明正德四年刊本，上海古籍出版社，1988年，第634页。原标"明正德间刊本"，实为正统四年（1439）刊本，版本研究参见李新伟：《武经总要研究》，花木兰出版社，第98—100、125页。

香方的工艺程序，也是现在线香制作工艺中必不可少的步骤。"丝""炷"两词更表明这样制作出来的香是长条状的。最后，"不待高擎鹊尾炉"则道出了线香与此前末香的最大区别，可以无需手擎香炉而"随宜用"，说明这种香可以直接手持，燃烧效率也有所提高。

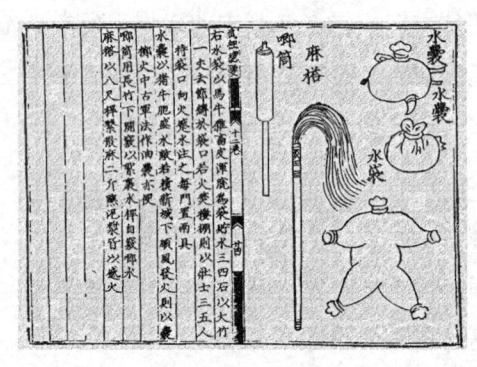

图 7　唧筒

此外，苏洵这首诗还指出了用线香和末香的不同动词。在末香和条块香的时代，行礼者需要将香在香炉里点燃之后，再奉献与佛，文献常用的动词除苏洵提到的"擎"，还有"执""持"等，并且常常与香炉连用；而当线香出现之后，礼佛者不需要再手持香炉，而是可以将香点燃之后，再插入香炉中，这时用的动词是"炷"，行香礼用"炷香"二字描述。如《大智度论》卷十"佛自在前擎香炉烧香供养"；①《高僧传》卷三《求那跋陀罗传》"跋陀自幼以来，蔬食终身，常执持香炉，未尝辍手"，卷十三《释僧护传》"护每经行至壁所，辄见光明焕炳，闻弦管歌赞之声。于是擎炉发誓愿"，卷十三末慧皎论曰"尔时导师则擎炉慷慨，含吐抑扬，辩出不穷，言应无尽"。②

"炷"用于香事描写，首见于唐道宣《四分律删繁补缺行事钞》

---

① 《大智度论》卷十，《大正藏》第 25 册，第 132 页上。
② 释慧皎：《高僧传》，汤用彤校注，中华书局，1992 年，第 134、491、521 页。

卷十一《说戒正仪篇·行香供养》："彼供养者待散华已，然后作礼。三捻香已，执炉，向上座所坐方，互跪，炷香炉中。"① 这里说的是把提起的香炉放回香炉座中，尚不是后来的插香。到晚唐诗作中，"炷"香开始频繁出现：

  白居易《斋居偶作》："童子装炉火，行添一炷香。"②《赠朱道士》："尽日窗间更无事，唯烧一炷降真香。"

  王涯《宫词三十首》之一："五更初起觉风寒，香炷烧来夜已残。"

  贯休《经捷白旧院》："不见中秋月，空余一炷香。"③

  韩偓《仙山》："一炷心香洞府开"，《秋村》："绝粒看经香一炷，心知无事即长生。"④

  郑谷《献大京兆薛常侍》："一炷香新开道院，数坊人聚避朝车。"《谷自乱罹之后，在西蜀半纪之余多寓止精舍，与圆昉上人为净侣，长松山旧斋，尝约他日访会，劳生多故，游宦数年，囊契未谐，忽闻谢世，怆吟四韵以吊之》："梦绕长松塔，遥闻一炷香。"⑤

"炷"均作量词，尚不能十分肯定为线香。但到了以下诗句中：

  吴融《个人三十韵》："炷香龙荐脑，辟魇虎输精。"⑥

---

① 学诚校释：《四分律行事钞资持记校释》，宗教文化出版社，2015年，第910页。
② 彭定球等编：《全唐诗》卷四百六十，中华书局，2008年，第5243页。
③ 彭定球等编：《全唐诗》卷四百六十，中华书局，2008年，第7357页。
④ 彭定球等编：《全唐诗》卷四百六十，中华书局，2008年，第7826、7817页。
⑤ 彭定球等编：《全唐诗》卷四百六十，中华书局，2008年，第7745、7723页。
⑥ 彭定球等编：《全唐诗》卷四百六十，中华书局，2008年，第7869页。

柯崇《相和歌辞·宫怨》："尘满金炉不炷香。"①

"炷"便用作动词，其中"辟魇"为辟邪之意，"精"当作"睛"，"虎睛"实为琥珀，②吴融诗句的对偶是说插香要用龙脑香，辟邪要用琥珀。再到五代南唐李中（ca. 942—972）：

《赠念〈法华经〉绶上人》："五更初起扫松堂，瞑目先焚一炷香。"

《游北山洞神宫》："羡师向此朝星斗，一炷清香午夜焚。"

这两句中，"炷"作为量词所形容的香的类型就很明确了。五代杜光庭的《广成集》中反复出现"然灯炷香""稽首炷香""炷香冥想""炷香祈愿""拜手炷香"等语，③也已经可以明确是插线香了。

线香在晚唐五代北宋间出现，这一微小变化亦能在《六祖坛经》的不同版本中窥见。慧能与神秀的故事中，神秀先作《菩提》偈于东禅寺五祖堂前南廊壁间，翌日五祖弘忍见其偈，"唤门人尽来，焚香偈前，令众人见，皆生敬心"④。此句唐法海本、晚唐惠昕本（967）分别作"焚香偈前"和"烧香偈前"，到北宋契嵩本（1057）便改为"令门人炷香礼敬，尽颂此偈，即得见性"，并被后来通行的元宗宝本（1291）沿用，这显然是北宋以后僧人根据日常所行所见进行的改

---

① 彭定球等编：《全唐诗》卷四百六十，中华书局，2008年，第8215页。
② 考证参考项楚：《寒山诗籀读札记》，载氏著《柱马屋存稿》，商务印书馆，2003年，第105—108页。
③ 杜光庭：《广成集》卷五、卷七、卷十、卷十二、卷十三、卷十七，中华书局，2011年，第66、67、96、104、149、170、178、179、229页。
④ 郭朋校释：《坛经校释》，中华书局，1983年，第14页。

作。① 佛教开始使用线香，更能在宋代僧人撰集的佛书中见到，如北宋睦庵善卿（ca.1088—1108）《祖庭事苑》"拈香"："然古今尊宿拈香，多云一瓣……后世相袭，皆为此言，何必尔也。当云一片、一炷，庶免薄俗之讥。"② 南宋法云《翻译名义集》（1143）"众香篇"："世有三种香：一曰根香，二曰枝香，三曰华香。"③

相比文献的丰富，直接的考古和实物资料却是缺失的。就笔者目力所见，苏州虎丘云岩寺塔北宋建隆二年（961）孔道中发现石函，石函上方放置一香钵，钵中竖放檀香木一支，檀香木两头抹有红漆（图8），在石函前后还各有一只油碗，其中前方的油碗内有油盏。④ 可惜发掘者并未描述"竖放"的细节，但无论是插进钵底的凹槽，还是像现在一样用香灰或大米固定，都已经可以很明确是"炷香"了，而檀香木两头的红漆，则表示燃烧。竖放的檀香木虽然不是严格意义上的线香，但是是在模拟线香的使用方式。在连云港花果山的海清寺塔建于北宋天圣四年（1026），1974年维修时在其地宫挖掘发现了线香，可惜发掘者未进行详细描述也未提供图片，伴出还有雄黄，但未发现香炉或者可以用作香炉的器物。⑤ 镇江甘露寺发现宋代重瘗舍利地宫，其中一件函盖有"临川王安礼元丰元年四月七日记"墨笔楷书款的银

---

① 郭朋：《坛经对勘》，齐鲁书社，1981年，第12—15页。《坛经》的版本研究参见白光：《坛经版本谱系及其思想流变研究》，宗教文化出版社，2013年。
② 睦庵善卿：《祖庭事苑》卷八，第11a—11b叶，《日本五山版汉籍善本集刊》第8册，影驹泽大学藏日本南北朝时期（1331—1392）覆宋刊本，西南大学出版社，2013年，第95页。
③ 《翻译名义集》卷三，《大正藏》第54册，第1104页上。
④ 苏州市文物保管委员会：《苏州虎丘云岩寺塔发现文物内容简报》，《文物》1957年第11期；苏州市文物保管委员会：《苏州虎丘塔出土文物》，文物出版社，1958年，第19页。
⑤ 连云港市博物馆：《连云港海清寺阿育王塔文物出土记》，《文物》1981年第7期。

函，器身两侧垂搩两幅焚香图（图9），发掘者命名为"侍女月下焚香图"。① 但左右月中图像一为丹桂月兔，一为赤乌，所以不能一概而论，除此之外几乎完全相同：均四周刻缠枝纹，中心心形开光内三侍女在庭院内向前缓行持物供奉，天空中日月下布满云气，其中左侧侍女奉盘，盘内似乎盛珊瑚，右侧侍女似捧一灵芝，而中间体形较大的侍女很明显，持有两支长条形物品，虽与现在一炷三支香的习俗不同，但极有可能是香。目前所知的三处考古发现，可以进一步佐证唐末五代北宋线香出现的推断。

图8　陶碗形香炉及檀香木，北宋建隆二年（961）

---

① 江苏省文物工作队、镇江市博物馆：《江苏镇江甘露寺铁塔塔基发掘记》，《考古》1961年第6期；镇江博物馆编：《镇江博物馆藏佛教文物》，文物出版社，2015年，第74—77页。银函为长方形，盖顶垂搩二龙抢珠纹，器身正面刻释迦坐像，背面还刻有一10行86字款，时间为四月八日，落款人为许天锡。王安礼（1034—095），《宋史》有传，为王安石弟，与兄政见不合，擅祭文，重修《灵台秘苑》，有《王魏公集》传世。

线香考

图9 镇江甘露寺宋代重瘗舍利地宫出土宋代刻花长方形银函左侧图像

此外，较早年代考古资料中可能被认为是线香的，除前引宋丙玲所言东汉画像外，还有安阳小屯隋墓YM243出土的一件青白瓷器，形似一灯座，上有三根柱体，中间一根略长，头部尖形且釉色与下部不同，整理者定名为烛台（图10）。同墓还出有一件鼎形器，石璋如命名为"鼎形香炉"，① 出土时有一"囷形器"置于其中，陈佳翎认为"可能与熏香及佛教用途有关"，然"囷形器"内部中空、下部有一小圆孔（图11）。② 陈佳翎已经注意到YM243与安阳的置度村M8隋墓，隋开皇十五年（595）张盛墓、桥村隋墓出土的瓷人和部分瓷器接近，③ 张盛墓和桥村隋墓三种器物均有发现，④ 二墓的烛台均为十字，桥村隋墓另有一竹节形烛台，其中张盛墓的烛台上也有瓷质蜡烛，与小屯YM243隋墓十分接近，可以确认它们都是烛台。而桥村隋墓的"囷形器"或"奁形器"则是"封闭形的圆柱形空心实体"，结合张盛

---

① 石璋如编：《小屯·第一本：遗址的发现与发掘·丙编·附录一：隋唐墓葬上》，台北"中央"研究院历史语言研究所，2005年，第264页。
② 陈佳翎：《萦青缭白：安阳隋唐墓青瓷》，台北"中央"研究院历史语言研究所，2016年，第68—73页。
③ 陈佳翎：《萦青缭白：安阳隋唐墓青瓷》，台北"中央"研究院历史语言研究所，2016年，第12页。
④ 考古研究所安阳发掘队：《安阳隋张盛墓发掘记》，《考古》1959年第10期，第544页图版十二4、6、8，图版十三6；安阳市文物工作队：《河南安阳市两座隋墓发掘报告》，《考古》1992年第1期，第41页图三3，图版五5、6，图版六3。

墓、桥村墓的大量明器，笔者猜测瓷鼎与瓷囷形器是香宝子的明器。另外冉万里曾基于大量资料总结隋唐时期的三足炉，其中 B 型的第一式仅列张盛和桥村、安阳隋墓三例，① 而它们均有一香宝子相配，说明这是一种小范围和短暂的特殊葬俗。线香的使用时间依然要从唐末五代北宋开始算起。

图 10　安阳小屯隋墓 YM243 出土白瓷烛台

图 11　安阳小屯隋墓 YM243 出土白瓷鼎形香炉与囷形器

---

① 冉万里：《略论隋唐时期的香炉》，载《西部考古》第 9 辑，科学出版社，2015 年，第 126 页。

四、线香与香炉

线香出现后，会发生什么？显然是苏轼所说的使用"随宜"，烧香者可以将点燃的香插在任何可以插入固定的地方，大大方便了人们使用。当然，在正式或文雅的场合，比如宗教仪式和文人书斋，香炉并未消失，但它们却被改造了。线香相比末香、香丸、香饼、香木等，最显著的一个特征是"长"，因此如果烧线香，就不能有炉盖了。前引霍小赛的研究统计了224件宋代的香炉，发现仿鼎、鬲、簋、樽的仿古"青铜器系统"香炉在南宋显著增加，"金银器系统"香炉在南宋中晚期以后逐渐消失。[1]

但她排除了炉盖的因素，[2] 而这恰恰是制香技术进步对香炉的影响所在，在笔者目前统计南宋、金、元时期的227例仿古香炉中，仅找到11例是配有炉盖的。其中只有1例为墓葬出土，其他为沉船、窖藏或遗址；5件狮子形炉盖，3件博山炉盖，2件装饰龙形钮，1件钱纹镂空。这些香炉主要还是用于宗教活动的，如剑阁县城小东街窖藏可能与附近的道观有关；[3] 嘉定法华塔地宫出土的铜熏炉则位于石函内佛像的正前方，左右分别为一瓷盒与银盒，炉内积满香灰；[4] 而新安沉船则是日本寺庙在中国订购的货物。

---

[1] 霍小赛：《宋代香炉形制研究》，复旦大学硕士论文，2014年，第62—65页。
[2] 霍小赛：《宋代香炉形制研究》，复旦大学硕士论文，2014年，第5页。
[3] 毋学勇：《剑阁宋代窖藏综述》，《四川文物》1992年第3期。
[4] 上海市文物管理委员会：《上海嘉定法华塔元明地宫清理简报》，《文物》1999年第2期。

表 2 考古发现南宋、金、元时期有盖香炉统计表

时间	名称	资料来源	尺寸（cm）	图片
南宋中晚期	南海一号沉船三足瓜棱香薰	南海一号沉船 T0302②：47，《南海一号宋代沉船 2014 年的发掘》图三七，6	高 17.5、口径 10.2	
南宋	兰溪费垅口南宋墓鼎式铜炉	浙江兰溪灵洞乡费垅口村南宋夫妇合葬墓，《兰溪费垅口村南宋墓出土文物》图 17，《浙江兰溪市南宋墓》	高 14.5、口径 9.8、腹径 13.6	
宋	剑阁县城小东街宋代窖藏博山熏炉	剑阁县城小东街宋代窖藏，《剑阁宋代窖藏综述》图 14	高 47.5、口径 25、腹径 30、腹深 22.5	

续表

时间	名称	资料来源	尺寸（cm）	图片
元初	嘉定法华塔元代地宫铜熏炉	上海嘉定区嘉定镇法华塔元代地宫，《上海嘉定法华塔元明地宫清理简报》图10	高12.8、口径6.4	
元至治三年（1323）	新安沉船龙泉窑青瓷狮纽盖鬲形香炉	《新安船：青瓷·黑釉》图208	高16.5、口径10.2、底径4.4	
元至治三年（1323）	新安沉船青铜博山香炉	《新安船：白瓷和其他》第205页		
元至治三年（1323）	新安沉船青铜狮子钮盖香炉	《新安船：白瓷和其他》第206页		

续表

时间	名称	资料来源	尺寸（cm）	图片
元	南平窖藏Ⅳ式三足熏炉（带盖）两件	福建南平沙溪大桥明代窖藏，《福建南平窖藏铜器》封二1		
元	澧县窖藏青花缠枝纹狮纽三足瓷炉	湖南常德澧县车溪乡新民村三组八丈坡元代窖藏，《湖南澧县出土元代瓷器窖藏》图4、彩版二七、二八	通高17.5、炉高11.4、口径8.6、腹径9.8、底径4.5	
元	德胜门元代枯井镂空三彩龙凤琉璃釉香炉	北京德胜门外黄寺修配厂元代枯井遗址，《记元大都出土文物》图版陆，2	高36、口径17	
元	四子王旗铜香炉	内蒙古乌兰察布盟四子王旗城卜子发现，《内蒙古出土文物》图160	高16	

此外，元代出现了一种极具特色的玉器，后世常名之为"炉顶"（图12），徐琳引明人沈德符的论说，并考证元代服饰，认为是帽顶，到

明代随着发式的变化而被改用作炉顶。① 扬之水进一步引明清人的论说，认为仿古类"小室焚香日用的香炉，本不用带捉手的木盖子，特意加配底座与盖，多半是脱离了实用而成为文玩的'以备鉴赏'之器"②。其实仔细观察明清人为仿古香炉所配的玉炉顶和木盖（图13），都没有孔洞可让烟雾飘出，这种香炉已经不具备宋以前的香炉的出香功能。显然，它们不会是烧末香、香饼或香木，木盖和炉顶只能防止线香烧完之后的香灰飘洒，当然更可能的，还是完全成为文玩鉴赏之器。

图12　无锡元钱裕墓出土玉帽顶

图13　元青瓷鱼耳炉

---

① 徐琳：《元代钱裕墓出土的"春水"等玉器的研究》，南京艺术学院硕士论文，2002年，第12页。

② 扬之水：《从帽顶到炉顶》，《文物天地》2003年第9期。

五、小结

香是佛教仪式最为常用的供物,烧香礼也是佛教中最基础和普遍的礼仪之一。在元代德辉编的《敕修百丈清规》中,几乎每一项礼仪都需要烧香,它会提到烧香的方法、次序、器具,但已不再关心所烧为何香,这说明到了此时,香已经被高度统一化了。而香炉炉盖的出香功能逐渐消失,进而覆盖型的炉盖也渐次消隐,① 也出现了"香几、炉瓶、烛台"或"香几、烛台"的组合。②

---

① 后世还出现仿建筑的悬空塔式、悬山式炉盖,用于防雨,此是后话。
② 如卷一"告香""为行者普说"、卷三"开堂祝寿"、卷五"谢挂搭"、卷七"戒腊牌",见德辉编、李继武校点:《敕修百丈清规》,中州古籍出版社,2011年,第50、58、74、147、193页。

唐后期五代宋初敦煌寺众居家原因新探

武绍卫

(山东大学)

自郝春文先生揭示敦煌地区僧众居家现象以来,[①] 围绕着敦煌僧众居家的讨论不断丰富。就敦煌僧众居家影响来说,居家可能正是导致僧众养子、从事各种经济活动等背离佛律、渐渐世俗化行为出现的重要契机和推力,[②] 也是我们从整体上理解敦煌藏经洞文书的一个重要出发点。质言之,"居家过活"可能是主导敦煌佛教日益脱离强调清修的"寺院主义",而走向"世俗化"或"社会化"的一大动因。因此理解"僧众居家"现象,对我们深化敦煌佛教世俗化发展形态也大有裨益。

---

① 相关研究,参郝春文:《唐后期五代宋初沙州僧尼的特点》,载中国敦煌吐鲁番学会编《敦煌吐鲁番学研究论文集》,汉语大词典出版社,1991年,第837—836页;并参郝春文:《唐后期五代宋初敦煌僧尼的社会生活》,中国社会科学出版社,1998年,第74—122页;等等。

② 关于敦煌世俗化或社会化的论述中,"娶妻"也被认为是重要表现。在这一方面,李正宇等先生曾多加论述,但目前似尚无绝对的证据可以坐实。即使是主张娶妻现象存在学者所举之最关键材料、被视为"敦煌僧人索义辩夫妻画像"的"莫高窟第12窟窟主供养像",在一些学者研究中,也出现了不同的解读。相关研究,参李正宇:《晚唐至宋敦煌听许僧人娶妻生子——敦煌世俗佛教系列研究之五》(修订稿),载郑炳林、樊锦诗、杨富学主编:《敦煌佛教与禅宗学术讨论会文集》,三秦出版社,2007年,第12—36页;关于对莫高窟12窟的新解读,参范泉:《莫高窟第12窟供养人题记、图像新探》,《敦煌研究》2007年第4期。

李正宇先生曾罗列敦煌寺众居家材料，基本呈现了历史时期敦煌僧众居家生活面貌，并从吐蕃佛教、禅宗思想、世俗思想等角度对寺众居家现象的出现原因进行了思考。在李正宇等先生的基础上，石小英女士对尼僧居家的情形有过细致梳理，并补充了尼僧多胡人、佛教戒律松弛导致世俗化加重等两个角度思考居家现象的出现。① 但笔者在研读敦煌文献时，认为敦煌僧众居家的背后可能并不仅仅只有上述宗教以及思想上的动因，也许还有很多切身的社会经济因素。

笔者以为，僧众居家，一方面有着寺院不能或不便居住的原因，另一方面也有着必须居家的原因。居于寺，要求寺院首先必须有足够的经济能力为寺众提供足够的"居寺过活"的资源。同时，僧人也必须无后顾之忧，可以排除经济以及家庭等困扰，安然世外。但无论从寺院本身的经济能力，抑或地区的经济形态来看，敦煌都不能满足僧人居寺的条件。

一、寺无寮房与有事供粮

寺院提供给寺众寺院生活的资源很多，比如供僧众精进佛修的经律论典籍、供僧众安居的寮房与口粮等。其中对一般僧众是否居寺影响最大、也最为切身和直接的便是后面两大元素，即屋舍和口粮。

---

① 相关研究，参李正宇：《晚唐至宋敦煌听许僧人娶妻生子——敦煌世俗佛教系列研究之五》（修订稿），载郑炳林、樊锦诗、杨富学主编：《敦煌佛教与禅宗学术讨论会文集》，三秦出版社，2007 年，第 12—36 页；石小英：《浅析 8 至 10 世纪敦煌尼僧居家生活》，《宗教学研究》2016 年第 2 期等。

（一）寺无寮房

吐蕃统治初期，敦煌僧团承续唐朝而来，规模不大。据 S.2729 载，788 年时，有僧尼 310 人，而到了 800 年（S.5676）、9 世纪末 10 世纪初（S.2614）分别增长至 427 人和 1169 人。具体到寺院，尼寺规模扩张最为显著，如 800 年左右新建圣光寺，起初只有尼众 7 人（S.5676），而发展至 9 世纪末，寺众已达 79 人（S.2614），九十年间规模增长 1128.6%。类似地，800 年（S.5676）普光寺有尼众 57 人，而 806 年（P.3600）时这一数字达到了 127 人，6 年间翻了一番，膨胀速度更为惊人。很难想象寺院建筑规模也会在地理空间上发生同步性扩张，所以这必然导致寺院寮房等公共资源的紧张。

因为材料的缺失，我们已经看不到寺院资源供需矛盾在历史过程中是如何一步步加剧的了，但还有一些材料可以给我们提供一些了解这种矛盾急剧紧张时的横断面，即当寺众有事必须全部回到寺院居住之时，寺院寮房的分配状况。敦煌僧团安居之时，徒众回寺，需居于结界之内，但很可能没有屋舍可居，据 P.6005《释门帖诸寺纲管令夏安居帖》载：

> 释门帖诸寺纲管
> 奉都僧统帖，令僧政、法律告报应
> 管僧尼沙弥及沙弥尼，并令安居，住寺依
> 止，从师进业修习，三时礼忏。恐众难齐，仍
> 勒上座寺主亲自押署，齐整僧徒，具件如后。
> 诸寺僧尼，自安居后，若无房舍，现无居住空房
> 舍，仰当寺纲管，即日支给。若身在外，空闲
> 房舍，但依官申状，当日支与。

诸寺僧尼数内沙弥，或未有请依止，及后入名僧
尼，并令请依止，无使宽闲，如不□师者，仰纲
管于官通名，重有科罚。
诸寺僧尼，夏中各须进业，三时礼忏，不得间断。
如有故违，重招科罚。纲管仍须钳鏁散众，如
慢公者、纲管罚五十人一席。
诸寺界墙及后门，或有破坏，仍须修治及安关钥。
私家小门，切令禁断，然修饰及扫洒，仰团
头堂子所供，仍仰纲管及寺卿勾当。如不存
公务者，同上告罚。诸寺不令异色杂人居住。
（下略）

从上可知，原则上，安居之日，僧尼五众必须居于寺，"应管僧尼沙弥及沙弥尼，并令安居，住寺依止，从师进业修习，三时礼忏"，并且敦煌僧官也采取多重措施以保证全体寺众安居，"恐众难齐，仍勒上座寺主亲自押署，齐整僧徒，具件如后"。在要求全体僧众回寺安居的同时，也提出了相应的应对措施，以保证安居的顺利进行："诸寺僧尼，自安居后，若无房舍，现无居住空房舍，仰当寺纲管，即日支给。若身在外，空闲房舍，但依官申状，当日支与。"从这里也可以看出当时寺院寮房供给的窘迫，即并非每位徒众本就有房舍，当他们回到寺中居住时，必须占用他僧或者寺内公共资源。此帖中也暴露出了有些寺院的屋舍破败不堪居住，所以安居之日，须首先修治"屋舍"及"寺界墙及后门"。P. 2068V 也记有"大德一心念我比丘保净今于大宋国沙州金光明寺大戒内前三月夏安居居房舍破修泚故"，说明到了宋初时类似的情况仍未得到全面改观。屋舍破败不堪，说明久无人住，这是僧众居于家的表现，也是久居于家的后果。

当僧众习于居家时,寺院中诸如寮房等公共资源,反而会被闲置起来,而非得到充分利用。空出的寮房,甚至可以允许他寺僧众暂居。S.9227《永安寺僧绍进上表及判》便如此记载:

永安寺僧绍进上表
伏以绍进自小出家,配名与永安寺为僧,
西院得堂一口,修饰为主。昨因开元寺僧
慈音移就永安寺居住,绍进遂将西院堂
一口回换东院绍智舍两口。其绍智还□□□
亦空闲。比至移来,内一口被同院僧庆安争
将,全不放绍进取近。其庆安旧有房舍,亦
在同院。绍进将西院舍对徒众换得东院舍
两口,今绍进换舍,庆安争将,有何词理?伏望
(下略)

表中显示,僧绍进曾分得永安寺僧房一间,后来因开元寺僧慈音迁来,所以便将西院原房让给慈音,并向寺院申请得到了闲置的绍智的僧房两间。但同院僧庆安之前便强占了绍智两间僧房中的一间,并且不允许绍进住入。绍进西院堂口的获得、对东院绍智房舍的置换,说明寺院中有闲置房舍,而寺院亦有权对其进行调配;并且在一定情况下,也允许其他寺院僧人调入居住。不过,根据937年P.2250《敦煌诸寺傜状》的记载,可以得知在当时的傜的分配中,慈音已然被当作永安寺僧,而非开元寺僧。据此亦可推知,慈音迁住于永安寺,并不仅仅是暂住,随之调入的可能还有寺院身份,即寺籍。慈音从开元寺迁入永安寺,可能正是因为开元寺无多余房舍可让其居住,不得已而搬入永安寺。

那么，寺院是否曾努力改善这种供需不平衡的现状呢？据笔者的观察，这种努力是存在的，但影响相当有限。

P.4980《僧谈信等乞施文》是僧谈信在"巡门告乞"他人布施修建寺院屋舍时所用唱稿，其中提及当时"今须覆盖房舍居住，金田亏缺者而颇多，贫乏者而不少"，"数个师僧门旁烈（列），只为全无居住处，如何冬夏遮寒契"，其中虽有夸张成分在内，但却也能真实反映出当时肯定有一些僧人于寺内无房，故而无法居寺修行的窘迫情形。

我们在诸如邈真赞等材料中，看到了很多高僧为人所称赞的一项重要功德便是整治寺院（见表1）：

表1：邈真赞等所见僧人修葺寺院事表

序号	年代	寺院	出处	人物	描述
1	832年之前	乾元寺	P.2807《释门文范》	张金炫	更能崇成梵宇，揩理蠡宫，变乾元之小堂，状上京之大厦。
2	869年之前	龙兴寺	P.4660《翟法荣邈真赞》	翟法荣	龙兴塔庙，再缉行廊。
3	879年之前	报恩寺（？）	P.4640《辞弁邈真赞》	辞弁	新崇房院，梵宇连绵。
4	883年之前	灵图寺	P.4640《曹法镜邈真赞》	曹法镜	葺治伽蓝，绳愆有截。
5	905年之前	灵图寺	P.3541《张善才邈真赞》	张善才	葺治鸿资，春秋靡乖而旧积。
6	923年之前	永安寺	P.3718《阎会恩邈真赞》	阎会恩	绍隆为务，葺建洪基。
7	955年之前	灵图寺	S.5405《张福庆邈真赞》	张福庆	鸿基添益，丰盈而百倍□光；殿刹修崇，庙好而一寺□□
8	960年之前	大乘寺	P.3556《曹法律邈真赞》	曹法律	大乘寺内，广竖立于鸿基；中外重修，并完全而葺理。

从上表中可以看出，自吐蕃统治以至曹氏归义军时期，敦煌诸寺一直有整治、修建寺院的现象，但除了辞弁似乎曾扩建"房院"外，其他人的整治工作都没有特别彰显出他们曾努力改善僧人寺内居住条件。记录寺院公共开支的入破历中，也有许多与修寺院相关的记载，有记载可能涉及了修葺僧人寮房，如 P. 2032V《后晋时代净土寺诸色入破历算会稿》记载了"粟六斗，史生垒舍迎顿用""面九斗，三日中间接墙盖廊舍众僧及博士用""面一石二斗，三日间接墙盖厨舍众僧用""面六斗，三日间接墙盖舍众僧用"等，里面涉及了"廊舍""厨舍"和"舍"，其中"舍"很有可能便是居住寮房。但这样的记载并不多，更多的还是集中在新建佛殿（如 P. 2638 修建开元寺南殿、P. 2641 修治三界寺观音堂）、整治寺门（P. 2032V）、垒砌寺墙（S. 1053、S. 4782 等）、修理佛像（P. 3490 等）等。

当然，敦煌寺院僧众寮房的另一来源还有他人施入。P. 2187《保护寺院常住物常住户不受侵犯帖》描述了寺院常住物的来源，其中之一便是信众施入："应诸管内寺宇，盖是先帝敕置，或是贤哲修成，内外舍宅庄田，因乃信心施入，用为僧饭资粮。应是户口家人，坛越将持奉献，永充寺舍居业。"S. 6829《戌年（806）八月氾元光施舍房舍入乾元寺牒并判》则记载了氾元光要求在自己死后将自己的屋舍施入乾元寺。

此外，寺院似乎也允许僧众自己修补房舍，如 S. 542"今日出家舍俗"的普光寺尼光显"修舍于寺院内"的事实。S. 542V《坚意请处分普光寺尼光显状》便记载了普光寺尼光显曾因修舍，于寺院内开水道修治。

所以，总的来看，吐蕃统治以至归义军时期，敦煌寺院寮房建设是非常滞后的，甚至在很大程度上都只是在修葺旧房，而非扩建新舍。究其原因，最重要者可能仍是僧团规模增长过度，超出了寺院承受能力。

当然，政权对寺院的经济支持不足也是导致寺院建设滞后的重要原因。吐蕃之前的敦煌寺院经济形态并不明晰，但吐蕃归义军时期的僧团已不再是传统意义上的寄生群体，他们也要承担服役，缴纳课捐。① 寺院的宗教收入便只能更多地依靠自身的经营获取，诸如高利贷、法事等。随之而来的是公共收入支配的降低，所以我们便看到了诸如 P.3779V《乾元寺徒众转帖》、P.4981《金光明寺社司转帖》等当寺转帖中所反映的，当寺院界墙等破败时，寺院只能依靠寺众自带工具而非雇佣他人进行修补。

（二）有事供粮

根据中古时期的史料记载，寺院僧众生活所需，"官给衣食"。② 粮食无多时，寺众会产生恐慌，甚至出现"散众"现象。《续高僧传·昙延传》载，隋文帝开皇时"[昙]延虚怀，物我不滞，客主为心。凡有资产，散给悲敬。故四远飘寓，投告偏多。一时粮粒将尽，寺主道睦告云：僧料可支两食，意欲散众。延曰：当使都尽方散耳。明旦文帝果送米二十车，大众由是安堵"③。昙延一事尚只是因个人散财而导致寺院资粮短缺，便引发寺众恐慌，寺主甚至打算"散众"，以缓危机。《续高僧传·玄奘传》则记载了荒年之际，寺院散众的真实情景："会贞观三年，时遭霜俭，下敕道俗，逐丰四出。"④

---

① 相关研究，参姜伯勤：《唐五代敦煌寺户制度》，中华书局，1987年，第44—67页；郝春文：《唐后期五代宋初敦煌僧人的税役负担》，《敦煌学辑刊》1998年第2期；苏金花：《试论晚唐五代敦煌僧侣免赋特权的进一步丧失——兼论归义军政权的赋税制度》，《敦煌研究》2000年第3期等。

② 相关叙述，可参李渊：《出沙汰佛道诏》等，收入道宣：《广弘明集》，《大正藏》第52册，第283页。

③ 参道宣：《续高僧传》卷八《昙延传》，《大正藏》50册，第489页。

④ 参道宣：《续高僧传》卷四《玄奘传》，《大正藏》50册，第447页。

其实，"官给衣食"的政策，可能更多地限于官寺，至于地方寺院也许并没得到有效执行。唐朝时寺院已经出现不供食的现象，关于此点，陶希圣先生早有揭橥。① 至于敦煌，寺院不仅没有足够房舍居住，而且也不提供口粮。北原薰、唐耕耦、郝春文等先生将敦煌寺众理论日常生活正常所需支出与敦煌入破历记载进行了对比，发现在寺院的支出中并没有包含寺众日常生活经费。② 郝春文先生对敦煌寺院常住物的考察，也表明敦煌寺院与僧人起居生活相关的诸如锅、铛、盘、碗等器具并非寺内僧众的日常生活用具，亦即这些用具非是寺院为满足僧众日常所需而设，它们的用途在于当寺院开展某些活动时为参与活动的人众提供饭食。③

综上，寺内居无定所、餐无定食的形势无疑对僧人产生了一种推力，迫使他们不得不走出寺院。

二、居家近便与家庭义务

当僧人走出寺院，他们有的或许可以游行他方。④ 但相对而言，居

---

① 参陶希圣主编：《唐代寺院经济概说》，初刊于《食货》第五卷第 4 期（1937 年），此据《唐代寺院经济》，台北食货出版社，1974 年，第 9 页。
② 相关研究，参北原薰：《晚唐、五代の敦煌寺院经济》，收入池田温编：《讲座敦煌 3 敦煌の社会》，东京大东出版社，1980 年，第 437—438 页；唐耕耦：《敦煌寺院会计文书研究》，台北新文丰出版社，1997 年，第 269 页；郝春文：《唐后期五代宋初敦煌僧尼的社会生活》，中国社会科学出版社，1998 年，第 115—119 页。
③ 相关论述，参郝春文：《唐后期五代宋初敦煌僧尼的社会生活》，中国社会科学出版社，1998 年，第 123—163 页；并参氏著：《唐后期五代宋初敦煌寺院常住什物的数量及与僧人的关系》，《敦煌研究》1998 年第 2 期；同氏：《唐后期五代宋初敦煌僧人与寺院常住斛斗的关系（上）》，《首都师范大学学报》1998 年第 3 期；同氏：《唐后期五代宋初敦煌僧人与寺院常住斛斗的关系（下）》，《首都师范大学学报》1998 年第 4 期等。
④ 僧人出游，此即所谓"游僧"。"游僧"现象的突出，正是唐代中后期出现的。相关论述，参荒见泰史：《游僧与艺能》，《敦煌吐鲁番研究》第 13 卷，上海古籍出版社，2013 年，第 95—96 页。

家无疑是绝大多数僧人的选择。

敦煌的一些材料显示，一些僧人居于他僧家中，供为驱使。如P.3410《沙州僧崇恩析产遗嘱》载"僧文信经数年间与崇恩内外知家事"，据郝春文先生考察，文信便可能居于崇恩家内。[①] 文信此举，不仅可以为自己找到依止居所，亦可免去衣食之忧。又如 S.528《三界寺僧智德状稿》载，智德"为沽僧数，不同俗人"，便与董僧正共活同住。据智德言，自家多有"仆从"，家境当是不错。后来，董僧正贪心，不仅霸占了智德的三个儿女，而且连同智德老父以及家内庄客仆从一并驱使奴役，以至于后来智德需要充兵役，"口承边界，镇守雍归"，临出发前还要向董僧正乞要"缠里衣食"。这里的董僧正当是未住寺院，而居于智德之家，生活无忧。

从敦煌文献记载中可以看到，比之于居于他人家中，更多的僧人还是选择回归自己的家庭。[②] 现试简析原因如下：

（一）地理上的近便

敦煌诸寺僧众绝大部分都是来自敦煌当地诸乡落。S.2669《安国寺、大乘寺、圣光寺等寺籍》与 S.5893《净土寺寺籍》。此二件首尾均残，存沙州安国寺、大乘寺、圣光寺、净土寺等寺院僧籍，详细记录了各寺比丘与比丘尼的戒名、籍贯、姓氏、俗名与年龄，或许是沙州诸寺尼籍或僧尼籍的一部分。池田温认为此件抄写于 9 世纪后半叶

---

① 参郝春文：《唐后期五代宋初敦煌僧尼的社会生活》，中国社会科学出版社，1998年，第 85 页。

② 参李正宇：《晚唐至宋敦煌听许僧人娶妻生子——敦煌世俗佛教系列研究之五》（修订稿），载郑炳林、樊锦诗、杨富学主编：《敦煌佛教与禅宗学术讨论会文集》，三秦出版社，2007 年，第 12—36 页等。

张议潮执掌归义军时期。[1] 从中可知，残存净土寺僧众25人中除2人来自肃州酒泉县外，其余23人全部来自慈惠乡、敦煌乡等9个乡；大乘寺有尼及式叉尼、沙弥尼209人，全部来自敦煌乡、神沙乡等敦煌当地13个乡；圣光寺79人，亦是全部来自慈惠乡、莫高乡等敦煌当地7个乡。这种地理上的近便给僧众无事居家、有事返寺提供了方便。

（二）家居生活的温情

家居生活的温情也给僧人离寺居家提供了动力，这也是中国传统孝道等传统思想影响的表现。其实，因要照顾父母而居家的现象在唐朝前期就已经很严重。针对许多僧尼"虚挂名籍，或权隶他寺，或侍养私门"的情况，玄宗敕令："自今已后，（僧尼）更不得于州县权隶，侍养师主父母，此色者并宜括还本寺观。"[2] 僧尼居家侍养父母在敦煌也有体现。P.3410《沙州僧崇恩析产遗嘱》透漏出崇恩居家，收养一女娲柴，此女"不曾违逆远心"，甚得崇恩欢心；崇恩并曾"买得小女子一口"以奉侍生活。P.3150《癸卯年十月二十八日慈惠乡百姓吴庆顺千质典契》记载，龙兴索僧正曾以二十硕索僧麦、粟、黄麻等物，取得了驱使慈惠乡百姓吴庆顺的权力。类似蓄奴养婢的现象，在敦煌并不鲜见。而考虑到敦煌"诸寺不令异色杂人居住"的规定，养女买婢都是不能居于寺内的，所以这种子女婢从带来的安逸生活，只能在家中得到。

也有年老僧人希望回家享受孝子顺孙照顾。同是P.3730所载另一件牒状《吐蕃申年十月报恩寺僧崇圣状上并教授乘恩判辞》清晰地显

---

[1] 池田温：《中国古代籍帐研究：概观·录文》，东京大学出版会，1979年，第573页。

[2] 参王钦若等编、周勋初等校订：《册府元龟》卷一五九《帝王部·革弊》，凤凰出版社，2006年，第1775页。

示了家中过活的温情和方便:

> 报恩寺僧崇圣状上
> 右崇圣一奉大众驱使,触事不允众意,又淹经
> 岁,趋事无能,虽然自示(恃)栽种园林,犹若青云,衢(?)
> 护果物,每供僧众不阙。今崇圣恨年游蒲柳,
> 岁当桑榆,疾苦尪加,无人替代;头风眼暗,衢路
> 得知。是事无堪,恐有失所。敢投状,伏望
> 教授和尚商量,放老耶逍遥养性,任性闲
> 居,差一强替,乞垂处分。
> 牒件状如前,谨牒。
> 申年十月日崇圣状上
> 老人频状告投,意欲所司望脱,且缘众
> 僧甘果监察及时供拟馨珍,千僧可意。
> 若也依状放脱,目观众果难期,理
> 宜量功,方当竭力,虽则家无窘乏,
> 孝子温清,然使人合斯,以例来者。
> 可否,取　尊宿诸大德商量处分。
> 四日乘恩

报恩寺僧崇圣因年老,所以请辞养护园林职务。对于一些年长耆宿来说,年龄日增,身体日衰,疾苦尪加,独居则可能诸事无堪,多有失所,此时的家庭照顾则显得非常必要了。在回复的判状中,乘恩提到崇圣"家无窘乏,孝子温情",反映出了家居生活对崇圣的吸引力。

唐和尚悟真晚年时曾作《百岁诗》回顾一生,其中一首乃是表达

父母恩情："幼龄割爱欲投真，未报慈颜乳哺恩。子欲养儿傃不待，孝须终始一生身。"从中可以看出，悟真身在寺内，但对双亲牵挂始终未曾放下。P.2847乃是莲台寺比丘僧辩惠于丁亥年所抄《李陵苏武往还书》，但他在抄完此件之后，又书写了一遍悟真此诗，其所写诗句中多有别字且与前文未有直接的内容关联，也许可以说明此诗乃是他有感于与悟真同样的报恩心情而即兴所书。

（三）小农经济对劳动力的需求

家居过活，除了温情之外，家中生产对劳动力的需求，也可能对僧人居家产生了一种拉力。P.3730《吐蕃占领敦煌时期荣清牒（稿）》：

> 牒荣清不幸薄福，父母并亡，债负深广，艰苦非常。
> 食无脱粟，衣罄皮毡。昼则饮水为飧，夜则寒吟
> 彻晓。数年牧羊未息，便充手力。父业不可不承，伏望
> （以下原缺文）

这里显示了荣清必须继承父业，更重要的是必须替父偿还深广"债负"，充当寺院手力。在刀耕火种的小农经济时代，成丁劳动力对家庭的维持往往是决定性的。P.2222B《唐咸通六年（865）前后僧张智灯状（稿）》也显示了敦煌地区僧人参与家庭生产：

> 僧张智灯状
> 　右智灯叔侄等，先蒙　尚书恩造，令
> 　将鲍壁渠地回入玉关乡赵黑子绝户地永为口

分，承料役次。先请之时，亦令乡司寻问实虚，两重判命。其

　　赵黑子地在于间渠，咸卤荒渐，佃种

不堪。自智灯承后，经今四年，总无言语，车牛人力，不离田畔，沙粪除练，似将

堪种。昨通颇言，我先请射，忏怪苗麦，

不听判凭，虚效功力，伏望

（以下原缺文）

"车牛人力，不离田畔，沙粪除练，似将堪种"一语道出了张智灯叔侄经常参与农活的艰辛情形。类似于张智灯，S.528《三界寺僧智德状稿》也载智德"家无伫（贮）积，自恳（垦）自光"，表明他也须忙于农事。S.1475V《某年三月十四日灵图寺僧义英便麦契》载灵图寺"僧义英无种子，于僧海清遍便两番"，说明义英也是忙于耕种农事的。

三、其他

　　寺院生活的松弛，一方面是居于家的后果，另一方面由于无须参加有规律的寺院生活，也客观上强化了僧众不必住于寺的习惯，这也便加剧了僧人居于家的现象。

　　正常的寺院生活中，僧众必须参加有规律的诵经等佛事活动。但在敦煌，僧人因为居家，不可能每日都到寺参加，只有当寺院有特定任务时，方才赶回寺院。上文所举安居便是一例。事实上，即使寺院采取多种措施督使寺众回寺，但仍有很多僧众也并不买账。S.371、P.3092V是《戊子年（928）十月一日净土寺试部帖》，记录了戊子年

隶属都僧统司的试部命诸寺纲管监督徒众每月两次（月朝、月半）读诵经戒律论。P.3092V中残存了20人的课诵结果。根据这两件文书，我们可以知道，在读经活动中，虽然是设置了诸如"师主"教习、"僧首看轻重课征"、"维那告报"（S.371）以及"试经"（如Дx.1061《壬戌年十一月十日不赴试经僧名录》等）等重重监管环节，但根据统计发现，P.3092V中残存的20人中，参加全部活动者8人，参加一半者3人，未参加者9人，将近一半徒众没有理睬试部帖。[①] 甚至在正式试经的当日，也有许多僧徒并未到场参加（如Дx.1061《壬戌年十一月十日不赴试经僧名录》）。

此外，郝春文先生注意到敦煌僧团将"六时礼忏"不断简化为"三时礼忏"甚至"早晚二时礼忏"，这种变通，与P.6005《释门帖诸寺纲管令夏安居帖》中允许僧众于外安居一样，应当也是僧团在精修佛事与居家生活之间做出的一种妥协。

四、余论

之前的研究，更多的是将"僧人居家过活"放置在敦煌一地进行考察的，结果便很自然地过于强调敦煌的特殊性了。但当我们将视野扩大到整个帝国，便会发现一些其他地区也存在僧众居家等与敦煌地区相似的情形。[②]

---

① 参郝春文：《唐后期五代宋初敦煌僧尼的社会生活》，中国社会科学出版社，1998年，第193—196页。
② 其实，在唐前期，吐鲁番等地区也存在着僧人居家食肉饮酒等现象，但这种现象的出现与吐鲁番当时的宗教环境和宗教政策有关。当唐朝确立对其正式管辖之后，吐鲁番地区的佛教形态与内地便没有本质差异了。关于吐鲁番地区僧人世俗化现象的研究，参姚崇新：《试论高昌国的佛教与佛教教团》，《敦煌吐鲁番学研究》第4卷，北京大学出版社，1999年，第39—80页。根据墓志也可以看到，唐朝时期，在长安等地，女尼居于家、亡于家的现象并不鲜见，但并非僧团常态，与敦煌等地的居家尚有不同。

根据圆仁的见闻,他曾于会昌灭佛之前的开成五年(840)二月,"廿七日,……到牟平县。城东去半里,有卢山寺,……只有三纲、典座、直岁五人,更无僧人。佛殿破坏,僧房皆安置俗人,变为俗家",三月"十五日……到莱州……出城外东南龙兴寺宿。佛殿前有十三级砖塔,基颓坏,周廊破落。寺无众僧,仅有二僧,寺主、典座,心性凡庸,不知主客之礼","十九日……到北海县观法寺宿。佛殿僧房破落,佛像露坐。寺中十二来僧尽在俗家,寺内有典座僧一人",四月六日至醴泉寺,"寺舍破落,不多净吃。圣迹陵夷,无人修治。寺庄园十五所,于今不少。僧徒本有百来僧,如今随缘散去,现住寺者,三十向上也"。①

以上情形都说明,至晚在"会昌灭佛"之前的9世纪前半叶,牟平、莱州、北海等中原地区也已经出现了僧众居家现象。在经济发达的山东等地区,佛教寺院破落、寺众四散,佛教破败之相也显露无遗。寺众"随缘散去"的背后隐藏着寺院无力供养的尴尬事实。这是寺院经济衰退的表现和结果。

此外,跟敦煌僧团规模膨胀类似,"安史之乱"之后,中原地区也出现了僧众数量急剧膨胀的现象。"安史之乱"爆发后,在裴冕等人的主导下,中央政府开始推行"卖官鬻度",史称"香水度僧"。这种政策,致使大量白丁逃入寺门,以避赋役。根据李德裕的调查,"自闻泗州有坛,户有三丁必令一人落发,意在规避王徭,影庇资产。自正月以来,落发者无算",并且"蒜山渡点其过者,一日一百余人,勘问惟十四人是旧日沙弥,余是苏、常百姓,亦无本州文凭",②也就

---

① 相关内容,分参小野胜年:《入唐求法巡礼行记の研究》,东京法藏馆,1956年初版,此据1989年版,第228页、296页、304页、349页等。

② 相关记载,参刘昫等:《旧唐书》卷一七四《李德裕传》,中华书局,1975年,第4514页。

是说当时寺院中伪烂僧数量惊人。这种增长，在使得国家流失大量劳动力的同时，也严重冲击了寺院的正常生活秩序。一方面，这些买牒剃度的僧众一拥而进，使得寮房、衣食等寺院公共资源供给出现很大缺口；另一方面，这些僧众出家的目的本身便是为逃避赋役，所以他们对清修的寺院生活兴趣可能并不大，相反家居生活更具吸引力，所以便出现了圆仁见到的"僧尽在俗家"的情形。

总之，经济上寺院经济的转型、政治上政策监管的松懈，使得僧团规模膨胀或伪滥的同时，寺院公共资源的增长长期滞后甚至萎缩，这些都给僧众带来了最为切身和直接的影响，迫使他们不得不在寺院之外寻求自身生存之道；而近便、舒适的家庭生活的存在以及家庭对僧众各方面的需要，尤其是生产方面的需要，也推动着僧人离寺居家。

居家是佛教东传以来寺院主义生活形态的一种反动，是唐中后期佛教正常生态遭到破坏的苦果，同时，也加速了正常生态的破坏。二者的相互作用，不仅是敦煌，亦可能是整个汉传佛教不断世俗化的重要动因。当僧众的世俗化生活与寺院本身的清修生活渐行渐远，宋元明清的佛教便呈现出了与晋唐佛教完全不一样的面貌。

敦煌石窟沙州回鹘供养人画像研究[*]

刘人铭

(陕西师范大学丝绸之路历史文化研究中心)

供养人作为敦煌石窟的营建者,其重要性毋庸置疑,唐五代之前的敦煌石窟供养人画像在与敦煌文书、供养人榜题、传统古籍资料的互证下,已得以充分研究。五代以降,尤其是沙州回鹘时期,由于藏经洞的封闭、供养人榜题的大量漫漶以及传统史籍文献记载的缺失,沙州回鹘的历史至今还比较模糊,学术界对沙州回鹘的研究尚处于碎片化状态,学者或侧重对沙州回鹘服饰的讨论,或侧重对沙州回鹘政权的考论,对供养人画像进行专题研究的文章不多。故本文从沙州回鹘石窟供养人画像出发,尝试在资料整理的基础上对沙州回鹘社会做有益探索,不当之处,敬希方家教正。

一、供养人画像基本资料

沙州回鹘是继归义军政权之后于沙州地区建立的一个少数民族政

---

[*] 项目基金:2016 年度国家社科基金重大项目"敦煌西夏石窟研究"(16ZDA116);陕西师范大学中央高校基本科研业务费专项资金资助(Supported by the Fundamental Research Funds For the Central Universities)"敦煌沙州回鹘石窟研究"(2017CSY047)。

权，从 1036 年建立至 1067 年灭亡①，大约 30 年左右的时间。在这 30 年间，沙州回鹘与之前任何一个建立于瓜沙地区的政权一样，不可避免地受到当地佛教与石窟营建传统的深刻影响，于敦煌石窟营建上颇有建树。供养人是沙州回鹘石窟营建的功德主，记载着当时环境下居民身份和民族特征等信息，以缩影的形式显示了沙州回鹘发展的历史，是研究沙州回鹘社会的重要线索。虽然现今沙州回鹘石窟的具体数量存在争议，但是根据石窟中供养人画像痕迹，判断有 15 个石窟绘有供养人画像，应是大体不差，其中莫高窟 11 个，榆林窟 1 个，西千佛洞 3 个，其具体情况如表 1、表 2 所示。

---

① 杨富学：《回鹘与敦煌》，甘肃教育出版社，2013 年，第 298—299 页。

表 1：沙州回鹘石窟供养人画像概况一览表[①]

窟号	原修时代	供养人榜题	供养人位置	供养人详情	供养人服饰概况	特殊供养人画像	备注
莫高窟第399窟	隋	榜题框残存（约）15条，可释读题记1条。	主室四壁下层。	西壁共9身，自南向北第1、2、5、9身为（冠式漫漶）着圆领窄袖单带式长袍的回鹘装男像[②]（第1、2、9身疑为双带，第1、5身服饰上的团花纹络清晰可见，第2、9身服饰褪色）；第4、6身为着覆顶红色裴装僧人像；第3、7、8身皆服饰漫漶，不可辨识。西壁供养人画像高度约为东、南、北壁供养人画像高度的2倍。东壁共9身（北侧6身，南侧3身），皆为（冠式漫漶）着圆领窄袖单带式长袍的回鹘装男像（自北向南第1、2身服饰褪色，第3—6身服饰上的团花纹饰清晰可见，第7—9身残），自北壁北侧第1—2身服饰的回鹘装与第3—6身男像与平分东壁北侧下层壁画面，且第3—6身男像无榜题框。南北壁有绘制供养人画像的痕迹，推测共有15身，现今余北壁5身男像残迹（根据残迹可辨认其服饰为回鹘装），南壁部分榜题框可见。（图1）	男性着回鹘装。	西壁自南向北第5身供养人跪顶器，且绘有两条榜题框。	

[①] 此表内容参照刘玉权：《沙州回鹘石窟艺术》，载敦煌研究院编：《中国石窟·安西榆林窟》，文物出版社，1989年，第216—227页；敦煌文物研究所编：《敦煌莫高窟内容总录》，文物出版社，1982年。服饰、冠式命名参照谷铭新编：《中国北方古代少数民族服饰研究（回鹘卷）》，东华大学出版社，2013年。
[②] 单带式指腰带；双带式指腰带和踝蹀带。男性供养人服饰的袖口分与袖同宽和在袖口处紧收两种，由于其服饰整体上都较小，因此并未对袖口再做分类描述，统称其为窄袖。

(续表)

窟号	原修时代	供养人榜题	供养人位置	供养人详情	供养人服饰概况	特殊供养人画像	备注
莫高窟第97窟	唐	（疑）漫漶。	主室南、北、东壁下层。	南壁残存1身男像的圆帽冠式。东壁门北侧残存2身女像的花钗头饰以及部分红色大袖襦裙。北壁供养人画像漫漶，不可辨识。	男性着回鹘装，女性着汉装。		前人录人题记4条。
莫高窟第194窟	唐	榜题框残存18条，题记漫漶。	主室北、东壁下层。	北壁共10身，自西向东第1—6身为头戴花钗着红色大袖襦裙披吊饰绦带的汉装女像；第7—10身为（冠式漫漶）着圆领窄袖回鹘装男像（服饰褪色）。东壁共8身，北侧为4身（冠式漫漶）着圆领窄袖带式长袍的回鹘装男像（服饰褪色），南侧为4身（冠式漫漶）着圆领窄袖革带式长袍的回鹘装男像（服饰褪色，腰带疑为双带，䩞鞢带疑漫漶只剩腰带）。（图2）	男性着回鹘装，女性着汉装。		
莫高窟第245窟	不详	榜题框残存（约）14条，题记漫漶。	主室西、南、北壁下层。	西壁共5身，自南向北第1—2身为（冠式漫漶）着圆领窄袖革带式长袍的回鹘装男像（腰带数量存疑，服饰上的团花纹清晰可见）；第3身未绘榜题框数量残损严重，第1身为头戴翻檐帽着圆领窄袖革带双式长袍的回鹘装男像（服饰上的团花纹绦袖披吊饰绦带清晰可见）；第4—5身为头戴花钗携带1孩童着红色大袖襦裙的汉装女像，第5身女像携带1孩童，衣着下摆以及脸部轮廓，隐约可见其腰带。北壁供养人画像比南、西壁供养人画像有部分残损，几乎漫漶，余4条榜题框可见，且自西向东第1身男像可能为回鹘装男像（根据形迹推测供养人像男像第1身携带1身孩童）。南壁共（疑）5身，几平漫漶，余4条榜题迹可见，且自西向东第1身男像可能为回鹘装男像，该童衣着下摆以及脸部可见，供养人画像略高。	男性着回鹘装，女性着汉装。		《敦煌莫高窟内容总录》记载南壁供养人画像为4身女像。

（续表）

窟号	原修时代	供养人榜题	供养人位置	供养人详情	供养人服饰概况	特殊供养人画像	备注
莫高窟第309窟	隋	榜题框残存（约）41条，题记漫漶。	主室南、北、东壁下层。	北壁共6身，皆为头戴花钗着红色大袖襦裙披帛绕臂的汉装女像。（图3）主室下层的供养人画像全部漫漶，只余部分榜题框可见。	男性着回鹘装，女性着汉装。		来自学者刘玉权的记载。
莫高窟第310窟	隋	榜题框残存（约）21条，题记漫漶。	主室西、南、北壁下层。	西壁共（疑）8身，自南向北第1—2身为着圆领窄袖双带式长袍的回鹘装女像，第2身头戴嫡形冠，第3—5身皆漫漶，第6—7身残损严重，只余垂部分（推测可能为男像）。南壁共10身，皆为着圆领窄袖长袍的回鹘装男像（服饰褪色，冠式疑是圆帽）。北壁共11身，皆为头戴花钗着红色大袖襦裙披帛绕臂的汉装女像。（图4）	男性着回鹘装，女性着汉装。	西壁自南向北第2身男像脚下绘一方小毯。	
莫高窟第363窟	唐	榜题框残存（约）28条，可释读2条。	主室四壁下层。	西壁共8身，自南向北第1、3身为男像（冠式漫漶）；第2身漫圆领窄袖袍（服饰褪色）；第4身为覆肩红色袈裟的僧人像，根据位置推测为男像；第5—8身为头戴花钗着红色大袖襦裙披帛绕臂的汉装女像。	男性着回鹘装，女性着汉装。	西壁自南向北第4身僧人像的左上方绘一坐在云中的小	

（续表）

窟号	原修时代	供养人榜题	供养人位置	供养人详情	供养人服饰概况	特殊供养人画像	备注
				南壁共7身,皆为着圆领窄袖单带式长袍的回鹘装男像(服饰褪色),自东向西第1、3、4身冠式为扇形冠,其余供养人像冠式漫漶。北壁共8身,皆为头戴花钗着红色大袖襦裙披吊绕臂的汉装女像。东壁共8身,北侧为4身头戴花钗着红色大袖襦裙披吊绕臂的汉装女像;南侧为4身(冠式漫漶)圆领窄袖单带式长袍的回鹘装男像。(图5)	人像(疑为世俗人像或佛像)。		
莫高窟第418窟	隋	榜题框残存（约）29条,可释读题记4条。	主室四壁下层。	西壁共6身,自南向北第1—5身为着圆领窄袖双带式长袍的回鹘装男像(服饰上的团花纹清晰可见),西壁供养人画像高度约为东、南、北壁供养人画像高度的2倍。南、北壁各存12身,自西向东第1—8身为着圆领窄袖双带式长袍的回鹘装男像,头戴花钗着红色大袖襦裙披吊绕臂的汉装女像,北壁第1身供养男像(服饰上的团花漫漶可见),其余男像服饰漫漶,第1、3、5、6、7身各携带1身供养童子无单独榜题框,北壁第3、5身各携带1童子(第1身供养人像身后的童子无单独榜题框),供养人像身后的童子大多漫漶不清,只能依据痕迹辨认其形体。	男性着回鹘装,女性着汉装。	西壁自西向东第1身男像服饰是回鹘装带式长袍的样式,但是其领口与袖口做了细致处理。	

（续表）

窟号	原修时代	供养人榜题	供养人位置	供养人详情	供养人服饰概况	特殊供养人画像	备注
莫高窟第148窟	唐	榜题框残存（约）51条，可释读汉文题记20条，回鹘文题记1条。	主室南、北、东壁下层以及甬道南、北壁。	南壁和北壁各8身交领袈裟的僧人像（服饰褪色）。			
				东壁共12身，自北向南第1—4身，第5—10身为（冠式）著圆领窄袖双带式长袍的回鹘装男像（服饰上的团花纹清晰可见）；第10—12身为头戴花钗团花大袖襦裙披帛绕臂的汉装女像。（图6）			
				东壁共12身，自北向南第1—4身为着覆肩青裂裟的僧人像（服饰褪色），第5—6身为头戴扇形发髻冠元宝冠着圆领窄袖双带式长袍的回鹘装男童对襟指冠装的男童（腰带数量存疑，服饰褪色）；第7身为着圆领窄袖系带式回鹘装男童对襟带冠黄色长袍（冠式漫漶，服饰褪色）；第8、10身为头戴如角前指发髻元宝冠着圆领窄袖团花纹的回鹘装女像；第9身为头戴扇形冠着圆领窄袖团花长袍的回鹘装女童；第11身为头戴元宝冠着襟三叉冠着圆领窄袖双长袍的回鹘装男像。东壁共21身，第1—4身为头戴扁形冠着圆领窄袖长袍的回鹘装男像（腰带数量存疑，服饰上的图花纹饰约可见）；第5—8身为头戴翻檐帽着圆领窄袖长袍的回鹘装男像（服饰纹样模糊）。第9—21身为头戴桃形冠花样对襟带冠着圆领窄袖长袍的回鹘装男像（服饰上有纹饰，推测为风纹）；女童装2身，其头甬道原绘有回鹘敦煌半身，可见头敦煌可许敦像，经过后代重修，南道北侧残存可许敦像半身，服饰褪色），服饰上有纹饰，推测为风纹；女童装2身，其头	男女皆著回鹘装。	南壁自东向西第3身僧人的头的朝向不同于同列僧人像。	

(续表)

窟号	原修时代	供养人榜题	供养人位置	供养人详情	供养人服饰概况	特殊供养人画像	备注
莫高窟第237窟	唐	（疑）漫漶。	甬道南、北壁。	戴桃形冠着对襟窄袖长袍（1人服饰为绿色，1人服饰变色）。甬道南侧残存回鹘可汗像1身，上绘团窠纹样，腰系蹀躞带。（图7）			
莫高窟第409窟	隋	榜题框残存3条，可释读回鹘文题记1条。	主室东壁。	甬道南侧绘回鹘可汗1身，可汗头戴尖顶花瓣形冠，腰系蹀躞带，可汗身后侍从残缺，只见两柄仗。甬道北侧绘可汗身前黑色圆领窄袖团龙纹长袍，童子1身，可汗身后侍从残缺，只见两柄仗，可敦2身，可敦头戴桃形冠着对襟窄袖长袍，服饰褪色。东壁门南侧绘回鹘可汗1身，可汗头戴尖顶花瓣形冠男色圆领窄袖团凤形服饰上未绘龙纹，装扮与可汗相同。可汗身后侍从8身（服饰上的团花清晰可见），男童头戴厥形冠着圆领窄袖双带式长袍的回鹘装待从上的团花清晰可见），分别持伞盖、仗、箭筒、弓、剑、盾、金瓜、剑等器物。东壁门北侧绘回鹘可敦头戴桃形冠着对襟窄袖西色长袍，可敦身前绘女童1身（残缺且变色）。	男女皆着回鹘装。		
西千佛洞第12窟	北周	榜题框（疑）存5条，时代不确定。	甬道东、西壁。	甬道有明显绘制两层壁画的痕迹。回鹘供养人画像绘于上层，残损严重。甬道西侧的回鹘装男像1身头戴三叉冠着圆领窄袖单带式长袍（腰带数量存疑，服饰上的团花清晰可见）；甬道东侧残存2身（冠式漫漶）着对襟窄袖长袍的回鹘装女像（一大一小）。	男女皆着回鹘装。		

(续表)

窟号	原修时代	供养人榜题	供养人位置	供养人详情	供养人服饰概况	特殊供养人画像	备注
西千佛洞第16窟	唐	榜题框疑存（约）7条，题记漫漶。	主室四壁下层以及甬道东、西壁。	北壁、东壁、西壁各为（疑）15身（部分残）、8身、10身头戴幞头角前指冠着对襟窄袖茜色长袍的回鹘装女像。南壁共2身，自东向西第1身为着覆肩裂头袈裟顶花瓣形冠、着红色圆领窄袖长袍（服饰略微褪色），腰系蹀躞带的僧人像；第2身为头戴尖顶花瓣形冠、着红色团花清领窄袖的回鹘装男像（服饰上的团花清晰可见），其冠式与可汗所戴相似，故身份为可教比较高。甬道西侧回鹘可汗1身，可汗头戴尖顶花瓣形冠，着黑色圆领窄袖团花纹长袍，腰系蹀躞带，冠嵌形冠着红色圆领窄袖着的团花清领窄袖的回鹘的团花清晰可见），可汗身前绘女童2身，可汗身后残迹可见，第2身冠式漫漶。可教东侧南向北第1身冠式为桃形冠，第2身冠式漫漶。可教身前绘女童2身，今只余残迹可见。（图8）	男女皆着回鹘装。	南壁的僧人像比供养人像更高大，且有一条披帛从肩绕胸垂至身后。	
榆林窟第39窟	唐	榜题框（约）47条，可释读汉文题记11条，回鹘文题记4条。	甬道南北壁。	前甬道北侧绘女装像两列，上列共11身，自西向东第1身为着覆肩红色袈裟对襟窄袖茜色长袍、冠式蹀躞的尼人像，第2身为头戴桃形冠着花纹圆领窄袖茜色长袍的回鹘装女像；第3身、第5身为头戴花纹圆领窄袖红色长袍双跏趺礼的回鹘装女像；第4、6、7身为头为（冠式漫漶）身为10—11身为头袖着汉袄袖绿色长袖襦的汉装女像；第2、3、4、5、9身女像各带一童子，童子未绘独立的榜题框，其有大小、形态各异。前甬道北侧下列人像，自西向东第1身为着覆肩袈裟顶花瓣形冠（服饰裙色）；第二...	男性着回鹘装，女性着回鹘装或汉装。	前甬道下向西列自东第14、15身画像小子同壁其他画像。	《敦煌莫高窟内容总录》记载北壁下层绘有儿童1身，但

（续表）

窟号	原修时代	供养人榜题	供养人位置	供养人详情	供养人服饰概况	特殊供养人画像	备注
西千佛洞第15窟	隋		主室西、东壁下层。	3身为着交领袈裟的尼人像（服饰褪色）；第4—7身、第9—14身为头戴莲花纹着大袖襦裙的汉装女像（服饰褪色）；第8、15身为（冠式漫漶）着圆领窄袖长袍的回鹘装女像（第8身服饰为茜色，第15身服饰为团花纹）。前甬道南侧绘男像，自西向东前部绘1身男童（模糊），1身头戴三叉冠着圆领窄袖双带式长袍的回鹘装男像（服饰上的团花清晰可见），1身头戴扇形冠着圆领窄袖式长袍的回鹘装男像，此二身画像绘得十分高大，且都跟有1身头戴扇形冠着圆领窄袖双带式长袍的僧装持物侍从。后部男像共分两列，上列为1身着覆肩袈裟的僧人像（服饰褪色），9身（冠式模糊）着圆领窄袖双带式长袍的回鹘装男像（服饰上的团花清晰可见），下列绘10身（冠式模糊）着圆领窄袖双带式长袍的回鹘装男像（服饰上的团花清晰可见）。（图9）	漫漶		现今未见其痕迹。
		漫漶		漫漶	不详		来自学者沈雁的记录。

表2：沙州回鹘洞窟供养人题记一览表①

窟号	位置	题记录文	录者	备注
莫399	西壁	龛下中央："□施主□（颋）□……"	敦煌研究院	第1、5字有残迹，第5字疑为"先"。
莫97	不详	"故兄都头马使……""……""故兄都头□军……""□髙寺侄比丘法光供养""女鞏（或鞏、鞏）□□子一心供养"	伯希和	题记现今不存
莫363	南壁	西向第二身："社户王定進□（永）□一心供□" 同列第四身："社户安存遂永充一心供□"	敦煌研究院	
莫418	西壁	南向第二身："……（聞）……"	敦煌研究院	
	南壁	西向第四身："施□（主）……" 南向第六身："□（施）□（主）……" 西向第五身："施主……"	敦煌研究院	
莫148	甬道北壁	"[tn] grïkän qu[t] [t] utmïš t(ng)ri" "甾禪報恩寺釋門法律鹽撝供養" 西向第三身："甾禪……" 西向第四身："甾禪……寺法律興道供養" 西向第七身："甾禪蓮台寺釋門法律福遂供養" "甾禪聖光寺釋門法律……"	松井太 敦煌研究院	①北壁存供養人像8身。②伯希和錄為"典"。③伯希和錄為"現"，謝稚柳錄為"儿"。④伯希

① 此表根据敦煌研究院编：《敦煌莫高窟供养人题记》，文物出版社，2017年；敦煌研究所、陈菊昌、张永强、陈菊、谢稚柳：《敦煌莫高窟题记汇编》，文物出版社，2014年；中国西北文献丛书续编委员会：《敦煌学文献卷（20）》，1999年，甘肃文化出版社，谢稚柳《敦煌艺术叙录》，上海出版公司，1955年；伯希和：《伯希和敦煌石窟笔记》，耿昇译，2007年，甘肃人民出版社。

① 此表根据敦煌研究院编：《敦煌莫高窟多言資料集成》，東京外国語大学アジア・アフリカ言語文化研究所，1986年；松井太、荒川慎太郎：《敦煌石窟多言語資料集成》，東京外国語大学アジア・アフリカ言語文化研究所，2017年；徐自强、张永强、陈菊昌、谢稚柳《敦煌艺术叙录》整理。

(续表)

窟号	位置	题记录文	录者	备注
莫148	南壁⑥	显德寺释门法律兴遂供养" 西向第九身："窟禅灵图寺法律囗存供养" 西向第一身："窟禅三界寺释门法律左兴④见⑤⑧供养" 西向第二身："窟禅龙兴寺释门法律周囗⑤囗供养" 西向第四身："窟禅报(?)恩(?)寺法律囗会长供养" 西向第五身："……法律……供养" 西向第六身："窟禅囗囗寺法律囗囗供养" 西向第七身："窟禅开元寺法律囗囗囗供养" 西向第八身："窟禅囗囗寺法律会合存供养"	敦煌研究院	和录入为"亻"，史岩录为"亽"。⑥伯希和录为"平"。⑥伯希和录入南壁题记"窟禅寺法律报(?)恩(?)寺法律囗囗供养"合存(?)寺法律囗囗供养"寺法律口口口供养位置，故难以对其进行辨析。⑦伯希和录为"安"。
	东壁	北侧南向第九身："……" 北侧南向第十一身："心继兴……" 北侧南向第十七身："……养" 南侧南向第一身："……印充供养" 北侧南向第十身："……" 南侧南向第二身："……" 河西应管内外释门……" 南侧北向第一身："应管内圣光寺……" 南侧北向第五身："故慈父贵④……" 南侧北向第八身："故慈母娘子……"	敦煌研究院	
莫409	东壁	南侧供养人："el arslan xan——män sävg(i)——"	松井太	
榆39	北壁②	上列东向第二身："tngrikän oyšayu qatun tngrim körki bo ärür qutluy q[iv]lïy bo(l) maqï bolzun" 上列东向第三身："šenkuy tngrim-ning körki bo ärür" 上列第四身："清信弟子石会美一心供养" 上列第五身："kisän č üg buytuq kisisi č obï vušin körki ol" 上列第七身："清信弟子安囗"……清信弟子王囗儿……" 上列第八身："……清信弟子安福满……一心供养" 上列第十一身："故……清信弟子安福满……" 下列第二身："依禅师……" 下列第四身："清信弟子优婆姨……" 下列东向第八身："清信弟子……" 下列东向第十身："清信弟子安福……下列弟子……"	松井太（回鹘文） 松井太（汉文） 敦煌研究院	①题记写于榜题框的下方，根据松井太对回鹘文的翻译"セユセシテュクニアイルクの妻チョビ夫人の肖像である"，推测此文应该是题记或与供养人身份有关的内容。②敦煌研究院在壁北壁下列女尼像2整理时，记录下列女尼像2身，女像12身。笔者现场考察发现第2身女尼左上方绘有半身女

309

(续表)

窟号	位置	题记录文	录者	备注
	南壁	前部东向第一身：" el'ögäsi sangun ögä bilgä bäg qutī-nīng körmiš ätöz-i bo ärür qutluγ qïvlïγ bolmaqï bolzun yamu" 后部上列第二身："□□ 知□都头安隆加奴一心供养" 后部上列第四身："清信弟子……"	松井太（回鹘文） 敦煌研究院（汉文）	尼，且绘有榜题框，于是认为北壁下方绘有15身供养人画像，女尼3身，女像12身。

敦煌石窟沙州回鹘供养人画像研究

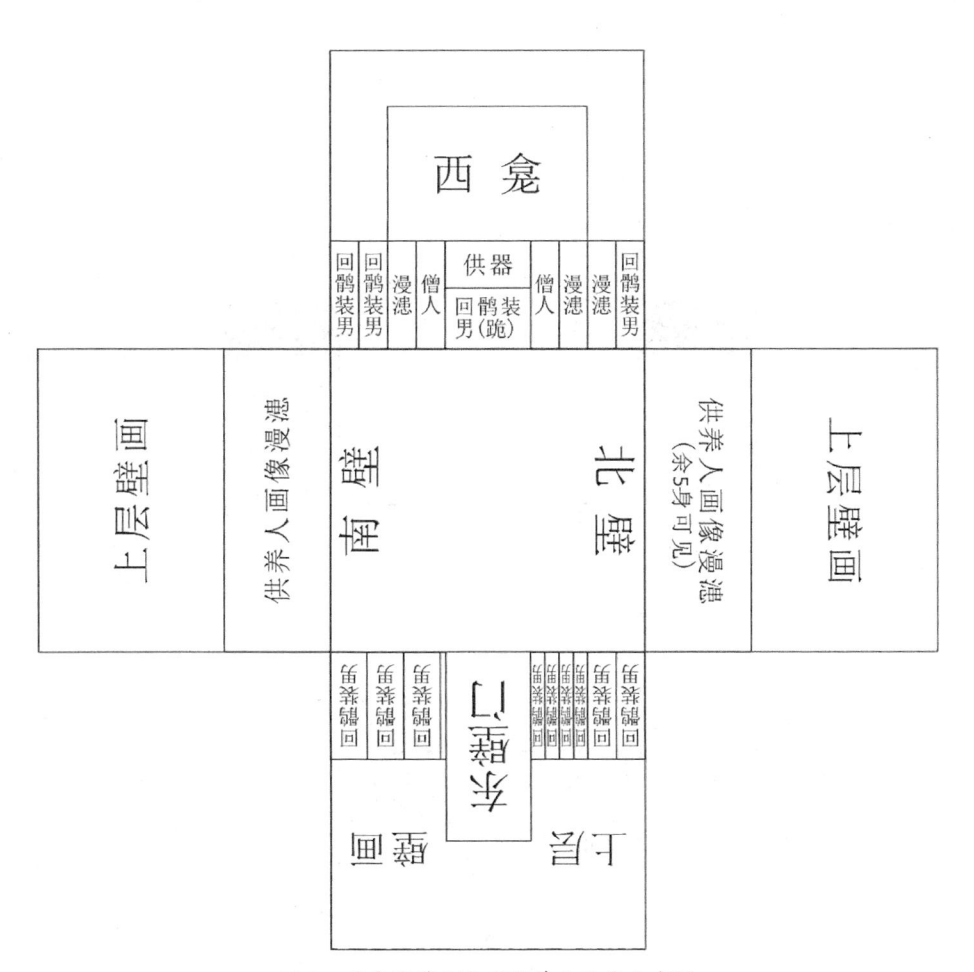

图1 莫高窟第399窟供养人画像分布图

汉传佛教与亚洲物质文明

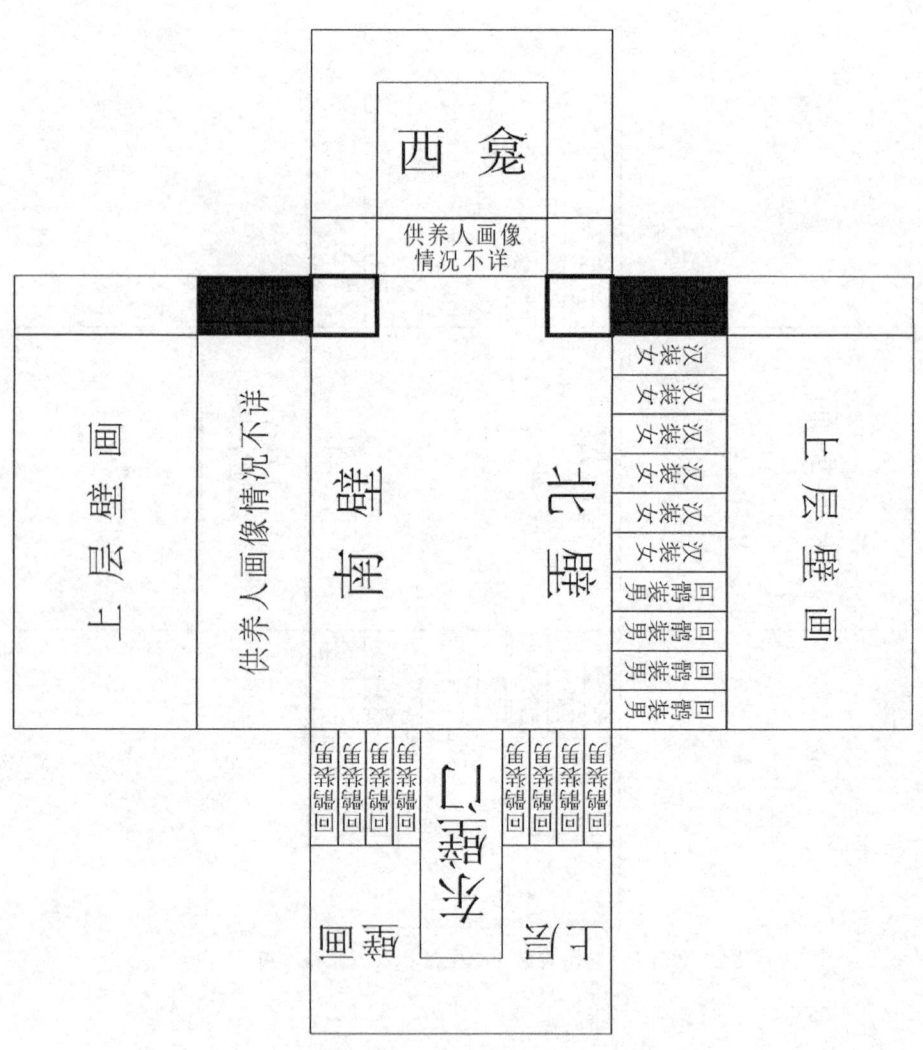

图 2　莫高窟第 194 窟供养人画像分布图

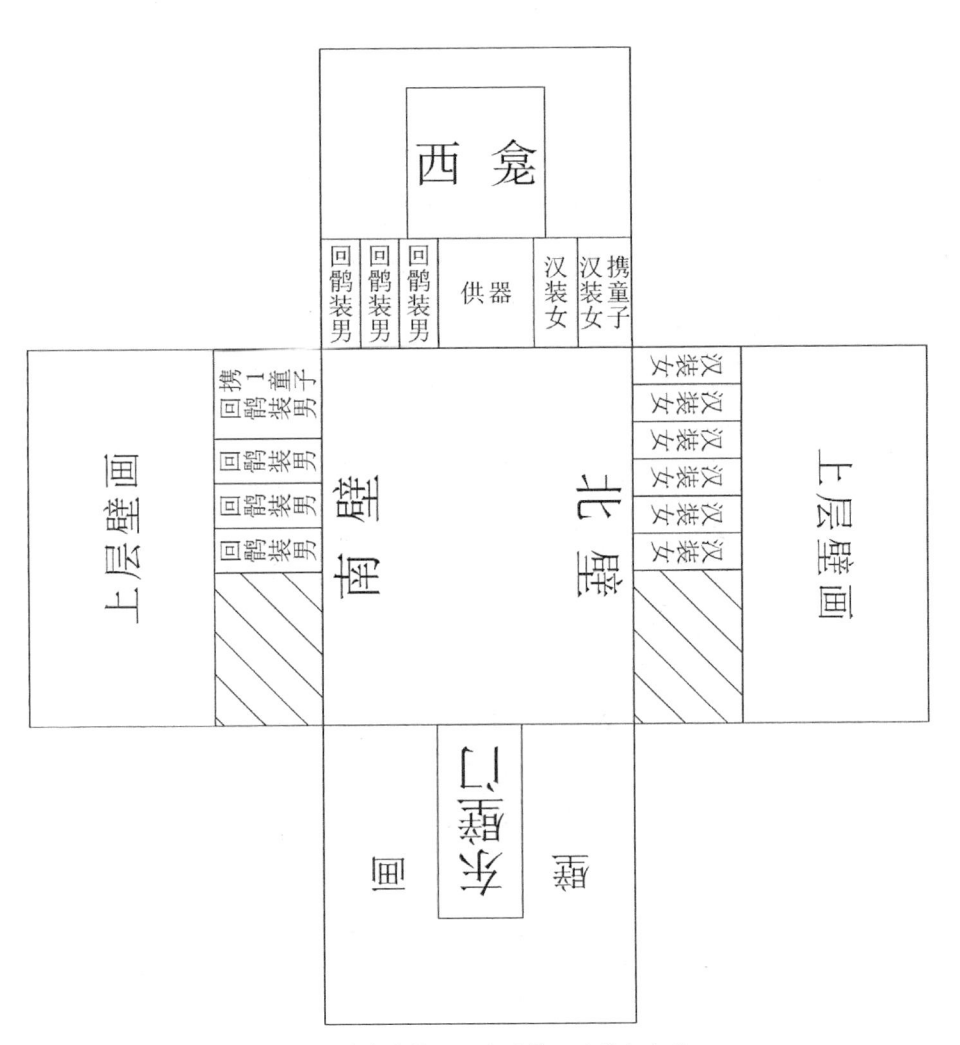

图 3　莫高窟第 245 窟供养人画像分布图

汉传佛教与亚洲物质文明

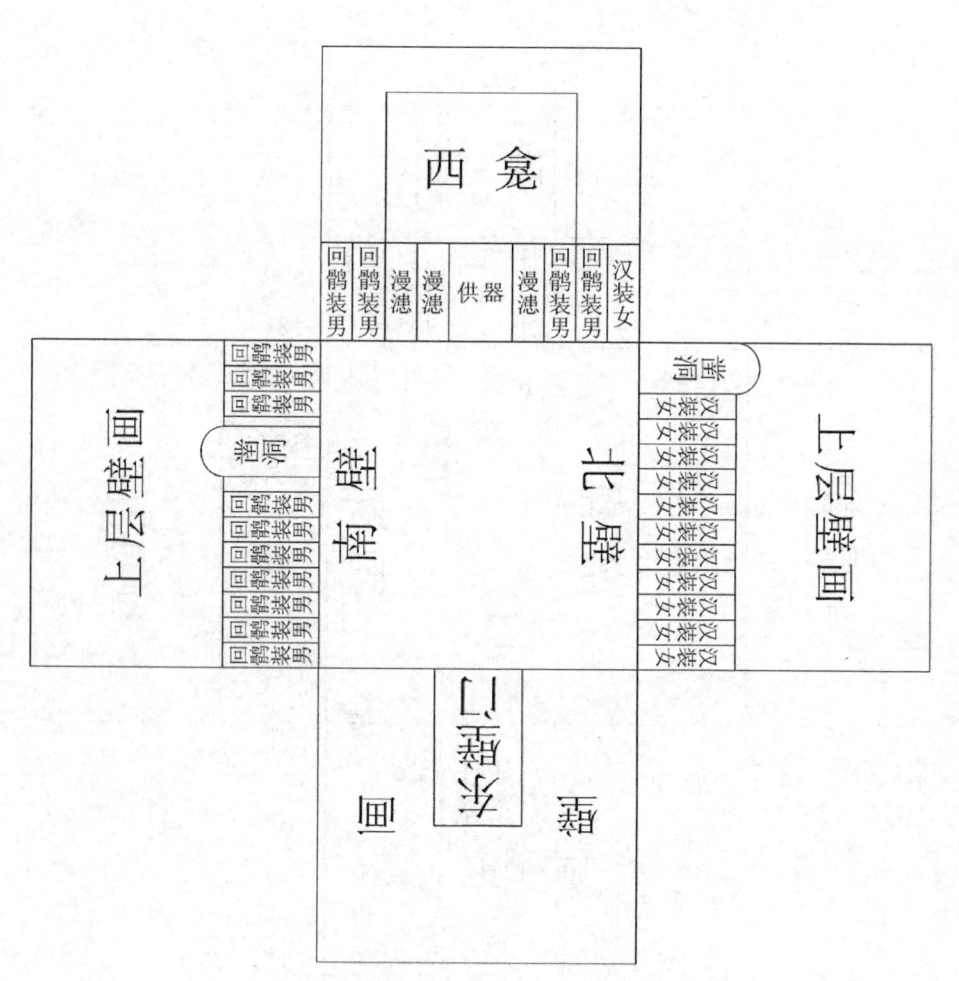

图 4　莫高窟第 310 窟供养人画像分布图

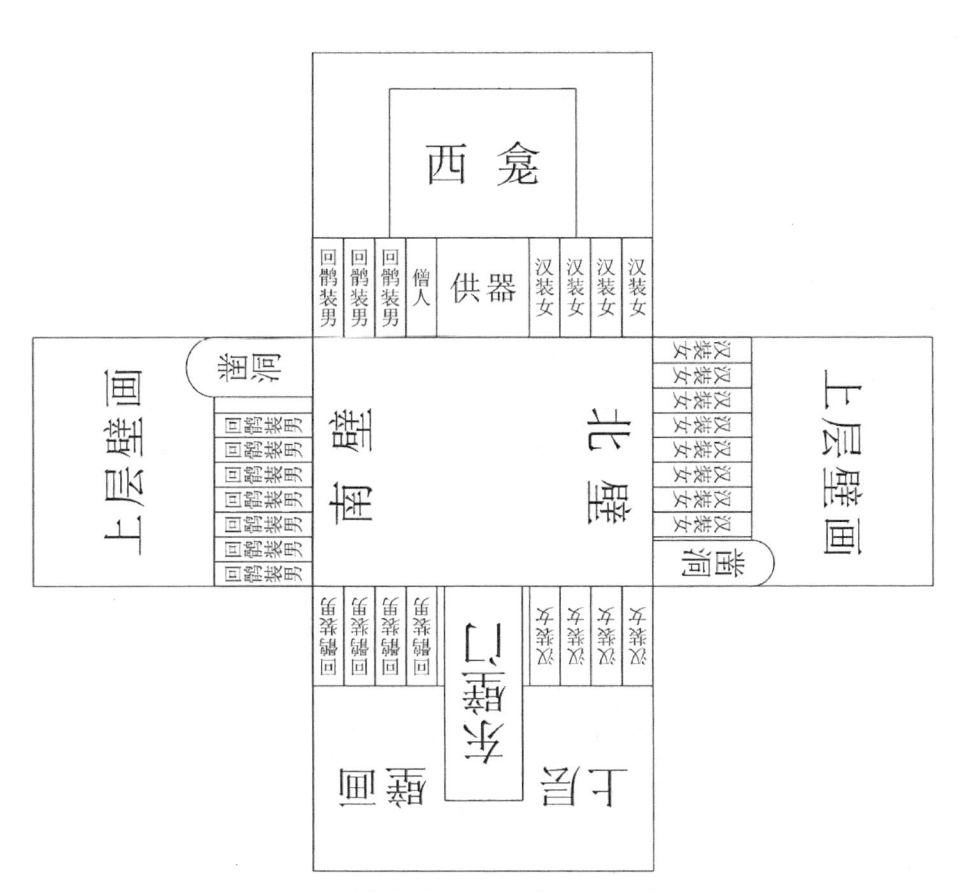

图 5　莫高窟第 363 窟供养人画像分布图

汉传佛教与亚洲物质文明

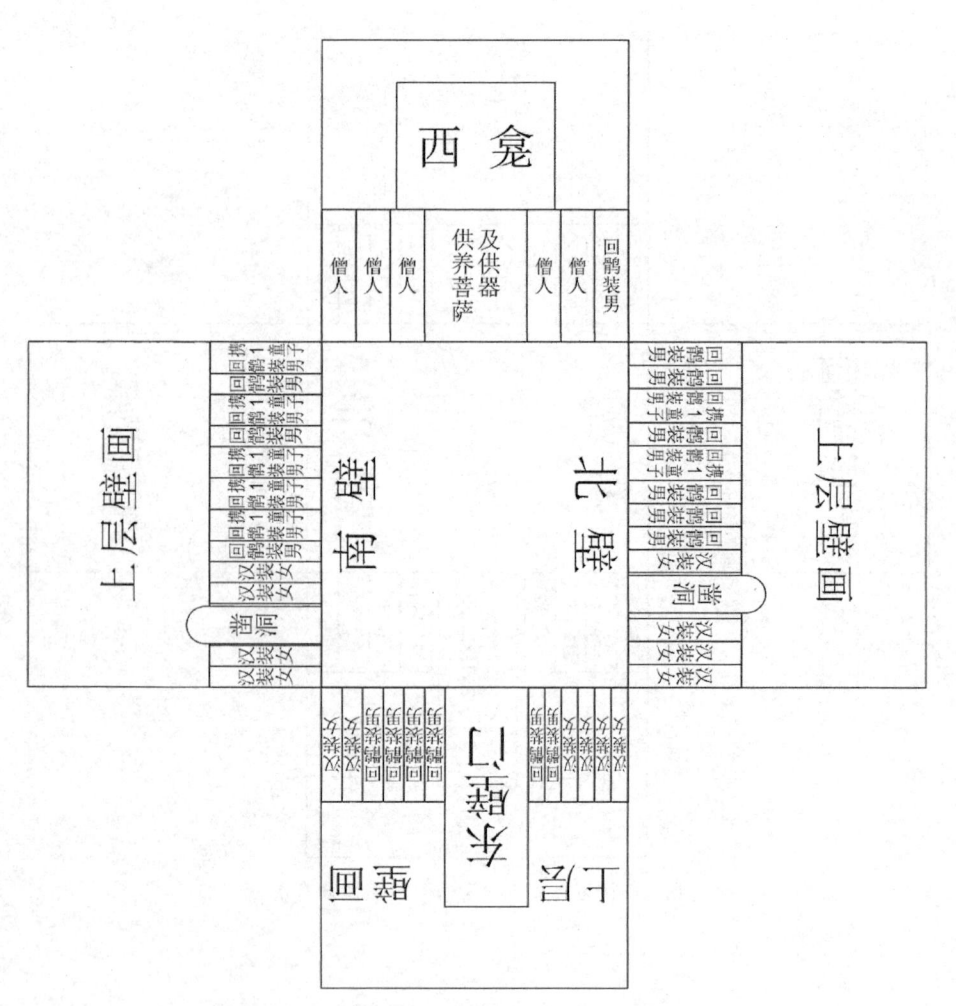

图 6 莫高窟第 418 窟供养人画像分布图

莫高窟第148窟窟形图

A区供养人画像分布图

B区供养人画像分布图

C1区供养人画像分布图

C2区供养人画像分布图

D区供养人画像分布图

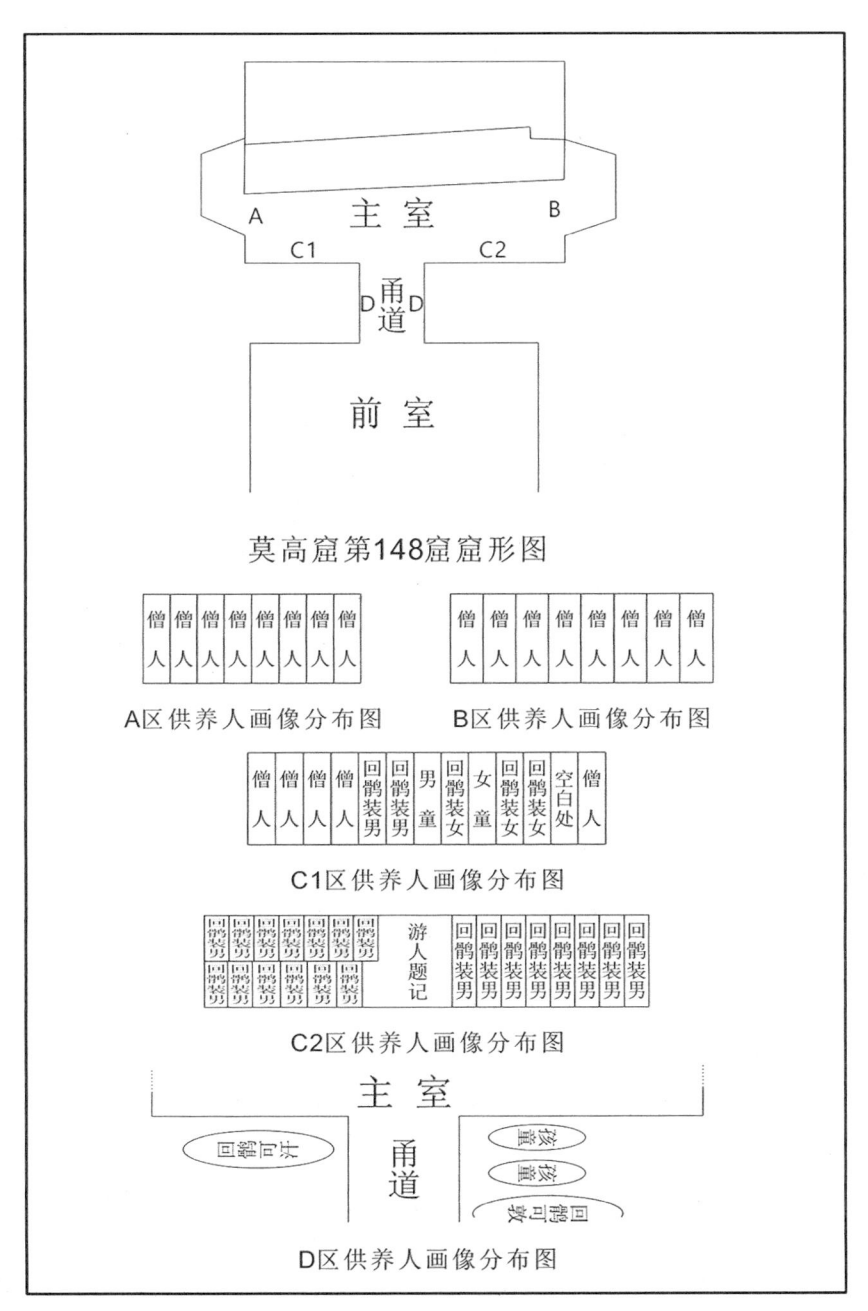

图7　莫高窟第148窟供养人画像分布图

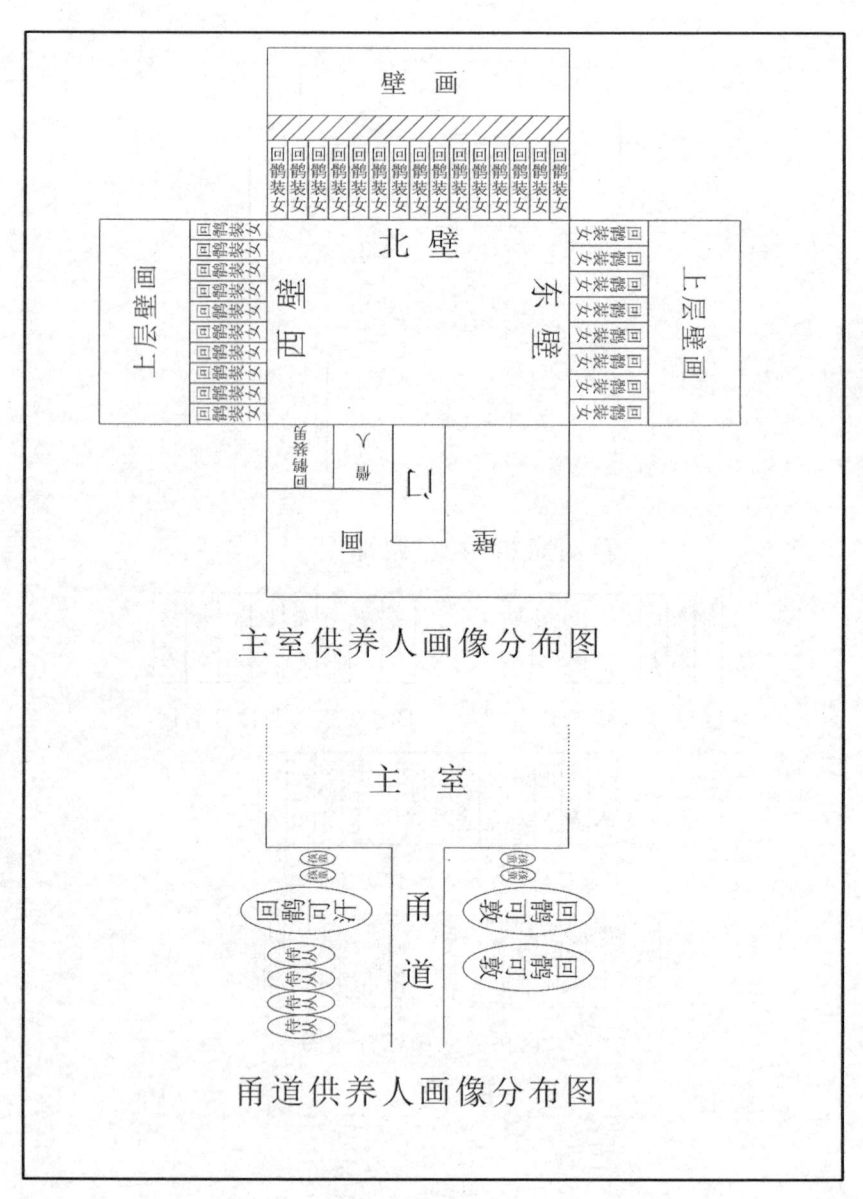

图 8　西千佛洞第 16 窟供养人画像分布图

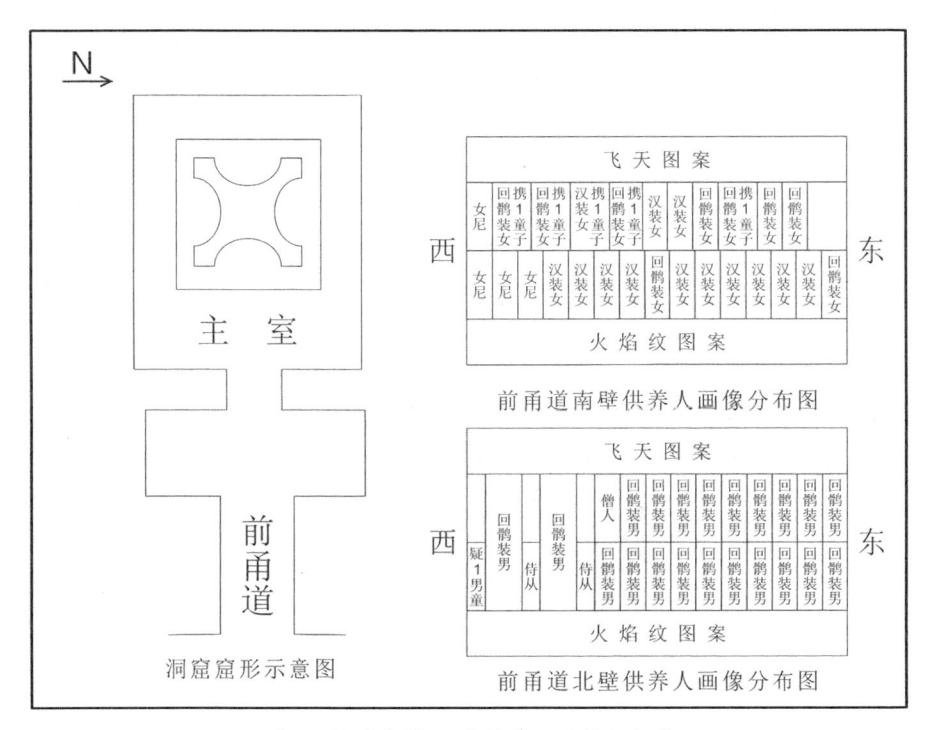

图9 榆林窟第39窟供养人画像分布图

二、供养人画像特征分析

通过整理沙州回鹘供养人画像资料，我们大致总结出供养人画像在继承前代绘制风格的基础上，又表现出独特的时代特征：

（一）首次出现回鹘可汗可敦像

回鹘与敦煌的历史渊源可追溯到归义军时期，最早可至回鹘汗国余裔逃离到敦煌边境，最晚不会超过归义军与甘州回鹘和亲。虽然甘州回鹘与归义军交往逾100余年，并且往来文书中"况是两地一家，并无疑阻"① "结欢通好"② 透漏出二者关系的密切，但是敦煌石窟中绘制了与归义军有着姻亲关系的于阗王夫妇供养像，却并没有绘制与归义军关系紧密且同样有姻亲关系的回鹘可汗夫妇供养像。回鹘可汗夫妇供养像至沙州回鹘接替归义军统治敦煌后才出现，可见于4个石窟，即莫高窟第148窟、第237窟、第409窟，西千佛洞第16窟。这4幅回鹘可汗可敦像不仅是回鹘可汗夫妇首次以供养人的身份出现在敦煌石窟中，而且规格极高，以龙纹、凤冠、仪仗队等多种元素强调地位的尊贵，既是首创也是独例，他们有别于沙州回鹘时期的其他供养人画像，是沙州回鹘供养人画像中一类特殊的形象（图10）。

图10 莫高窟第409窟回鹘可汗供养画像

① 唐耕耦、陆宏基：《敦煌社会经济文献真迹释录》（第四辑），全国图书馆文献缩微复制中心，1990年，第401页。
② 唐耕耦、陆宏基：《敦煌社会经济文献真迹释录》（第四辑），全国图书馆文献缩微复制中心，1990年，第337页。

（二）回鹘装与汉装并存

从供养人画像可知，供养人着装分为三种——男性着回鹘装、女性着回鹘装、女性着汉装，可见汉装和回鹘装在这一时期同时存在。但是男性服饰种类单一，仅为回鹘装，未见汉装，女性服饰种类则较为多元，回鹘装和汉装皆可，故沙州回鹘供养人画像的服饰样式总体上具有单一与多元并存、胡服与汉服同在的特点（图11）。回鹘装与汉装是两种不同民族的服饰，它们同时出现在洞窟中既是沙州回鹘石窟营建特征的体现，也是沙州回鹘社会服饰状况的反映，同时也是民族融合的例证。

图 11　莫高窟第 194 窟汉装女性、回鹘装男性供养人画像

（三）供养人画像大小和位置排列延续传统并兼具创新

沙州回鹘供养人画像基本上延续了前代绘制于四壁和甬道的特点，其有大有小，大的如真人或超过真人大小，小的约占壁面高度的四分之一至三分之一。供养人画像的位置排列大致符合"无论什么时期，

男女供养人总是分别开来，画在不同的壁面位置，或左或右，但却不同壁，充分反映了中国自古以来男女有别的观念"①的特点。虽说如此，但是供养人画像在继承前代绘制模式的基础上也出现了新的特点：莫高窟第194窟、第418窟、第148窟、第310窟部分男女供养人画像绘于同一壁面，西千佛洞第16窟主室几乎全是女性供养人画像。

（四）回鹘文与汉文题记同时使用

沙州回鹘石窟中的供养人题记大数漫漶，只有莫高窟第97窟、第148窟、第363窟、第399窟、第409窟、第418窟，榆林窟第39窟残存题记共48条。48条题记由回鹘文和汉文两种语言文字组成，其中汉文42条、回鹘文6条。不同于柏孜克里克和吐峪沟等石窟中回鹘文、汉文双语同时书写同一榜题的情况，沙州回鹘石窟的回鹘文和汉文题记为分开书写，有的供养人榜题是回鹘文，有的是汉文，从现存两种榜题的数量和使用情况来看，汉文是沙州回鹘石窟中更为普遍和通用的文字，这与柏孜克里克和吐峪沟等石窟较多使用回鹘文书写榜题的情况不同，并且新疆石窟中的汉文榜题受到了回鹘文语言书写方式的影响，如柏孜克里克第20窟中的汉文榜题是按照回鹘文的书写习惯书写。②

（五）供养孩童的绘制成为普遍现象

沙州回鹘之前的各个历史时期敦煌石窟中很少出现供养孩童的情景，但是在这一时期供养孩童成了一种普遍的现象。回鹘可汗可敦像

---

① 沙武田：《吐蕃统治时期敦煌石窟供养人画像考察》，《中国藏学》2003年第2期。

② 杨富学：《柏孜克里克石窟第20窟的供养图与榜题》，载氏著《西域敦煌宗教论稿》，甘肃文化出版社，1998年，第127页。

中都有携带男童或者女童的场景，莫高窟245窟、第148窟、第418窟，榆林窟第39窟中也有不同数量的孩童，这些孩童大小不等，有的仅高三厘米，有的高至十几二十厘米，其所着服饰为回鹘男装或回鹘女装或者童子装，他们或与成年供养人绘制在一起共同使用一个榜题框，或单独作为一身供养人使用一个榜题框。可见，在此时期的社会观念中，孩童也是重要的供养人之一。

（六）高昌风格明显

高昌回鹘和沙州回鹘的回鹘装供养人画像在服饰样式、冠式形制上大体不差（图12），沙州回鹘石窟中男性供养人穿着圆领窄袖系带

图12　柏孜克里克第20窟高昌回鹘女性供养人画像

式长袍，头戴尖顶花瓣形冠、扇形冠、三叉冠、翻檐帽、圆帽等冠式，以及女性供养人穿着对襟窄袖长袍，头戴桃形凤冠、如角前指冠的形象都能在高昌回鹘石窟供养人画像中找到来源（图13），说明沙州回鹘石窟的回鹘装供养人画像并没有脱离回鹘人服饰穿着的基本传统与基本特点。

图13 莫高窟第148窟回鹘装女性供养人画像

三、从供养人画像看沙州回鹘人口状况

10世纪之前敦煌的人口概况在敦煌文书和正史材料中都有较为详尽的记载，杨际平、郭锋、张和平[①]、齐陈骏[②]、土肥义和[③]等对此也做过细致论述。11世纪以降，尤其是沙州回鹘时期敦煌的人口线索，

---

① 杨际平、郭锋、张和平：《五—十世纪敦煌的家庭与家族关系》，岳麓书社，1997年。
② 齐陈骏：《敦煌沿革与人口》，《敦煌学辑刊》1980年第1辑、1981年第1辑。
③ 土肥义和：《归义军时期（晚唐、五代、宋）的敦煌（一）》，李永宁译，《敦煌研究》1986年第4期。

在藏经洞的封闭以及正史缺载的情形下显得较为模糊,学界对此还没有清晰的认识。供养人画像是另一种史料,可补文字材料之缺,通过梳理供养人画像,我们认为沙州回鹘时期的常住居民大致可以分为三类。

(一) 汉人世家大族与汉化的粟特大族

敦煌自古是一个以汉人居民为主的地区,自西汉设敦煌郡伊始至隋唐时期,形成了众多汉人豪族,他们与政治保持着密切联系。晚唐时期,"粟特人与敦煌大姓联合推翻吐蕃政权,建立以汉族为主的番汉政权"[1],此后敦煌的粟特人势力逐渐壮大,比肩传统的汉族大姓,"以一种变相的大姓豪宗的家族方式在敦煌文书中出现"[2]。"他们在敦煌地位显赫,声势极隆,形成了盘根错节、荣损与共的地方势力。"[3]

沙州回鹘时期,敦煌本地的部分大族依旧活跃在敦煌石窟的营建中,敦煌石窟中保存的题记记录了其活动行迹。莫高窟第363窟题记中出现"王定进""安存遂",榆林窟第39窟题记中出现"安隆加(奴)""石惠美""王□儿""安□娘""安福满"等供养人姓名,"王""石""安"姓的出现说明了敦煌当地具有影响力的部分大族从归义军时期延续了下来并在沙州回鹘时期繁衍生息,但值得注意的是,这些有明确题记标识的汉、粟特大族多戴圆帽、翻檐帽等冠式,据研究,这是回鹘中下层所戴冠式[4],所以可能由于统治阶层的改变,他们

---

[1] 郑炳林:《唐五代敦煌的粟特人与归义军政权》,载兰州大学敦煌学研究所编:《敦煌归义军史专题研究》,兰州大学出版社,1997年,第417页。

[2] 郑炳林:《唐五代敦煌的粟特人与归义军政权》,载兰州大学敦煌学研究所编:《敦煌归义军史专题研究》,兰州大学出版社,1997年,第426页。

[3] 汤开建、马明达:《对五代宋初河西若干民族问题的探讨》,《敦煌学辑刊》1983年第1辑。

[4] 包铭新编:《中国北方古代少数民族服饰研究(回鹘卷)》,东华大学出版社,2013年,第113页。

并未进入沙州回鹘的政治核心,与五代时期大族与政治紧密相连的情况不同,他们此时期可能游离于核心政治之外,从侧面说明敦煌大族在沙州回鹘时期走向衰落。

(二) 普通汉人

敦煌虽是一个大族政治特点明显的地区,但是大族只占敦煌当地人口的少数,大部分依然是平民阶层。10 种大姓到 100 种以上的小姓所组成的敦煌居民,大概分散混合居住在各乡①,我们在关注敦煌当地大宗豪族的同时也不能忽略敦煌这些普通居民,莫高窟第 399 窟出现"郑"这一姓氏,其非大姓豪族的姓氏,但为敦煌地区常住居民之姓氏②,可见以郑氏为代表的普通居民阶层在沙州回鹘时期同样致力于敦煌石窟的营建。

(三) 回鹘人

"现今藏经洞出土的早期回鹘文献中,有 19 件为世俗文书,主要是往来书信与商品账目"③,考虑到藏经洞封闭和回鹘人西迁的时间,此文书可作为归义军时期回鹘人在敦煌生活的证据。虽然回鹘人是在归义军何时成为敦煌常住居民尚不可知,但可以大致确定的是,曹氏归义军和甘州回鹘和亲,才使得更多回鹘人进入沙州地区,以至于归义军后期回鹘化,归义军贡宋、贡辽时在其名号前分别冠以"甘、沙

---

① 土肥义和:《归义军时期(晚唐、五代、宋)的敦煌(一)》,李永宁译,《敦煌研究》1986 年第 4 期。
② 土肥义和:《归义军时期(晚唐、五代、宋)的敦煌(一)》,李永宁译,《敦煌研究》1986 年第 4 期。
③ 杨富学:《回鹘与敦煌》,甘肃教育出版社,2013 年,第 304 页。

州回鹘可汗"①"沙州回鹘"②的称号。甘州回鹘灭亡后，甘州回鹘余众奔至沙州，但数量应该不会太多，据学者研究，"甘州回鹘政权灭亡，其遗民除部分外逃外，大部分留居在原地，为西夏所属"③。由此看，沙州回鹘人的主要来源是甘州回鹘余裔的迁入以及归义军时期敦煌本地回鹘势力的发展。此外，后来从邻近高昌回鹘进入沙州的回鹘人也是不能忽略的。虽然沙州的回鹘人来源较广，但是从石窟里保存的题记来看，回鹘文榜题数量不大，远远少于汉文榜题，若语言的使用与其族属有关的推论成立，似乎可从侧面说明回鹘人数量远少于当地汉人。

总之，回鹘人的迁入虽为沙州地区注入了新人口，但是归义军政权的覆灭也导致了部分人员流散，史籍中记载"（天圣）八年，瓜州王以千骑降西夏"④。由于人员流失和补充可相互平衡，加之沙州回鹘时间较短，前后30余年，人口数字不会发生大的改变，故沙州回鹘总人口数量较归义军时期不会相差太远，"曹氏归义军政权时期敦煌地区居民大约在一万户左右"⑤，人口总量最少应当有三万到四万人口⑥。另外，虽表面上看除回鹘人所占人口比重有所增大外，沙州回鹘时期敦煌常住人口的民族构成较归义军时期无太大差别，但是沙州回鹘时期是一个具有时间长度的阶段而不是时间点，故此期间的回鹘与汉人的和亲、汉人的回鹘化、回鹘人的汉化都影响着敦煌的人口属性。

---

① 徐松：《宋会要辑稿》，中华书局，1957年，第7714、7844页。
② 脱脱：《辽史》，中华书局，1974年，第175、187页。
③ 朱悦梅、杨富学著：《甘州回鹘史》，中国社会科学出版社，2013年，第209页。
④ 脱脱撰：《宋史》，中华书局，1977年，第13992页。
⑤ 郑炳林：《晚唐五代敦煌地区人口变化研究》，载兰州大学敦煌学研究所编：《敦煌归义军史专题研究三编》，甘肃文化出版社，2005年，第473页。
⑥ 郑炳林：《晚唐五代敦煌地区人口变化研究》，载兰州大学敦煌学研究所编：《敦煌归义军史专题研究三编》，甘肃文化出版社，2005年，第476页。

四、沙州回鹘服饰制度及其与供养人画像缺失之关系

对于沙州回鹘的民族政策，虽无史籍记载，但是通过分析现存供养人画像的服饰状况，大致可以得出沙州回鹘时期的服饰制度。沙州回鹘时期女性装扮呈多元发展，有的为传统回鹘装扮，即头戴如角前指冠、桃形凤冠，身着对襟窄袖长袍，这与高昌回鹘女性供养人装扮相似；有的为传统汉人装扮，这种装扮延续了五代宋以来女性着大袖襦裙、服花钗、施博鬓的装束特点。此外，出现了革新的回鹘服装，即圆领窄袖长袍式回鹘装，这类服饰尚未在公布的柏孜克里克石窟资料中找到相似样式，但是它与"对襟窄袖长袍"的区别仅在于领口由对襟变成圆领，故还是属于回鹘装，这种服饰在榆林窟第39窟女性供养人画像中大量出现，有趣的是，部分着此类回鹘装的女性所梳的是汉人发髻，我们可称其为回鹘—汉族式装扮（图14）。可见，沙州回鹘时期女性服饰要求较为宽松。

相对女性服饰而言，男性服饰就显得尤为单一，所有男性都着回鹘装，故我们认为沙州回鹘可能实行了汉人男子易服的制度。莫高窟第194窟、第245窟、第309窟（漫漶）、第310窟、第363窟、第418窟，榆林窟第39窟中都出现了汉装女性供养人画像，但却未发现汉装男性供养人画像，而代之以回鹘装男性供养人画像，这种反传统似乎说明了汉人男子已经易服回鹘装。若持汉装女性供养人和回鹘装男性供养人的组合出现以证汉人男子易服，理由还有所不足的话，那么榜题中"王""安""石""郑"姓等敦煌当地汉、粟特姓男子皆未着汉装，而是以着回鹘装的形象出现在石窟当中，持此以证沙州回鹘时期汉人男性有易服一说，理由乃是颇为充足的。无独有偶，胡服汉服容于一窟的情况同样出现在新疆的回鹘石窟中，"公元9世纪中叶以

图 14　榆林窟第 39 窟回鹘—汉人式装扮女性供养人画像

后，回鹘人在龟兹建立政权，很快就皈依了佛教"①，并开始营建石窟，在其营建的库木吐喇石窟第 79 窟中也出现了回鹘装男女供养人和汉装女性供养人画像（图 15），沙州回鹘未要求汉族女子易服或是面对强大的汉人基础所做出的妥协，抑或是回鹘人自古便对女性的服饰要求较为宽松。

服饰是一个民族的重要标志之一，是对自身民族情感的寄托，"服

---

① 新疆龟兹石窟研究院、新疆维吾尔自治区博物馆编:《中国新疆壁画艺术》四，新疆美术摄影出版社，2015 年，第 14 页。

图 15　库木吐剌石窟第 79 窟供养人画像

饰也暗示着供养人对他们所属的特定民族和社会群体的自我认同"①，如在吐蕃统治敦煌时期，吐蕃统治者要求当地汉人易服后，汉人对汉服充满着怀念，《新唐书》中有载"衣中国之服，号恸而藏之"②，"今子孙未忘唐服，朝廷尚念之乎"③，敦煌文书 P. 3633《辛未年（911）七月沙州耆寿百姓一万人上回鹘大圣天可汗状》写到"不着吐蕃"④。正是由于敦煌汉人对自身民族文化的坚守，不愿意将自己穿吐蕃装的形象绘制在洞窟中，于是"在没有办法的情况下，当时的人们只有委曲求全，放弃画像权力的做法"⑤，导致部分洞窟出现了"供养人缺失"的情况⑥。

---

① 王静芬著，毛秋瑾译：《中国石碑——一种象征形式在佛教传入之前与之后的运用》，商务印书馆，2011 年，第 192 页。
② 欧阳修、宋祁等撰：《新唐书》，中华书局，1975 年，第 6101 页。
③ 欧阳修、宋祁等撰：《新唐书》，中华书局，1975 年，第 6102 页。
④ 唐耕耦、陆宏基：《敦煌社会经济文献真迹释录（第四辑）》，全国图书馆文献缩微复制中心，1990 年，第 379 页。
⑤ 沙武田：《吐蕃统治时期敦煌石窟供养人画像考察》，《中国藏学》2003 年第 2 期。
⑥ 沙武田：《吐蕃统治时期敦煌石窟供养人画像考察》，《中国藏学》2003 年第 2 期。

同样的道理，沙州回鹘时期敦煌汉人不忘自己身份，将自己的民族情感寄托在服饰上，部分汉人男子无法接受自己穿回鹘装的样子被绘制在洞窟中，于是也放弃了绘制供养人画像的做法，是故沙州回鹘近一半的洞窟未绘有供养人画像。

五、从供养像看沙州回鹘的僧人问题

自敦煌石窟营建伊始，供养人画像中便出现了引导僧尼像，这种传统至沙州回鹘时期还在延续。沙州回鹘石窟中出现了不少供养僧尼像，可以清楚识别的共32身，其中莫高窟第148窟和榆林窟第39窟中的部分僧人榜题保存了下来，并可释读。

第148窟供养僧人题记中出现了报恩寺、莲台寺、圣光寺、显德寺、灵图寺、三界寺、龙兴寺、开元寺等一系列寺院，这些寺院都是从前期延续而来，并非沙州回鹘时期新建。据学者研究，归义军时期有明确记载的敕建寺院共计17所，其中僧寺12所，分别是龙兴寺、永安寺、大云寺、灵图寺、开元寺、乾元寺、报恩寺、金光明寺、莲台寺、净土寺、三界寺、显德寺；尼寺5所，分别是灵修寺、普光寺、大乘寺、圣光寺、安国寺。[①] 沙州回鹘对前期寺院的延续和继承似乎说明政权的易主未给僧尼社会带来变化，其实不然，在第148窟中出现的"圣光寺"在归义军时期还是尼寺，但是在沙州回鹘时期改建成了僧寺，[②] 说明这一时期的僧人数量有所变化，僧人数目增加。虽然僧人数量的增加可能是政权更替导致的寺户人员的增加，但是僧尼迁入的

---

① 陈大为：《唐后期五代宋初敦煌僧寺研究》，上海古籍出版社，2014年，第188页。

② 张先堂：《敦煌莫高窟第148窟西夏供养人图像新探——以佛教史考察为核心》，《西夏学》2015年第11辑。

可能性我们不能不考虑。

　　前述甘州回鹘灭亡后，部分余裔逃去了沙州，其中不排除包含僧尼的可能性。《宋史》《宋会要辑稿》记载甘州回鹘可汗"遣僧献佛手、宝器"①，"遣僧法胜来贡"②，"遣进奉大使、宣教大师宝藏"③，"遣僧翟大秦来献马十五匹"④，"遣尼法仙等二人来朝"⑤，可见甘州回鹘佛教社会兴盛且存在一定数量僧尼是无疑的，但是甘州回鹘的僧尼是汉人还是回鹘人，抑或相互参会，还待仔细辨析。无论其族属如何，因出逃沙州的人数总量不大，所以逃去沙州的僧尼数量更是不会太大，不会对敦煌当地的僧人团体产生大的影响。

　　讨论至此，我们不能忽略的是，沙州回鹘时期敦煌的僧尼社会未受大的影响，其原因不仅仅可能是迁入的僧尼数量不占优势，更是敦煌本地僧尼在长期历史发展过程中所形成的根深蒂固的强大势力所致。僧尼自古便在"神圣之乡"的敦煌有极高的地位，加之佛教教团在归义军政权建立和归唐事件过程中起到了很大作用，从此以后每次入朝的归义军使团成员中都包括了大量的僧侣⑥，他们与中原高僧大德联系密切，且享有参与瓜沙政治的权利，是一个重要的社会团体，归义军时期僧尼和寺户人口已超过总人口的10%⑦。故僧尼在敦煌的势力以及名望决定了他们是沙州回鹘要拉拢的重要对象，大量僧人供养像的出现，不仅是对敦煌石窟营造传统的延续，也从侧面说明沙州回鹘对僧尼势力的妥协。

---

① 脱脱：《宋史》，中华书局，1977年，第23页。
② 徐松辑：《宋会要辑稿》，中华书局，1957年，第7846页。
③ 徐松辑：《宋会要辑稿》，中华书局，1957年，第7715页。
④ 徐松辑：《宋会要辑稿》，中华书局，1957年，第7715页。
⑤ 徐松辑：《宋会要辑稿》，中华书局，1957年，第7715页。
⑥ 郑炳林：《晚唐五代敦煌佛教转向人间化的特点》，载兰州大学敦煌学研究所编：《敦煌归义军史专题研究续编》，兰州大学出版社，2003年，第536—537页。
⑦ 郝春文、陈大为：《敦煌的佛教与社会》，甘肃教育出版社，2013年，第23页。

六、结语

供养人画像反映了供养人的社会身份、等级、民族等信息，回鹘供养人画像的绘制和回鹘文语言的使用反映出曾经存在着一批统治沙州地区的回鹘人。通过对回鹘供养人画像的梳理，我们发现在回鹘的统治之下，沙州地区的僧人、汉人构成较前期而言未发生较大变化，但是为巩固统治，对汉人男子实行了易服的民族政策。

本文仅是基于对回鹘供养人画像资料的整理而探讨沙州回鹘社会人口、民族政策等问题，沙州回鹘时期供养观念的表达、双语榜题的运用、沙州回鹘对归义军制度继承等问题，则将另文专论。